이양자 산문집

해국 그대는

도서21

■ 책을 내면서

　자신에 대한 이해가 깊어질수록 사람은 자유롭고 편해진다고 합니다. 자신을 이해하면 할수록 자신의 가치가 보인다고 합니다. 그리고 자존감이 회복됩니다. 스스로 마음의 주인이 되어 산다면 그것은 축복된 삶입니다.
　행복은 결코 많고 큰 데만 있는 것이 아님을 압니다. 작은 것을 가지고도 고마워하고 만족할 줄 알고 서로 나눌 줄 안다면 그는 즐거운 사람입니다.
　행복은 먼 데 있는 것이 아니며 바로 내 마음속에 있음을 나이 들어가면서 이제야 아련히 느끼게 됩니다.
　우리는 영원할 수는 없어도 영생할 수는 있습니다.
　바로 살고 보람 있게 살고 서로 사랑하고 내가 하고 싶은 일은 즐겁게 해서 많은 사람이 혜택을 볼 수 있는 그 무엇을 남기는 것, 그것이 곧 영생이 아닐까요.
　예수가 그렇고, 부처가 그렇고, 공자가 그렇고, 사마천이 그렇다고 여깁니다.

나이 들어가면서 고운 마음가짐을 갖는 것이 무엇보다 필요하고 중요한 것임을 느끼고 있습니다. 인간답게 이쁘게 열심히 살다 가겠습니다.

　그런데 세상은 생각보다 그렇게 편안하지가 않습니다. 나라 안팎이 그렇고, 내 주위가 그렇고 저 자신이 그렇습니다.

　먹먹하고 아린 가슴을 부여안고서 살아온 이야기, 그리운 이야기, 감사한 이야기를 그리고 추억하고 싶은 이야기들을 써보고 남기면서 자신을 위로하고 싶습니다.

　시원찮은 글들이지만 이쁘게 보아주시기 바랍니다.

　언제나 행복하시길 빕니다.

2025년 7월

저자 운경(芸卿) 李 陽 子

▷ 차 례

▷ 책을 내면서

1. 청춘보다 더 아름다운 황혼

이어령, 김형석 교수의 글을 다시 읽으며 ― · 12
청춘보다 더 아름다운 황혼 ― · 17
기념일 챙기는 마음 ― · 21
나도 함께한 4·19혁명 ― · 27
십시일반(十匙一飯) ― · 30
어떻게 나이들 것인가 ― · 34
연이은 부고장을 받으며 ― · 38
이미 늦었습니다 ― · 43
그냥 한 번에 죽지 ― · 48

2. 신이 고통을 주는 이유는

곁에 살아있는 것만으로도 ― · 54
성춘복 선생님과 나 ― · 58
귀한 벗 은숙이에게 ― · 64
참새 이야기 ― · 69
슈나우저 조이 ― · 74
신이 우리에게 고통을 주는 이유는 ― · 79
오늘도 즐거운 하루 ― · 84
제자와 주고받은 편지 ― · 88

3. 나의 여행기

나의 역사 탐방 이야기 ― · 100
중국 답사여행 ― · 106
참으로 아름다운 중앙유럽 ― · 129
비교문화연구회 제12차 중앙유럽 문화탐방 ― · 129
전통과 영광과 쇠락의 노제국(老帝國) ― · 172
비교문화연구회 제13차 영국 문화탐방 ― · 172
대만 역사기행 ― · 209
김교수 부부 미국 방문기 ― · 237

4. 해국 그대는

한국 현대사와 나의 삶의 매듭들 ― · 260
내가 살아오면서 기뻤던 날들 ― · 266
해국 그대는… ― · 270
  1. 그이의 편지
  2. 그이에 대한 나의 편지
  3. 그이 떠난 후 보내는 나의 시
     해국 그대는 ‖ 우리 ‖ 사랑은 바람이어라
     해국 그대가 보고 싶습니다 ‖ 그이 내음
     당신의 순수함 ‖ 우리들의 사랑 ‖ 그리움

    작가 연보 ― · 288

1.
청춘보다 더 아름다운 황혼

이어령, 김형석 교수의 글을 다시 읽으며

　80을 훌쩍 넘긴 85세의 나이. 지금 나날이 나라 걱정으로 우울하기만 하다.
　20살이던 4·19때 앞장서서 나라 위해 뛰쳐나온 이후 60여 년을 이 나라 정치에 애를 태웠다.
　'애야 울지마라 배 꺼진다' '뛰지마라 배 꺼진다' 하던 그 슬픈 배고픈 시절도 다 지나고 지금은 놀랍게도 우리 대한민국은 제3세계 후진국들 중, 유일하게 '선진국 대열'에 진입하여, '경제대국'이 되고, '민주국가'가 되었다.
　그러나 협치를 모르는 내부 분열, 이념(理念)의 혼란, 불법(不法)과 편법(便法)이 판치는 정치, 결국은 죄 없는 대통령 탄핵, 구금까지, 거기에다 인구감소, 근로의욕의 상실, 무너지는 성윤리. 이 나라를 어이할 것인가. 눈물이 난다.
　이어령 교수님의 새해 소원시를 다시 읽으며 눈물을 닦는다.

　　벼랑 끝에서 새해를 맞습니다

덕담 대신 날개를 주소서
어떻게 여기까지 온 사람들입니까
험난한 기아의 고개에서도
부모의 손을 뿌리친 적 없고
아무리 위험한 전란의 들판이라도
등에 업은 자식을 내려놓지 않았습니다
남들이 앉아 있을 때 걷고
그들이 걸으면 우리는 뛰었습니다
숨 가쁘게 달려와 이제 젖과
꿀이 흐르는 땅이 눈앞인데
그냥 추락할 수는 없습니다
벼랑인 줄도 모르는 사람들입니다.
어쩌다가 북한이 핵을 만들어도 놀라지 않고,
수출액이 5000억 달러를 넘어서도
웃지 않는 사람들이 되었습니까?
거짓 선지자들을 믿은 죄입니까?
남의 눈치 보다 길을 잘못 든 탓입니까?
정치의 기둥이 조금만 더 기울어도,
시장경제의 지붕에 구멍 하나만 더 나도,
법과 안보의 울타리보다 겁 없는
자들의 키가 한 치만 더 높아져도,
그때는 천인단애의 나락입니다
비상(非常)은 비상(飛翔)이기도 합니다
싸움밖에 모르는 정치인들에게는
비둘기의 날개를 주시고,
살기에 지친 서민에게는
독수리의 날개를 주십시오

주눅 들린 기업인들에게는
갈매기의 비행을 가르쳐 주시고,
진흙 바닥의 지식인들에게는
구름보다 높이 나는 종달새의
날개를 보여 주소서.
날게 하소서…
뒤처진 자에게는 제비의 날개를,
설빔을 입지 못한 사람에게는
공작의 날개를,
홀로 사는 노인에게는 학과
같은 날개를 주소서
그리고 남남처럼 되어 가는 가족에는
원앙새의 깃털을 내려 주소서
이 사회가 갈등으로 더 이상 찢기기
전에 기러기처럼 나는 법을 가르쳐 주소서
소리를 내어 서로 격려하고
선두의 자리를 바꾸어 가며
대열을 이끌어 간다는 저 신비한 기러기처럼
우리 모두를 날게 하소서
"날자, 날자, 한 번만 더 날아보자꾸나."
어느 소설의 마지막 대목처럼
지금 우리가 외치는 이 소원을 들어 주소서
은빛 날개를 펴고 새해의 눈부신 하늘로
일제히 날아오르는 경쾌한 비상의 시작!
벼랑 끝에서 날게 하소서.

이제 내 나이 저세상으로 돌아가야 할 시간이 얼마 남지 않은 여든도 중반. 여기 저기 아픈 몸을 뒤척이며 얼마 남지 않은 세월을 혼자 가늠해 보면서 나름 최선을 다해 살아가려고 노력하면서 그리고 기도하면서 살고 있다.

  간곡한 마음으로 다시 연로하신 김형석 교수님의 기도문을 외운다.

      내 세월 다하는 날
      슬픔 없이 가게 하여 주소서
      초대 없이 온 이 세상
      정주고 받으며
      더불어 살다가
      귀천(歸天)의 그날은
      모두 다 버리고
      빈손과 빈 마음으로
      떠나기를 약속하고 왔나니
      내 시간 멈추거든
      그림자 사라지듯
      그렇게 가게 하여 주소서
      한 세상 한 세월
      사랑하고 즐겁고 괴로웠던 생애였나니
      이 세상 모든 인연들과 맺어 온
      그 아름답고 소중한 추억들이
      허락 없이 떠나는
      그날의 외로움으로
      슬프게 지워지지 않게 하여 주소서
      다만 어젯밤 잠자리에 들 듯

그렇게 가고 보내는 이별이 되게 하여 주소서
아울러 사랑하는 나의 가족들이
슬픔과 외로움을 잊고
이 세상의 삶을 더욱 알고 깨달아 굳건히 살아가는
지혜와 용기를 갖게 하여 주소서
아름다운 이 세상
마지막 소망을 아름답게 이루고
아름답게 떠나가게 하여 주소서.

두 분 어른의 멋진 기도문을 다시 외우면서 간곡히 소원해 본다. 이 나라가 잘 되도록 하여 주소서. 고행 불자 이양자, 따뜻한 마음으로 살다가 이 세상 아름답게 떠나게 하여 주소서.

청춘보다 더 아름다운 황혼

30년 이상 교직생활을 하며 아이 셋을 키우느라 바빴다. 그러다보니 하던 공부를 마무리 못해 늘 마음이 쓰였다. 아이들이 성장하고 대학에 전임이 되었지만 박사학위를 취득해야 하는 대학교의 새로운 규정에 따라 뒤늦게 박사과정을 수료하고 논문을 써서 학위를 어렵게 받았다.

그때 나이가 52살. 만학도라서 몸도 마음도 힘든데 학술적 성과가 중요하기에 다른 나라의 학술발표회를 다니고 논문을 쓰고 번역해 책을 내느라 눈코 뜰 새가 없었다. 거기에 더해 가난하고 별스러웠던 학자 남편 뒷바라지까지, 사는 것이 마치 전쟁과 같았던 시절이었다.

인간이 누릴 욕구와 본능을 유보하면서까지 한 사람의 학자가 되기 위해 흘려야 했던 땀과 고뇌와 숱한 시간과의 싸움이었다. 65세에 정년퇴임을 하고는 노년을 평안하고 아름답게 지내리라 마음먹었다. 하지만 이듬해 남편이 암 진단을 받았고, 2년여 투병 끝에 세상을 떠났다. 내 나이 69세였다.

아이들이 모두 결혼해서 곁을 떠났던 상황이라 나 혼자 남겨져 막막하기 이를 데 없었다. 세상에 혼자된 느낌을 무엇으로 표현할 수 있을까. 주변 사람들이 불편할까봐 아무런 내색 없이 몸과 마음을 끌어안고 홀로 외로움과 싸워야 했다. 그러다 껍질 속 달팽이처럼 움추려만 있어서는 안 되겠다 싶은 생각이 들었다.

 이런저런 생각을 하는 중 신문에 끼어 들어온 부산대학교 평생교육원 소식지를 발견하였다. 망설임 없이 부산대학교 평생교육원 시창작반에 입학을 해 잘 하지도 못하지만 열심히 시를 배우고 써서 등단도 하고 시집도 냈다. 시가 다소 서술적이지 않으냐는 동생의 말에 다시 수필창작반에 입학을 하여 이번에는 수필로 등단을 해서 수필과 인연을 맺었다. 여태껏 가르치는 입장과는 전혀 달리 꼭 만으로 3년간을 다시 배우는 입장에서 시간과 세월을 보냈다. 글을 쓰며 지내는 하루하루는 다른 것을 생각할 여유조차 없이 희열과 안정을 안겨주었다.

 수필반 수강생들은 대부분이 정년퇴임을 한 분들이었고 개중에는 공무원 하시던 분 채소가게 아주머니, 과일가게 아저씨, 세탁소 아저씨도 있었는데 나와 다른 직업을 가졌던 사람들과의 만남은 신선한 경험이었다. 진솔하게 자신의 삶을 들려줄 때는 눈시울이 뜨거워지기도 했다.

 글을 쓰는 것은 운동이나 명상과 마찬가지로 강인한 인내와 관심이 필요한 상당히 어려운 작업이다. 하지만 매일 글쓰기를 실천한다면 삶의 질이 크게 향상될 수 있다. 한 연구에 따르면 의학적으로 필요한 조직 검사 전 2주 연속 3일 동안 자신의 생각과 감정에 대해 50~20분 동안 글을 쓴 성인의 76%가 11일 후에 완전히 치유되었지만 대조군의 58%는 완전히 회복되지 않았다고 한다.

이 연구를 수행한 뉴질랜드 오클랜드 대학교 의학교수인 엘리자베스 브로드벤트(Elizabeth Broadbent)는 '고통스러운 사건에 대해 글을 쓰는 것이 고통을 줄이는 데 도움이 되어 신체가 더 빨리 치유되는 데 도움이 된다고 생각한다.'고 말했다. 이렇듯 글쓰기의 장점은 상당히 많다. 첫째 문제 해결의 능력을 키워주며, 둘째 시간을 허투루 쓰지 않게 되며, 셋째 긍정적인 감정조절에 도움이 되고 넷째, 우울증을 감소시켜 건강을 증진시킨다고 한다.

'노인 한 명의 죽음은 도서관 하나가 사라지는 것과 같다'는 기사를 읽은 적이 있다. 더 늦기 전에 '자기 역사' 기록을 남겨서 인생 2막 준비를 위해 1막을 되돌아보아야 한다는 내용으로 '지(知)의 거장'이라 불리던 일본 작가 다치바나 다카시는 생전에 100권이 넘는 저서를 통해 수많은 생각들을 기탄없이 세상과 공유했고 저서 『자기 역사를 쓴다는 것』에서 "사람은 60세 정도 되면 자기역사를 쓰고 싶어 하더라"며 시니어 세대는 반드시 인생을 되돌아보고 기록하라고 권했다. 100세 시대에 인생 2막 무대를 디자인하기 위해서도 1막을 되돌아보고 '내 인생은 뭐였던가' 하고 정리할 필요가 있다는 것이다.

그 시작은 역사의 흐름 속에서 개인의 삶을 기록하는 일이다. 거기다 아사히신문사는 2014년부터 평범한 개인의 자기 역사 출판을 돕는 사업을 하고 있다 한다. 혹자는 아무도 읽지 않을 수 있는데 개인 역사를 굳이 왜 쓰는가 하고 반문할 수 있다. 우선은 본인을 위해, 나아가 가족과 사회를 위해서다. 개인에게는 '내가 살았다'는 기록을 남긴다는 의미, 가족에게는 고인의 부재로 인한 상실감을 덜어주는 일이 된다.

어지러운 역사 속에서 20세기를 거쳐 21세기를 살아낸 분들의 기록은 그 자체가 무명인들의 '민중사'이기도 하다. 과연 노인 한 명의 죽음은 도서관 하나가 사라지는 것만큼 중요한 것인가? 그리고 자기 인생기록을 남기는 것은 얼마나 중요한 것인가를 다시 한 번 생각하게 했다. 분명히 인생 전체에 대한 반성과 힐링이 될 것임에는 틀림이 없으리라.

나는 뒤늦게 배운 글쓰기로 몇 년간 다양한 내용의 책을 발간했다. 사실 나는 글쓰기 능력이 없다고 늘 생각했었다. 그런데 다 늙어서 글을 쓰기 시작했고 글을 쓰는 동안 많은 힐링이 되었고 외로움도 삶의 무상함도 완화시켜주는 좋은 일임을 체험하고 있다. 인생은 나이로 늙는 것이 아니라 이상의 결핍으로 늙는다고 했다. 세월은 피부에 주름을 지게 하지만 이상과 열정을 잃으면 영혼에 주름이 진다고 하지 않는가. 잘 늙으면 청춘보다 더 아름다운 황혼을 만들 수 있다. 청춘의 모습은 자연이고 노년의 모습은 각자가 만들어낸 예술이다. 긍정적인 사고와 베푸는 마음, 따뜻하고 사랑하는 마음만이 멋지고 아름답게 늙어가는 길이라 믿는다.

사랑하는 선후배, 지인 그리고 친구들의 아름답고 복된 노년을 위해 한 줄 한 줄 글을 써보기를 권하면서 이 글을 쓴다.

기념일 챙기는 마음

기념일에는 여러 가지가 있다.

기념일은 어떠한 일을 기념하는 날이다. 그중 국가기념일은 나라에서 정한 기념일이어서 기념일마다 추모, 다짐, 기념, 감사, 공경 등의 마음이 담겨 있다. 국가 기념일에는 나라에서 정한 규정에 의해 의식과 행사를 한다.

2024년 현재 대한민국 국가기념일은 모두 53종이다. 국가기념일은 더 추가될 수도 있고 내용이 변동될 수도 있다. 그 가운데 우리가 잘 아는 기념일은 잘 치르고 있다.

어버이날은 5월 8일로 부모님의 사랑과 은혜를 기념하는 날이고, 6월 6일 현충일은 나라를 위해 목숨을 바친 분들을 추모하고 기리는 날이고, 10월 1일 국군의 날은 대한민국 국군의 발전을 기리는 날이다. 4월 5일은 식목일로서 나무를 아껴 가꾸고 많이 심기를 권장하는 날이다.

이 밖에도 4·19 혁명 기념일, 과학의 날, 환경의 날 등 많은 국가기념일이 있다. 익히 우리가 잘 알고 있는 기념일들이다.

또한 5월 1일 근로자의 날, 5월 5일 어린이 날, 5월 8일 어버이 날, 5월 15일 스승의 날, 5월 셋째 월요일 성년의 날, 6월 6일 현충일, 10월 1일 국군의 날 10월 24일이 국제 연합일 등등은 우리 모두 보편적으로 알고 있는 날이다.

그 이외에 5월 21일 부부의 날, 6월 5일 환경의 날, 9월 7일 푸른 하늘의 날, 10월 2일 노인의 날, 10월 5일 세계 한인의 날, 12월 3일 소비자의 날 등등은 새롭게 알게 된 기념일들이다.

이와 같이 국가에서만 기념일을 정하는 것은 아니며, 가정에서는 부부의 결혼을 기념하는 결혼기념일을, 학교에서는 학교 설립을 기념하는 개교기념일을 정해서 지내고 있다.

기념일이란 국가적인 차원이 아닌 개인적인 경우, 우리의 삶이 서구화, 현대화 되면서 또한 먹고 살만 해졌기에 더 많이 챙기는 상황이 되었다. 생일, 약혼 기념일, 결혼기념일 등등 특히 부부 간에는 더 애틋한 날들이다.

사람에 따라서 이런 기념일을 등한히 여기는 성품도 있지만 나의 경우에는 생일, 기념일 등을 유난히 챙기는 성격이다. 나는 6남매의 맏이로 태어났는데 어릴 때부터 정말로 열심히 아버지 어머니의 생신과 결혼기념일을 챙겨드렸다. 맛있는 것 해먹는 날이기도 했지만, 예쁜 축하카드를 써서 읽어드리고, 두 분이 저녁에 영화라도 보고오시라고 나는 동생들을 돌보면서 잘 챙겼던 기억이 난다.

나는 결혼한 이후에도 이 같은 정성은 이어졌으며 부모님 결혼 60주년 회혼례 때는 롯데호텔의 큰 룸을 빌리고 친가 댁, 외가 댁 친척들을 모두 초청해서 큰 잔치를 성황리에 벌이기도 했었다. 어머니는 경남여고 졸업 후인 19살 때, 아버지는 부산상고 졸업 이후 한참이 지난 26살 때 결혼을 하셔서 우리 6남매를 낳으신 이후 결혼 60주년이 되신 날이었다. 연설 좋아하시는 친정아버님은 마이크를 잡으시고 멋지게 한 말씀 하셨다.

아버지 형제분이 2남 5녀로 7남매, 어머니 형제분도 4남 3녀에 7남매셨으니 참으로 친척분이 많으셨고 이런 일은 처음 있는 일이라서 거의 참석을 하셔서 기뻐하시며 축하해주셨다.

그때의 기뻐하시던 부모님 모습과 친인척들의 축하 모습을 잊을 수가 없다.

나의 감사의 말씀

아버지 어머니의 결혼 60주년을 진심으로 축하드립니다.

세월이 흘러 저의 아버지 어머니께서 결혼하신 지 어언 60년이란 세월이 흘렀고, 저의 나이가 또한 60이 되었습니다. 그리고 우리들이 서기 2000년을 상상도 하지 못했는데 그 2000년을 맞이하고 보니 세월이 유수와 같음을 절감하게 되고 또한 감개가 무량합니다.

그동안 여러 친척 분들 다들 안녕하셨습니까? 참으로 반갑습니다.

오늘 저희들이 조촐하게 마련한 이 자리에 오셔서 자리를 빛내주시고 함께 저녁이라도 하게 된 것을 충심으로 감사드리며 또한 기쁜 마음 금할 수 없습니다.

다들 잘 아시겠지만 결혼 60주년은 회혼례라고 하여 자식들이 크게 잔치를 베풀어 드려야하는 것이라고 믿고 있습니다만 부모님께서는 자식을 앞세웠다고 굳이 마다하시며 말리셨습니다. 그러나 저희들이 우겨서 이런 자리를 마련하게 되었습니다.

아버지께서는 "기왕에 자리를 마련한다면 이 기회에 마지막으로 조카들의 얼굴이라도 보았으면 좋겠다."고 하시는 말씀을 계기로 여러 친척과 친지 분들을 이 자리에 모실 수 있는 영광을 가지게 된 것입니다.

결혼 60주년의 행사는 우리세대에서는 거의 찾아보기 힘든 일일지도 모릅니다. 또한 우리세대도 이미 60을 전후한 나이어서 앞으로 살아갈 날들이 살아온 세월보다 훨씬 짧다는 것을 잘 알기 때문에 더더구나 이 모임이 뜻 있는 일이라 하겠습니다.

이 모임을 갖기 위하여 여러 친지 분들에게 전화를 드리는 가운데, 이미 돌아가신 분들도 여럿이며 또 병고로 고통 받고 계신 분들도 많음을 알고 새삼스럽게 인생이 무상하다고 절감하였습니다.

그 맑고 고운 꽃향기 같던 우리들의 젊은 시절은 어느덧 쏜 화살같이 지나가 버렸고 이제 안개 자욱한 도시의 숲 속에서 우리들은 오늘의 지친 모습으로 남아있습니다.

"꿈은 존재의 숙소이며 사랑은 그 숙소의 양식이며 숙명을 산다는 것은, 전생의 약속을 사는 것"이라고 조병화 시인은 말하였습니다.

그리고 "세월은 우주로 가는 희로애락을 가득 실은 급행열차이며 그 틈바귀에 끼어 우리는 이끌려가고 있다"고 얘기 했습니다.

컴퓨터와 기계와 콘크리트와 무한 경쟁 속에서 날로 인간성을 잃고 윤리와 도덕을 짓밟는 패륜과 부도덕이 마구 횡행하는 요즘의 세태에서 우리는 자식들이 훌륭하게 성장하기 보다는 그저 평범하고 올바른 정신을 가진 사람이 되기를 간절히 비는 마음입니다.

오늘 이 자리에 우리의 여섯 형제가 함께 서지는 못하였습니다마는 저희 아버지 어머니께서는 자식들의 성장과 교육을 위하여 최선을 다 하셨습니다.

두 분의 하늘같이 높은 은혜와 바다같이 깊은 사랑에 충심으로 감사하고 감사할 따름입니다.

또한 큰 잔치를 베풀어서 큰절 드리면서 더 기쁘고 즐겁게 해드리지 못하는 것을 못내 죄송스럽게 생각합니다.

아버지 어머니 부디 건강하시어 남은 여생을 크시고 열린 마음으로 편히 지내시기를 빕니다.

부디 만수무강 하시옵소서.

그리고 여러 가지로 바쁘고 어려우신데도 불구하고 이렇게 참석하여주신 친척 친지 여러분들께 깊이 감사드립니다. 대단히 감사합니다.

- 2000년 4월 29일 부모님 결혼기념일 날. 큰딸 양자 올림

그러하다 보니, 나의 약혼, 결혼기념일은 당연히 챙겼다. 그런데 남편은 촌사람이라서인지 별로 챙기는 성품이 아니었지만 마누라인 내가 워낙이 챙기니까 따라와 주었다. 때에 따라 금반지도 해주고 14K 금시계 줄도 해주었고 축하 카드도 써주었다. 지금은 기념일이 되면 그냥 혼자서 그이가 써주었던 편지만 찾아 읽고 있다. 물론 애들도 축하를 해주기도 하지만….

이제 혼자되니 애들이 챙겨주는 날은 나의 생일이나 어버이 날이고, 제자들이 챙겨주는 스승의 날이다.

그런데 기념일 챙기는 나의 마음은 아직도 한결같다. 아들, 딸, 사위, 며느리. 그리고 다섯 명의 손자, 손녀의 생일 챙기기는 빠지지 않고 늘 있는 일이다. 맛있는 것 사먹으라고 돈을 10만원씩 보낸다. 그리고 나의 삼남매 결혼기념일에는 축하메시지와 함께 10만씩 돈을 또 보내면서 맛있는 것 사먹으며 재미있게 보내라고 격려를 하면서 언제나 챙긴다.

뿐만이 아니다 나는 매해 5월 21일 부부의 날이 되면 어김없이 세 아이들에게 돈을 보내주며 멋진 부부의 날은 보내라고 격려하고 축하를 한다.

올해 큰딸이 결혼 34주년, 큰아들이 29주년, 작은아들이 26주년이 되는 해이다. 큰 손녀가 33세니 많은 세월이 흘렀다.

살뜰하게 기념일을 챙기는 일은 나 자신이 기쁘기도 하지만 가족 간의 감정적 결속을 다짐하는 좋은 일이 아닐까?!

나도 함께한 4·19혁명

아직도 4·19기념일만 되면 기억하면서 되새김질 하게 된다.
60년 전 그날! 4·19의거의 날이 생생하게 생각난다.
대학교 2학년의 봄날 오전. 강의시간에 노크하며 들어온 선배.
"이런 상황에서 우리는 공부만 하고 있을 수 없습니다!!!"
우리는, 나는, 강의실을 뛰쳐나왔고, 운동장에 모두 모여서 청량리에서(그때 서울 사대는 청량리에 있었다) 걸어걸어 을지로에 있는 내무부로 갔다. 그리고는 다시 정동에 있던 법무부로 가서 농성했다. "부정선거 관계자를 내놓아라."고.
다시 광화문 네거리를 뛰어가며 중앙청 앞에 다다랐다. 그때 연도의 시민들은 우리들에게 박수를 치며 환호했다. 다시 해무청 앞까지 갔다. 최루탄은 눈을 뜰 수 없게 했다. 우리 모두는 경무대(오늘의 청와대)를 향했다.
얼마 뒤 콩 볶는 듯한 총소리가 들려오고, 다시 얼마 뒤 새빨갛게 피로 물든 점퍼를 펴들고 달리는 지프차 위에 서서 "이것을 보십시오. 우리를 향해 정부가 총을 쏘았습니다."

아~ 그날을 잊을 수가 없다 결코! 우리는 정의와 자유를 위해 얼마나 자유의 종을 난타하였던가!

벌써 60여 년이 지났지만. 4·19는 우리나라 민주화운동의 기점이었다.

거기에, 그 장소에, 그 시점에 나도 함께 있었다는 자부심이 나를 가슴 뭉클하게 하고 가슴 뻐근하게 만든다. 지금도…. 아! 4·19! 4·19 혁명.

- 4·19혁명 기념회관에 새겨진 그때의 의거 명문

자유여
영원한 소망이여
피 흘리지 않곤 거둘 수 없는
고귀한 열매여

그 이름 부르기에
목마른 젊음이었기에
맨가슴을 총탄 앞에 헤치고
달려왔노라.

불의를 무찌르고
자유의 나무에 피거름 되어
우리는 여기 누워 있다

잊지 말라 사람들아
뜨거운 손을 잡고 맹세하던

아! 그날 4월 19일!

보라! 우리는 캄캄한 밤의 침묵 속에서 이렇게 자유,
자유의 종을 난타하는 타수(打手)의 일원임을 자랑한다.
어째서 자유에는 피의 냄새가 섞여있는가를
자유의 나무는 왜 피로써 가꾸어지는가를
혁명은 왜 고독한 고통인가를….

우리는 이렇게 몸으로 체험하고 있었던 것이다.
지금도 목이 메이고, 눈에서는 눈물이 나고, 입에서는 말이 울음이 되어 나온다. 슬픔과 환희 같은 것이 한꺼번에 범벅이 되어 벅차올라 오던 그때의 감정을 나는 지금도 잊을 수가 없다. 아시아 최초로 해낸 우리 민중의거의 승리였다.
　결혼 이후 우리 가족은 수유리 옛 장미원 근처에서 십 수년을 살았는데 그 부근에는 4·19탑이 있다
　우리 가족은 10수년 간 수유리 사는 동안 늘 4·19공원에 가서 참배를 했었다.

십시일반(十匙一飯)

 십시일반이란 다 잘 알듯이, 밥 열 술이 한 그릇이 된다는 뜻으로, 여러 사람이 조금씩 힘을 합하면 한 사람을 돕기 쉬움을 이르는 말이다.
 나는 1959년에 서울대학 입학 후 서울에 살면서 학교 다니고 또 거기서 결혼하고 애 낳고, 교사로 지내다가 나이 40이 된 1980년에 고향 부산으로 내려와 안착하게 되었다. 만 20년을 서울에 살았고 그 이후 쭉 부산에서 살고 있다.
 부산에 와서는 1년간 시간강사를 하다가 대학에 전임교수가 되었다.
 새로운 환경에 적응하면서 열심히 공부하고 열심히 가르치고 애들 셋과 남편 뒷바라지까지 해야 하니 눈 코 뜰 새가 없었다. 그러하니 당연히 여고 친구들과도 별 교류도 없이 지내다가 몇 년 후에야 정신을 차려서 동창들과도 만나게 되었다. 나는 중학교 3년, 고등학교 3년, 6년간이나 운동장 아침 조례식 때마다 "대대~ 차렷! 교장선생님께 대하여 경롓!" 하고 구령을 내지르는 대대장과 학도호국단 부위원장을 지냈으니 친구들은 모두 다 나를 잘 알고 있었다.

그 많은 친구들 중에서도 잊지 못할, 여럿 친구들이 있다. 그중에서도 친구 J는 좀 더 특별했다. 친구 J는 자그마한 키에 화장품 방문판매를 하면서 어렵게 살고 있었는데 언제 만나도 야무지고 마음은 천사였다.

J는 그의 나이 38세에 2남 2녀의 어린 자식 넷을 남겨두고 남편이 심장마비로 갑자기 세상을 떠나면서 그 삶의 무게를 혼자 짊어진 채 살아가는 기막힌 상황이었다. 하루는 어찌 사느냐고 상세히 물었다.

화장품을 사주는 것만으로는 안 되겠다는 생각이 들었다. 그 어려움 속에서도 큰애, 둘째 애는 고학으로 대학을 졸업했거나 다니고 있었고 셋째가 대학에 입학을 하게 됐다는 얘길 듣고는, 곧 나는 나름대로의 계획을 짰다.

나도 별 여유가 없는 상황이라서 이 친구의 딸애 등록금을 나 혼자는 어려우니 어찌 마련해줄 것인가를 곰곰이 생각했다. 십시일반을 생각했다. 친구들과 힘을 모으자.

일단 괜찮게 사는 친구들의 명단을 작성하고 10여 명 정도 살 만한 친구들에게 편지를 보냈다. 그리고는 한 달에 2, 3만 여원씩 정도만 매달 나의 우체국 통장으로 보내달라고 했다. 친구들은 흔쾌히 승낙을 했고 그 당시 전문대학을 다니던 J의 둘째 딸은 2년 만에 충분히 졸업을 할 수 있었다. 그 과정 속에서 친구들과의 우정은 더욱 돈독해졌다. 나는 매달 친구들에게 감성적인 편지를 썼다. 다른 건 몰라도 나는 편지쓰기를 좋아했고 제법 잘 썼다. 뿐만 아니라 계절에 맞는 멋진 시들도 함께 곁들여서, 40대 중반의 친구들의 감성을 자극했다. 친구들도 좋아하였다.

이렇게 대학을 졸업한 J의 둘째 딸은 아주 착하고 좋은 신랑을 만나서 아들 딸 낳고 행복하게 잘 살고 있다. 나에게도 과일을 사 보내고, 또 특히 자기 엄마를 여행 모시고 다니고 늘 자주 찾아 안부 전하는 살뜰한 사위와 딸이라고 한다. 그 친구를 만날 때마다, 볼 때마다 늘 흐뭇하다.

나도 가난한 남편을 만나 결혼 후는 넉넉한 삶을 살지는 못했기에 남을 많이 도울 수는 없었다. 그래도 십시일반은 계속하고 있다. 세계 아동 돕기, 북극곰 살리기, 그린피스, 국제구조위원회, 부산 배움터 만들기, 서울대 장학기금, 서울사대 장학기금, 사학사학회 기금 등등 각각 매달 만원씩 기부하는 것은 오래전부터 하고 있다. 10년마다 감사패와 감사카드가 날아온다.

내가 살아오면서 크게 기부한 일은 중국 사학회가 첫 출발한 이후 내가 회장을 하게 되었을 때 적금을 털어서 천 만원을 내놓고 우수논문상을 제정하는 시초를 연 것이 제일 큰돈이었다. 그 돈이 기초가 되어 다른 회장님들도 힘을 보태어서 중국사학회는 1년간 중국사학 잡지에 실린 논문 중 우수논문을 선정하여 우수논문상과 상금을 줌으로써 공부하는 학자들에게 힘을 보태줄 뿐만 아니라 하나의 명예가 되게 되었다.

그 다음은 경남여고 장학 기금으로 500만원, 그리고 서울대학교 대학 도서관을 신축하고 난 뒤 책걸상을 사 넣을 때 나의 이름으로 한 세트 100만원을 기부한 일, 그리고 부산의 공부방 시루를 만드는데 필요한 장소를 얻는 전세기금으로 100만원을 낸 것이 전부다.

그 이외 따뜻한 하루 등 도움을 주어야 할 여러 사안들에 대해서 십시일반으로 매달 조금씩 도움을 주려고 노력하고 있다. 우리 모두 십시일반의 작은 노력으로 이 사회를 좀 더 따뜻하고 아름답게 만들 수 있으리라 늘 생각하고 있다.

19세기 미국의 사상가이자 시인으로 활동했던 '랄프 월도 에머슨(Ralph Waldo Emerson)'은 삶의 가까이에서 참된 아름다움을 발견하고 내면의 소중한 가치를 찾아야 한다고 가르치면서, 「성공이란 무엇인가?」라는 제목의 시에서 진정한 성공의 개념을 말했다.

많이 그리고 자주 웃는 것. 현명한 사람들에게 존경받고 아이들에게 애정을 받는 것. 정직한 비평가로부터 찬사를 얻고 잘못된 친구들의 배신을 견뎌내는 것. 아름다움의 진가를 알아내는 것. 다른 이들의 가장 좋은 점을 발견하는 것. 건강한 아이를 낳든, 작은 정원을 가꾸든, 사회 환경을 개선하든, 세상을 조금이라도 더 좋은 곳으로 만들고 떠나는 것. 당신이 살아 있었기 때문에 단 한 사람의 인생이라도 조금 더 쉽게 숨 쉴 수 있었음을 아는 것. 이것이 진정한 성공이라고 했다.

십시일반의 작은 도움으로 보다 나은 세상을 만들어가기를 염원하는 나의 마음은 지금도 계속되고 있다.

어떻게 나이들 것인가

늙는다는 건 혼자 사는 일이다. 사람은 누구나 나이를 먹는다. 예전처럼 몸이 뜻대로 되지 않는다. 할 수 없는 일도 많아진다. 그렇지만 여전히 건강하고 즐겁게 살 수 있다. 함께 살던 남편도 떠나고 15년 이상을 혼자 살고 있다.

나이가 많다고 해서 앞으로 다가올 죽음을 두려워하며 불안해하거나, 혼자라고 해서 외로워하지 말자. 나이가 들어 어쩔 수 없이 몸이 쇠약해지는 일은 당연하게 받아들이지만, 자신이 할 수 있는 일은 직접 하며 여생을 자기 주도적으로 생활하며 즐겁게 보내자.

늙었다는 이유로 다른 사람에게 무조건 의지하려 하지 않고, 집안일은 시간이 들더라도 무리하지 않으면서 직접 해내고, 여전히 젊어서부터 해오던 원고 쓰는 일을 하며 살아야 한다.

우리는 '늙는다는 것은 혼자 사는 일'임을 인지하고, 나이가 들더라도 자신의 페이스를 잃지 않고 잘 살 수 있는 방법을 생각하고 실천해야 한다.

- 노정한담(路程閑談)

"혼자 잘 놀 줄 아는 것이
가장 든든한 노후 대책이다."

흔히, 노후를 잘 보내려면
돈, 건강, 친구가 있어야 된다고 하는데,

혼자, 잘 놀 줄 알면,
이보다 더 든든한 노후 대책은 없다

나이가 들수록, 외롭고 고독하며,
혼자 있어야 할 시간이 많아지기 때문이다

그래서 노년에는
'혼자 잘 노는 법'을 터득해야 한다

혼자 있는 것에 외로움과
두려움을 느낀다면 쉬운 것부터 하면 된다

음악 감상, 그림 그리기, 공원이나
동네 산책, 조조 영화 보기, 대형 서점 둘러보기 등

이런 것들은
혼자가 오히려 자연스럽다

이런 것에 점점 익숙해지면

둘레길 걷기, 기차 여행하기,

가까운 곳 자전거 투어,
식당 혼자 가기 등으로 확대한다

이런 것들을
회피하거나 주저하게 되면

삶의 다양한 즐거움을
놓치게 되고, 더욱 외로워진다

어쩌면 삶은 살아가는 게 아니라
살아 내야 하는 것인지도 모른다

나 자신을
가장 좋은 친구로 만들어

혼자 시간을 보내고
즐길 줄 아는 것이 노년의 단조로움과

외로움, 고독에서 벗어나는
좋은 노후 대책이 될 수 있다

홀로 있어도, 육체적, 정신적,
친구들이 있는 한, 외롭지 않다

'외로움'이라는 것은
홀로 있음에 실패했음을 의미한다.

- 나이 들기

오늘은 메이 스웬슨의 시, 나이 드는 법을 올리고 싶다.

젊음은 쉽다
처음엔 누구나 젊다
쉽지 않은 건 나이 드는 일
그 일엔 시간이 걸린다
젊음은 주어지고, 나이 듦은 성취되는 것
나이 들기 위해
시간과 하나 되는 마술을 부려야 한다
주어진 젊음을 옷장 속 인형처럼 넣어두었다가
휴일에만 꺼내어 놀아야 한다
준비해둔 많은 인형 옷을
흠잡을 데 없이 입혀야 한다
자랑하기 위해서가 아니라 감추기 위해
그 인형을 사랑할 필요가 있다
일상의 어둠 속에서 그걸 기억하기 위해서,
날마다 거울 속에서 늙어가는
얼굴을 축하하기 위해서
머잖아 우리 몹시 늙어버리고
머잖아 우리 삶은 마무리될 것이다
그리고 머잖아, 머잖아, 그 인형도
오래된 새것처럼 발견되리라.

연이은 부고장을 받으며

작년 올해 들어서 아는 분들이 많이 우리 곁을 떠나고 있다.

연이어서 전화로 카톡으로 부고장이 날아 들어온다. 코로나 영향도 있지만 워낙이 우리가 나이를 많이 먹었기 때문이다.

일곱 살에 입학한 내 나이가 85세니 친구들의 나이는 86, 87, 88세가 보통이고 친구 남편들 나이는 89, 90, 91세가 다반사다. 거기에다 남성은 여성보다 6년을 더 못 산다고 한결같은 통계가 나오니 그간에 장수한 남편들까지 저세상으로 떠나고 있다.

여고 동기 친구들 열 명 모이면 남편 생존한 사람은 두어 명 정도고 정신이 다소 해롱해롱 하는 친구도 한두 명, 지팡이 짚고 오는 친구 두어 명. 모두가 옛 같지가 않다.

작년에 88세 된 친구가 세상을 떠나서 우리는 모여서 장례식장엘 갔다. 그런데 영정사진이 너무 젊어서 우리 모두는 놀라워했다. "왜 이리 젊을까?" 하고 얘기들을 하니까, 큰아들이 와서 하는 말이 "워낙이 아버지가 젊으실 때 돌아가셔서 늙은 어머니를 못 알아보실 거라고 간곡하게 젊은 사진을 영정으로 하라."고 어머니가 신신당부 하셔서란다.

　아하~! 우리 모두는 감탄하며 우리도 영정 사진 따로 찍을 필요 없이 다소 젊은 사진을 그냥 영정으로 하자고 모두들 뜻을 모았다.

　두어 달 전에 떠난 친구의 이야기는 더더욱 가슴 아프다. 착하기로 소문난 이 친구는 어릴 때 계모 밑에서 컸는데 그 고생 속에서 결국 근처 알만한 총각과 결혼을 했었다고 한다.

　그런데 딸만 넷을 낳았고 교사였던 남편은 제자와 바람이 나서 집을 나갔고 그쪽에서 아들까지 낳았단다.

　처녀 때도 힘들었던 상황에서 살았는데 결혼하고서도 집을 나간 남편은 수십 년을 그리 살다가 다 늙어서 집으로 돌아왔는데, 그런데도 친구는 삼시세끼를 정성을 다해 챙겨주며 아무소리 없이 정성껏 모셨단다.

　우리가 동창끼리 모여 멀리 놀이 갈 때는 늘 그 친구는 버스 안에서 노래를 잘 불렀다. 그것도 애절하게 '바램'을 불렀다.

　　내 손에 잡은 것이 많아서 손이 아픕니다
　　등에 짊어진 삶의 무게가 온몸을 아프게 하고
　　매일 해결해야 하는 일 때문에 내 시간도 없이 살다가
　　평생 바쁘게 걸어왔으니 다리도 아픕니다
　　내가 힘들고 외로워 질 때 내 얘길 조금만 들어 준다면
　　어느 날 갑자기 세월의 한복판에 덩그러니 혼자 있진 않겠죠
　　큰 것도 아니고 아주 작은 한마디
　　지친 나를 안아 주면서 사랑한다

정말 사랑한다는 그 말을 해 준다면
　　　나는 사막을 걷는다 해도 꽃길이라 생각할 겁니다
　　　우린 늙어가는 것이 아니라 조금씩 익어가는 겁니다
　　　저 높은 곳에 함께 가야 할 사람 그대뿐입니다.

우리는 그 노래를 들을 때마다 늘 가슴 아프고 안타까웠다.
　그런데 그렇게 친구들에게도 잘하고 미운 남편에게도 잘하던 친구가 갑자기 세상을 떠났다는 연락이 왔다. 별로 신고는 하지 않았으니 죽음 복을 탔다고 하겠지만 너무나 마음이 아팠다.
　장례식장엔 사위들만 서있었다. 함께 간 여러 친구들은 영정 앞에서 합창을 했다. 노래를 좋아한 친구니까⋯. 바램을 부르려했으나 모두 가사를 몰라서 경남여고 교가를 불렀다.

　　　비둘기 즐겨 사는 수정 기슭에 전통에 빛나는 배움의 전당
　　　이 나라 착한 뜻 이어 받아서 우러러 받드오리 진리의 깃발
　　　배달 정신 받들어 높이 빛내자~~ 아~~ 경남여고~!

　장례식장에서의 교가 제창으로 우리 모두는 한참을 울었고 엄마가 바램이란 노래를 좋아하고 잘 불렀다고 하니 딸네들도 통곡을 했다.
　그런데 맏딸이 말하기를 엄마가 가망이 없다고 하자 아버지가 엄마에게 정말 미안하다고 하면서 아내한테 고해성사를 해서 안 보려고 했던 아버지를 용서했다고 말했다.
　그리고 두어 달 뒤 우리들이 다시 한 번 만났는데 친구이야기

를 전해 들었다.

남편 되는 분이 아들네 집에 있다가 몸이 좋지 않아서 요양원으로 옮겼는데 결국 친구가 떠난 지 두 달 후에 그도 저세상으로 떠났다는 얘길 들었다.

그런데 마지막으로 찾아온 딸들에게 그는 "너희 엄마는 천사였다~! 정말 천사였다~! 고마웠다."고 여러 번 말 하고서는 아버지는 이 세상을 하직했다고 했다.

아~ 이 무슨 인연의 끈질김인가…. 저세상에 가서는 어쨌든지 두 사람 사이좋게 살아가길 바라면서 우리는 휴대폰으로 '바램'을 틀어놓고 눈물을 글썽이며 함께 불렀다.

그리고 한 달에 한 번씩 만나는 모임 중 친구 영희가 갑자기 세상을 떠났다.

1년 전 자신의 결혼 60주년에 남편과 타협을 하며 우리 이제는 싸우지 말자고 약속을 하고부터는 남편이 설거지도 해주고 넘 좋아졌다면서 그리고 자식들도 넘 넘 기뻐하고 있다고 하면서 오늘은 내가 밥을 사겠다며 밥값을 내며 기뻐했던 친구다.

그런데 서너 달 전부터 좀 아픈 기색이 있었고 폐가 안 좋다는 얘기를 했다.

두 달 전 모임 때에 택시를 불러서 먼저 떠나던 그 모습이 마지막이었다. 알고 보니 폐섬유증이었다고 한다. 결국 갑자기 우리 곁을 떠났다.

오늘은 일요일이지만 우리는 모여서 장례식장엘 갔다. 12명이 모였다. 또 함께 경남여고 교가를 불렀다.

시골 고향에서 국민(초등)학교를 나오고 부산의 유명한 경남여고에 붙었다고 자신은 물론, 동네 사람들 모두 자랑스러워했다는 얘기를 상기하면서였다.

부고장은 이어지고 있다.

우리 아파트 아래층 60대 남편도 떠나고, 서울 사는 대학 동기도 떠나고, '애란회'라는 40여 년 모임의 캡틴도 떠났다. 그리고 또 한 명의 부산 거주 사대 동창생으로 교장을 지낸 이가 갑자기 세상을 떠났고, 등산을 즐기던 건장했던 동료 교수도 떠났다.

이제 60환갑은 어린애 돌 같아진 세상. 80, 90, 100세가 보통인 세상이다. 그래도 우리는 이렇게 많은 아는 분들을 먼저 떠나보내고 있다.

지구 변화도 이상하고, 바이러스가 들끓고, 세상도 전쟁판이고, 나라 정치도 분열과 분노가 넘쳐나고, 인간들은 모든 것이 불안하고 이상한 요즘 세상을 살면서 무엇을 생각할까?

한 가지 확실한 것은 우리 모두 언젠가 죽는다는 것이다.

잘 살다 잘 죽자!

이미 늦었습니다

　나의 네이버 블로그 역사를 보면 2006년 5월 17일부터 시작했으니 20년이 다 되어 간다.
　싸이월드를 하다가 네이버 블로그로 옮겨갔다. 그때는 내가 동의대학교에서 정년퇴임을 할 무렵이었다. 그 이후 오늘에 이르기까지 올려 진 글과 사진은 10만여 개가 훨씬 넘고 방문자는 도합 450만 명이 넘었다.
　매일 블로그를 한다는 것은 나에게 일상을 기록할 수 있고 또 마음에 위로를 주는 일이었다.
　특히 오늘날과 같이 놀라운 소통의 시대에 카톡이나 메시지로 나에게 들어온 모든 소식이나 뉴스나 이야기들은 함께 공유할 수 있고 또 공유함으로써 도움이 되고 즐거움이 되고 있다.
　나의 블로그에는 그 목록에 감성, 교육, 연예, 정치, 역사, 이슈, 일기, 주고받은 편지, 시, 수필 등이 있다. 올리는 내용은 매일 신문, 조, 중, 동에 실리는 맘에 드는 칼럼, 기사, 그리고 뉴스에 나오는 특별한 사항, 알아야 할 역사적인 이야기들, 또한 매일 카톡으로 받은 내용 중에서 취사선택해서 하루 3, 40여 개씩 올리고 있는 셈이다.

그런데 이렇게 올려진 내용 중에는 강제로 내림을 당하는 일이 생기기 시작했다.

예를 들어서 보면,

'네이버' 게시물 조치 안내 드립니다.
안녕하세요? 네이버입니다.
고객님께 안내해 드릴 중요한 사항이 있어 메일 드립니다.
강원도선거관리위원회로부터 공직선거법 위반 게시글 삭제 요청이 접수되어 조치 내용 안내 드립니다.

안녕하세요, 권리보호센터 담당자입니다.
안내 내용: 게시중단(임시조치) 처리
게시중단(임시조치) 사유: 명예훼손(게시물로 인해 피해를 주장하는 당사자의 유가족으로부터 권리 침해 신고 접수)

위와 같은 이유 등으로 그냥 강제로 내림을 당하는 일이 여러 번 있었다.

그중 하나가 2년여 전쯤 이재명에 관한 내용이었다.

이재명의 아내한테는 애가 몇 명, 비서에게는 1명, 탤런트에게는 없고 등등 그 당시 형수나 형님이야기 등등 파다한 소문이나 이야기들 중 하나였다.

그런데 이건 그냥 기사를 내려버린 게 아니고 고소를 해왔다고 연제경찰서에서 연락이 왔다.

경찰서는 우리 집에서 제법 떨어진 곳이고 나는 한 번도 가보지 않아서 그곳 경찰서를 모른다고 하니 그 경찰관은 택시를 타고 오란다. 그래서 택시를 타고 갔다.

경찰서는 크고 깨끗하고 좋았다. 사이버 수사대의 한 젊은 경찰이 나를 친절히 상대해 주었다. 여럿 있는 방에서 외딴 방으로 가서 얘기를 했다. 이 내용은 여러 언론매체에도 나온 이야기고 이럴 경우 그냥 내리기만 하는 조치를 하던데 이번에는 고소까지 당하니 의외라고 하면서 만약 이걸 사건화하면 나도 기자회견이라도 할 것이라고 말했다.

대학 초년생 때 겪은 4·19이후 나라 걱정을 하면서 80평생을 살아오면서 이런 일은 처음이라고 소회를 토로했다.

젊은 경찰은 다소 흥분한 나와는 달리 내용과 상황을 상세히 듣고 기록하면서 대단히 겸손하고 친절히 대해 주어서 나도 기를 낮추었다.

뭘 하시느냐 묻기에 나는 중국역사를 가르치는 대학교수였으며 이젠 정년퇴직한 지 16년이 넘었으며 요즘은 책을 쓰거나 강연을 다닌다고 했다. 주로 무슨 강연을 하시느냐고 물어서 중국여성사로 박사를 받아서인지 '여성을 통한 중국근현대사의 이해'를 주제로 강연을 하며 특별한 여성단체에서의 경우는 부부 갈등에 관해서나 가급적 이혼은 하지말자는 등의 내용에 관한 얘기를 한다고 했다.

그랬더니 한참을 말없이 쳐다보더니 "이미 늦었습니다."라고 힘없이 말한다. 놀라서 "무엇이 늦었어요?" 하고 물으니 "저희 부모는 이미 이혼했고 저는 할머니 손에서 자랐으며 할머니 연세는 선생님과 동갑입니다."라고 머무적거리며 이야기를 했다. 알고 보니 33세인 나의 큰손녀와 동갑이었다. 나도 마음이 찡하여 한참을 쳐다보았다.

그러고는 "제가 경위서를 잘 작성하여 일이 잘 되도록 하겠습니다."라고 했다.

잠시 그간에 그 젊은 경찰관이 기록한 대강의 내용을 보니 아주 잘 썼기에 정말 두뇌가 명석하다고 칭찬을 해주었다. 그리고는 내가 쓴 책이 있으니 몇 권 드릴까라고 물으니 그것은 이런 상황에서 경찰이 받으면 안 된다며 사양했다.

잘 마무리하고 집으로 왔는데, 오고 보니 내가 가져갔던 우산을 두고 왔다. 가지러 가겠다고 전화하니 점심시간에 아래쪽 동네로 가서 식사할 일이 있다면서 우리 아파트까지 가져다주겠다고 했고, 곧 가지고 왔다. 정말 고마웠다.

한 달쯤 후 이 문제는 아무 일 없이 잘 해결되었다는 문서가 든 편지가 집으로 전해졌다.

고마운 마음이 가득했고, 안타까운 마음, 애잔한 마음도 가득했다. 감사의 전화도 했다.

고개를 숙이고 '이미 늦었습니다'라고 하던 그의 기죽은 모습과 얘기가 오랫동안 머리에 선연했다. 내가 그 집 부모의 이혼을 막을 수 있었을지도 의문이지만 얼마나 가슴이 아프고 힘이 들었으면 나에게 그렇게 얘기했을까.

우리 모두는 부모가 된다는 것이 얼마나 크고 중요한 일인지도 모르고 그냥 결혼을 한다.

그리고 '부모'라는 자격증도 없다. 그리고 낳은 자식에 대해서는 얼마나 소중히 키우고 잘 보살펴주어야 하는지도 잘 모른다.

아이에게는 부모 특히 엄마는 하나의 우주다. 그 우주를 온통 잃어버린 아이의 마음은 어떠할 것인가.

두고두고 '이미 늦었습니다'라고 한 그 청년의 애절한 마음이 내 마음에 남아있었다.

우리 여성들의 모성애는 점차 약해지고 있는 것일까.

그냥 한 번에 죽지

오랜만에 동회에 갈 일이 있었다. 제법 서너 구역 버스를 타고 가서 한참을 걸어서 올라가야 하는 곳에 있다. 그런데 요즘은 동회라고 부르지도 않고 행정복지센터라는 그럴듯한 명칭을 쓰고 있었다.

오랜만에 간 참에 각 부서마다 한번 죽~ 훑어보고 나서 배치되어져 있는 프린트 물과 책자나 쪽지들을 다 챙겨 넣었다. 그러고 난 다음에 직원들에게 한번 물어보았다.

"혼자 사는 80세 훨씬 넘은 노인네들이 위기에 처하면 어떻게, 어디에 연락을 취해야 하나요? 요즘은 워낙이 고독사가 많은 세상이라서 85살이 되도록 십 수년 간을 독거노인으로 이 연제구에서 혼자 살고 있는데 한 번도 잘 살고 있느냐 어떻게 지내느냐라고 물어 보는 일이 없어서 한번 알아보려고 합니다."

형편이 어려운 사람들에게 주는 생계보조비를 받는 생활보호대상자도 아니다 보니 나는 관심 밖일 것이고 게다가 나는 교직연금을 받고 있으니 그렇기도 하겠지만 새삼스럽게 80세를 훨씬 넘은 노인에 대한 관심이 너무 없지 않은가 하는 마음으로 나는 물어보았다. 게다가 부산은 제일 먼저 늙어가는 지역으로서 독거노인이 가장 많다는 이야기도 들어서이다.

"전화로 긴급을 알리면 됩니다. 저쪽 긴급전화 설치부서로 가보십시오."라고 무심하게 얘기한다.

가수 현미가 홀로 사망한 것, 또 이웃 92세의 아는 여성분이 급사 이후 딸 사위가 한밤중 방문하여 난리난 듯한 얘기 등을 듣고 보면서 강아지와 15년째 홀로 살고 있는 나도 괜히 걱정스러워져서다. 게다가 요즘은 심장이 갑갑하기도 하고 늘 심장이 있다는 걸 느끼게 하기에 한밤중에 두 손을 들어보기도 하고 기침도 해보고 또 심호흡도 해보고 또 약을 사먹기도 하다가 결국 병원에 가서 심전도와 심장 초음파 검사도 해보았다. 별 이상은 없다고 했지만 마음속으로는 걱정을 하고 있던 참이다.

그래도 그날은 동회의 긴급전화 설치부서의 번호는 알아보지 않고 그냥 집으로 돌아왔다.

그러고 나서 얼마 후 함께하기를 40년 역사를 가진 모임인 애란회 모임에서의 일이다.

10명의 회원이 모두 7, 80대다. 이 이야기를 했더니 농담 잘 하는 70대 의사분이 하시는 말씀 "형수요 그 벨 설치하지 마시이소, 한 번에 죽지 뭐 실려 가서 두 번 세 번 만에 죽을 껍니꺼." 라고 한다.

그 말도 일리가 있었다. 모두 박장대소하며 한참을 웃었다. 아무튼 아직 벨을 설치하지 않고 있다.

그러나 사실은 속으로는 걱정하고 있다. 갑자기 혼자 죽으면 강아지가 알건가 누가 알건가 말이다. 며칠 전에는 경남여고 동기들과 만났다. 두어 달 전까지만 해도 12명 넘게 나왔는데 근간에는 7, 8명이 겨우 참석한다. 그 사이 저세상으로 갔거나 병원에 입원했거나 정신이 흐려져서 못 나온다.

그리고 참가자 8명 중 남편 생존한 사람은 한 사람뿐이고 아들, 딸 중 누구든 함께 사는 사람은 두 명이니 5명은 나처럼 혼자 사는 독거노인이었다. 부산이 노인수가 많고 독거율이 높다고 얘기하다가 그리고서는 우연히 화제가 현관문 잠그는 이야기로 돌아들었다.

한 번씩 비밀번호를 잊어버렸다든지, 또는 1, 2년 전부터는 현관문을 하나만 잠그고 잔다는 이야기들이었다. 무슨 이야기인고 하니 통상 우리들이 살고 있는 오래된 아파트 현관문은 3단계로 잠그게 되어있다 쇠로 된 큰 고리, 그냥 작은 고리, 그리고 비밀번호 고리가 있는데 모두 비밀번호 고리 하나만 닫아걸어 놓고 잔다는 것이다.

나도 이미 속으로 저걸 다 잠그고 자면 밖에서 문을 어찌 열까? 하며 혼자 생각해본 일은 있었다. 집주인이 혼자 살 경우에 위급할 시에 문을 부수지 않으면 들어오는 것이 불가능하다는 얘기였다. 사실 우리 앞집은 사람이 나간 지 2년이나 되는데 새로 이사를 들어오지 않아서 아무도 살고 있지 않았으므로 허전한 마음에 겁도 나고 신경이 쓰여서 나는 늘 꼭꼭 다 닫아 걸고 살고 있었다.

이제는 한두 개만 달아걸고 살기로 했다.

그래도 전화 설치는 해야 하지 않을까? 생각 중이다

이제 나이가 드니 온갖 것이 다 다르고 걱정이다.

언제까지 살 것인가? 죽을 때까지 산다~!ㅎㅎㅎ

죽음 복 타기를 기원할 수밖에는 길이 없다.

"고행 불자 이양자 죄업을 용서하여 주시옵고, 살아생전에 아프지 않고 건강하고 행복하게 살다가 죽을 때 죽음 복 타서 잠자듯 가게 하여 주시옵소서."

2.
신이 고통을 주는 이유는

곁에 살아있는 것만으로도

　효도란 부모를 정성껏 잘 섬기는 일을 이르는 말이다. 그리고 효자란 어버이를 잘 섬기는 아들 즉 자식을 말한다. 우리는 살아가면서 자식이 효자니 불효자니 하는 얘기들을 많이 한다.
　그리고 콩 심은 데 콩 나고 팥 심은데 팥 나는 법이니 효자집안에 효자가 난다고도 한다.
　가만히 생각해 보자. 일단 나 자신은 얼마나 효녀였는가? 여러 잣대가 있겠지만 효녀라고 딱히 말하기는 어렵다. 그리고 얼마나 나는 좋은 엄마였는가? 교육적으로 얼마나 참고 노력하며 칭찬하고 격려하고 따독이며 따뜻하게 자식을 잘 키웠는가? 이것 또한 자신이 없다.
　그래도 자식 셋 다 잘 커서 자신의 앞가림을 하고 보람 있게 살아가고 있어서 고마운 마음이다.
　어느 날 TV에서 어느 가정의 비극을 보면서 한참을 울었다. 공군 조종사이던 아버지가 비행 중 사고로 사망하고 난 뒤 그 아들이 엄마의 반대에도 불구하고 공군에 입대하여 조종사가 되었다가 또 추락사한 내용이었다.

부자가 함께 추락사하는 일은 드문 일이어서인지 나라에서는 27살 아들의 모습을 AI로 복원하여 홀로 남겨진 엄마와 만나게 하는 장면을 연출하였다. 방에 들어서는 순간 화면으로 젊고 생생한 아들의 모습을 보면서 엄마는 대성통곡을 하였고, 나도 함께 한참을 울었다.

"어머니 안녕하셨는지요? 어머니께서 그리도 저보고 공군에 가지 말라고 말씀하셨는데 결국 가서 이리 먼저 어머니 곁을 떠났으니 너무나도 죄송합니다. 어머니 그간 안녕하셨는지요? 아버지도 만났습니다. 그리고 어머니께서는 늘 저보고 끼니 거르지 말라고 말씀하셨는데 어머니께서도 끼니 거르지 마시고 잘 챙겨 드시기를 신신 부탁드립니다. 어머니, 그럼 부디 안녕히 계시기를 빕니다."

통곡의 소리는 내 입에서도 나왔다. 한참동안을 울음을 그칠 수가 없었다. 부자지간에 공군에 들어가 산화한 일은 아주 드문 일이어서 이렇게 AI를 이용해 생전의 모습을 복원한 모양이었다.

그렇다. 내 자식이 잘하든 못하든 훌륭하든 그렇지 않든 간에 살아서 내 옆에 있다는 것만으로도 효도며 효자인 것이다.

우리 집은 6남매였다. 내가 장녀고 바로 아래 동생이 남동생이었는데, 동생은 경기고등학교를 나오고 서울 의대를 나온 우수한 정형외과 의사였다. 그 당시의 유행 시세에 따라 동생은 미국 의사로 갔고 뉴욕 근처의 큰 종합병원에서 정형외과 의사로 근무하고 있었다. 그러나 어느 가을날 낙엽에 미끄러지는 교통사고로

40대 초반의 젊은 나이로 세상을 떠나고 말았다.

그 장례식엔 정말 수많은 사람들이 참여하였다고 전한다. 이곳 한국에서는 모두 모여 절에서 동생의 천도기도 불공을 올렸다. 아버지와 어머니의 그 애통해 하시던 모습을 떠올리면 지금도 너무 가슴이 아파서 잊을 수가 없다.

그 후 어머니는 늘 "양자야 자식이 죽고 나니 힘이 하나도 없구나. 멀리 있어도 살아있을 때는 힘이 났었는데…."라고 말씀하셨다. 그래, 자식은 우리 곁에 살아있는 것만으로도 효도며 효자다.

며칠 전에 순직의무군경의 날 기념행사가 있었다. 우리 역사상 처음으로 매년 4월 마지막 금요일 날을 순직의무군경의 날로 기념식을 지내기로 했단다. 군인이나 의무경찰이나 의무를 다하는 중에 사망했기에 이들은 모두 젊은 청년들이다. 결혼도 하지 않아 자손도 없기에, 지금 애통해 하고 계시는 나이든 부모님이 돌아가시고 나면 자손이 없으니 그것으로 끝이라 나라에서 기념하고 기억하기 위하여 순직의무군경의 날을 정한 것이라고 한다.

행사가 진행되는 동안에, 나이 드신 아버지 어머니들은 훌쩍이시며 계속 눈시울을 닦고 계셨다. 그래, 자식이란 안 죽고 부모 곁에 살아서 존재하는 것만으로도 효도고 효자구나. 더욱 더욱 절실히 느낄 수 있었다.

우리 너무 욕심내지 말자. 내 자식들이 우리 곁에서 살아서 잘 지내고 있는 것만으로도 효도다. '일주일에 한 번도 안 오네~?' '연락도 없잖아?' '부모가 죽어도 모르겠구나.' 등등 하는 마음도 얘기도 하지말자.

어느 날 지인을 만나 이러한 이야기를 나누는데 그분 말씀이 "아들놈이 하는 짓도 통 마음에 안 들고 해서 한 달째 전화를 끊었는데 선생님 얘길 듣고 나니 오늘은 가서 먼저 전화를 해볼랍니더."라고 하셨다.

하루는 연로하신 부산여류문인들 앞에서 강연한 일이 있었다. 마지막 끝 부분에 가서 "마지막으로 제가 한 말씀만 더 드릴게요. 우리는 자식들 보고 효자니 아니니 하고들 이야기 하는데 사실 우리 자식들이 우리 옆에서 살아서 잘 지내고 있는 것만으로도 큰 효도이며 효자입니다. 우리 다 함께 큰마음 먹고 생각해 보십시다." 하며 끝을 맺었다. 모두 숙연한 모습으로 한참 동안 박수를 쳐주었다.

성춘복 선생님과 나

　교직에 30여 년 있으면서 시나 수필은 전혀 생각해 본 적이 없었다. 논문 쓰기나 번역작업에 바빴고 나는 문학적인 글쓰기 재능이 없다고 생각하며 살았다.
　정년퇴임하고 난 이후 편안하고 따뜻한 노후를 지내리라 여겼는데 돌연히 남편이 암에 걸려 세상을 떠나고 나니 2009년, 내 나이 69세였다.
　애들 셋도 시집 장가 다 가고 텅 빈 집에 나 혼자. 말로 표현할 수 없는 고독과 허망함. 그래서 그 큰 공백과 허망함을 달래기 위해 다시 배우기로 작정하고 부산대학교 평생교육원에서 꼬박 3년, 시를 3학기 배우고 또 수필을 3학기 배웠다.
　그리하여 능력도 없으면서 시도 등단했고 수필도 등단하게 되었다.
　시는 같은 대학에 재직했던 이문걸 선생님한테 개인적인 코치도 받았다.
　그리하여 부산시단 뿐만 아니라 서울의 『문학시대』에서도 시로 등단을 할 수 있게 추천을 해주셨다. 2015년이었다. 서울로 추천을 해주시면서 성춘복 선생님 말씀을 하셨다. 홀로 되신 지 오래된 유명한 시인이신데 많은 여류문인들이 문학시대를 둘러싸고 있다고….

어느 날 등단되었다는 소식을 문학시대로부터 전해 듣고 나는 너무 반가워서 완도 전복을 조금 사서 성춘복 선생님께 보내드렸다. 고향이 부산 분이시다는 얘기도 들어서다.

그런데 혼자 사시는 남자분이 어찌 손질을 하실 수 있을까 여겨서 전화를 드렸더니 "내자가 손질을 잘 해주었다."고 하셔서, 아~ 이제 재혼을 하셨구나 여겼다.

그 이후 서울 가면 문학시대에 들르는 일도 있어서 근엄하신 성춘복 선생님도 뵙고 친절하시고 야무지시고 다정하신 우희정 선생님도 만나는 즐거움을 누릴 수 있었다.

다시 2019년 나는 수필로 『문학시대』에서 등단을 했다. 통지가 왔다. 기뻤다.

축하합니다. 귀하가 응모한 작품을 본지의 심사규정에 의하여 심사한 결과 다음과 같이 당선되었음을 알려드립니다. 노력과 열성으로 우리 문단의 큰 나무가 될 것을 기원해 마지않습니다.

저희 문학시대는 1987년 창간되어 지금까지 국내외 문학사와 문예작품 및 작가를 소개하고 관련 서평을 수록하여 국민정서순화에 기여해 왔습니다.

이제 등단이란 과정을 거쳐 함께하게 되었음을 기쁘게 생각하고 환영하는 바입니다.

1. 작품명: 「모차르트를 사과하다」 외 1편
119회 신인문학상 심사평 〔문학시대 126호 2019년 신년호〕
　수필부문의 이양자(「모차르트를 사과하다」 외 1편) 님은 시인으로 활동하며 시집까지 상재하였음에도 불구하고 다시 수필부문에 도전을 했다. 탄탄한 기본기를 바탕으로 정서와 사상을 구체화 하는 솜씨가 남다르다. 진솔한 자기 고백이 매력인 수필의 본질을 잘 알고 자신의 실수조차 감추지 않는 솔직성은 읽는 이로 하여 미소를 머금게 한다.
　비록 늦깎이로 새로운 출발선에 섰지만 문학에 대한 남다른 열정은 당연 으뜸이라 여겨진다.

　그리하여 『문학시대』 33주년 되는 2019년 신년호에서 119번째로 수필 신인상을 받았다. 날짜는 따뜻한 봄날 3월 22일 오후 3시였다. 남산의 문학의 집에서.
　수필 신인상 받던 날 나는 성춘복 선생님으로부터 등단패를 받은 후 악수를 청하시는 선생님께 악수는 안하고 허그를 하면서 그 부처님 같으신 선생님을 얼싸 안았다.
　얼마나 그 자리에 계신 분들이 놀라셨을까? 가히 짐작이 가고도 남는다.
　그러한 데는 나 나름의 이유가 있었다.
　서울에 다니며 친구들과도 만나며 늦게 안 일인데 성춘복 선생님이 나와 경남여중, 경남여고 6년을 함께 다닌 동창생인 친구 성영자의 오빠였던 것이다. 나는 6남매의 맏이라서 늘 오빠가 있었으면 하고 살았는데, 그냥 그날 그렇게 죄송하게도 친구 오빠와 허그를 한 것이었다.

그 이후 영자와 친구들과 성 선생님을 따로 만나 뵈러 가기도 했다.

그리고 수필 등단패 받던 그날은 문학시대 창간 33주년, 동인지 30집 기념 시화전과 상남 성춘복 선생님을 위한 헌송회가 있었으며 맨 마지막으로 수상자 대표 답사를 내가 했다.

감사합니다.
먼저 문학시대 창간 33주년을 진심으로 축하드립니다.
이 어려운 시대에, 문학사적으로 큰 의미가 있으며, 이 나라 문단에 없어서는 안 될 훌륭한 잡지 문학시대 2019년 신년호에, 119번째로 수필부문 신인상을 받게 해주신데 대해 깊이 감사드립니다.
등단을 통해 저희들의 문학에의 지평을 넓혀갈 기회를 주시고 가족으로 함께 하게 해주신 문학시대 성춘복님, 우희정님께 감사드립니다.
앞으로 저희들의 삶이 헛되지 않게 격려의 채찍이 될 수 있는 글쓰기가 되도록 노력하겠습니다.
심사위원 여러분께도 깊은 감사를 드립니다.
감사합니다.   - 이양자 드림.

그 이후 다정한 성격의 친구 영자를 만나 여러 얘기를 들었다. 올해 미수를 맞으시는 성춘복 선생님은 잘 사는 집안의 6남매 중 장남으로, 영자는 바로 아래 동생이라고 했으며 지금 6남매 모두가 구존하고 계시다고 한다.

아버지는 사업을 하셨고 환갑 즈음에 타계하셨는데, 어머니는 늘 글을 읽고 쓰셨다고 하였다. 그래서 오빠는 엄마를 닮았다고 이야기 해주었다.

그림은 누구를 닮아서 그리 잘 그리시냐고 물었더니, 아무튼 오빠는 학생시절부터 어디 같이 가면 언제나 그 지역의 경치를, 가지고 다니는 수첩에다 연필로 스케치를 하는 모습이었다고 전했다.

어머니에 대한 또 하나의 이야기는, 성춘복 선생님이 어릴 때 맨 처음 말을 배워서 입을 때기 시작하자 어머니께서는 "오~ 하늘의 말문이 열렸으니…." 하시며 글을 쓰셨다고 기억한다고 했다.

2008년 92세의 어머니 윤학술 여사께서 '예술가의 장한 어머니 상'을 수상하심은 참으로 가슴 뿌듯하고 장하신, 그리고 멋지고 너무나 당연한 일이었다.

성춘복 선생님의 시 「어머니를 보내며」에서 마지막 구절을 외워본다.

나의 삶
나의 시
나의 숨까지 주신 어머니
아주 영이별을 앞두고
나는 자꾸 헤맨다.

또한 다정한 친구 영자는 쾌활하게 웃으며 얘기해준다. 우리 집안에서는 오빠 이름을 '춘복'이 아닌 '말복'으로 부르기도 한다면서, 어찌 그리 오빠는 노리에 늦복 즉 말복이 많으셔서 그렇게 멋진 우희정 선생님을 맞이할 수 있었는지 참으로 감탄스러운 일이라며 그 프로포즈 방법이 90여 개의 부채 선물이었음을 말한다.

나는 우희정 님의 수필에서 읽은 내용이기도 하지만 참으로 아름답고 고답적이고 멋진 관계이며, 한 편의 영화 같은 이야기가 아닐 수 없다.

성춘복 선생님의 시 「상사화」를 몇 줄 써보며 그때의 성춘복 오빠 마음을 생각해 본다.

내 울 안
깊은 데 갇힌
타다 남은 숯덩이

네게로 흘러나간 내 속 뜨건 눈물

야멸찬 꿈은 어디 연고도 찾지 못해

제목은 거창하게 「성춘복 선생님과 나」라는 제목이지만 사실 나는 선생님과 마주보고 이야기도 잘 못해 보았지만 늘 근엄하신 오빠 같은 마음이다.

이제 이 글을 마치면서 우리 성춘복 선생님의 미수 잔치를 맞이하여 늘 두 분의 건행 하심을 빌면서 친구 오빠야를 감히 나도 오빠처럼 생각하면서 만수무강을 빌고 또 빕니다.

귀한 벗 은숙이에게

구름처럼 만나고 헤어진 많은 사람 중에
당신을 생각합니다
바람처럼 스치고 지나간 많은 사람 중에
당신을 생각합니다
우리 비록 개울처럼 어우러져
흐르다 이제 흩어졌어도
우리 비록 돌처럼 이렇게 흩어져
말없이 살아있어도
흙에서 나서 흙으로 돌아가는
많은 사람 중에 당신을 생각 합니다
이 세상 어느 곳에도 없으나 어딘가에 꼭
살아있을 당신을 생각합니다.

은숙아 혼자 도종환의 시를 외워본다.
은숙아~ 이름처럼 고운 은숙아!
정말이지 무슨 일인지 모르겠다. 왜 이런 일이….
입추도 지나고 말복도 지나고 세월은 어김없이 흘러가고 있구

나. 이제 3제도 지났겠구나.

그 유머러스하시고 정력적이시고 아이디어 번뜩이시며 활동적이시던 조회장님이 눈에 서언하구나. 지금이라도 웃으시며 바쁘게 오실 것 같다. 어째 이런 일이….

내 큰동생이 사고로 인한 갑작스런 죽음, 막냇동생의 더더욱 갑작스런 죽음, 친언니 같았던 사촌 언니의 애달픈 죽음, 똑똑한 사촌 오빠의 죽음.

이 숱한 가까운 죽음들을 만나며 멍청하게 나는 "어째 이런 일이…." "이런 일이….".를 외쳤단다.

이렇게 기막힌데 산 사람은 밥 먹고, 그래도 산 사람은 살고, 그 무지막지한 붉은 태양은 매일 같이 떠오르고 지구는 멈추지 않고 돌고 있었다.

우째 이런 일이….

소설가 박완서씨는 「아홉 개의 모자를 남기고 간…」이란 글에서 남편의 죽음에 임해 살아있는 자신이 밥을 먹는다는 사실에 기가 막혀 화장실에 가서 먹은 걸 다 토했다는 얘길 썼었는데, 그걸 읽고 너무나 공감하며 울었던 기억이 난다.

수 천억 개의 은하수가 모인 이 무극의 광활한 우주 속 작은 지구 위에 사는, 모래알보다 더 작은 우리 인간의 살고 죽음이 극히 미세한 일일 것인데 어찌 이리도 우리의 고통과 슬픔은 끝닿는 데 없이 큰 것인지 아무리 생각해 보아도 알 길이 없고 그 생사의 갈림길을 이해할 수가 없구나.

사람의 능력과 체력엔 한계가 있는 법인데, 한 사람이 작은 한 기업을 일으키고 수성하기도 힘든 것이거늘 무려 10여 개의 훌륭한 기업을 일으키고 키우셨으니 오죽 힘 드시고 체력이 소모되셨겠니?

떠나신 뒤 가보게 된 그 훌륭한 기업체와 공장들을 보고 불가사의한 정력을 가지셨던 분임을 더욱 절감하였다. 너 말대로 인연이 다 해서인지 너무나 많은 사람들의 애도 속에 굵고도 짧게 살다가셨구나.

은숙아.

장례식 날 너를 지켜보면서, 평소 남에게 너무나 마음 쓰고 많이 베푸는 덕 있고 부드럽고 인정 많고 종교심 깊은 너를 더욱 깊이 이해하면서 또 다른 한편으로 의연하고 굳건한 너의 의지를 감지할 수 있었다.

은숙아!

지금의 너무나 큰 슬픔과 고뇌는 시간의 흐름만이 치유시켜 줄 수 있으리라 여겨지는 구나.

이 슬픔을 딛고 일어나 훌륭한 아들 딸 사위 며느리와 함께 남겨두고 가신 사업을 창업(創業) 못지않게 잘 계승하여 키워나가리라 믿는다. 꼭 수성(守成)하리라 믿는다.

영국의 시인 S, 스펜서는 "사람은 태양에서 나와서 태양으로 돌아가는 짧은 여정을 사는데 불과하다 그러나 위대한 인간은 그 짤막한 여정에서 자기 서명을 하나 남기고 간다."라고 하였는데 서명이란 그 사람의 업적이라 생각한다.

조회장님은 참으로 훌륭한 업적을 남기신 분이다.

귀한 벗 은숙이의 훌륭하고 굳건한 모습을 염원하며 부처님의 가호가 함께하시길 빌 뿐이다. 옴마니 반메훔.
  진실로 사람이 살아가는 행로엔 무수한 고비가 막아서있기 마련이구나.
  귀우 은숙이의 건강과 강한 의지를 바라며, 좋아해서 생각나는 시 몇 구절을 함께 하며 위로를 보내면서 오늘은 이만 편지를 접는다.

  - 세월

  가을 가면 여름 잊고
  겨울 오면 가을 잊듯
  그렇게 살라고 합니다
  정녕 이토록 잊을 수 없는데
  산다는 것은
  조금씩 잊는 것이라 합니다
  흔들리다 잊었다
  그렇게 살라고 합니다.

  - 저문 강 등불 곁에서

  옥수수 밭에 나가 소리 없이 불러보는
  당신은 더욱 멀리 있습니다
  비가 그치고 바람이 멎는 날
  하나씩 둘씩 마음의 등불은 이울고
  뻐꾹새 소리만 잠든 마을을 지킵니다
  강 건너 별 빛처럼

살아서 가물대는 불을 켜고
당신이 이 세상 어딘가를 홀로 비추고
계시리라 생각을 하며
메밀꽃 같은 별이 뜨는
밤을 그려 봅니다
언젠가 떠나간 것들을
다시 만나는 때가 있겠지요
흐르고 흘러 한군데로 모이는
그런 저녁은 있겠지요
흐름의 끝에서 다시 처음이 되는
말없는 강물 곁으로
모두들 하나씩 등불을 들고
모여드는 그런 밤은 정녕 있을 것입니다.

은숙아

조회장님은 사랑하는 딸 나현이의 결혼식도 보시지 못하고 어떻게 가셨을까. 어떻게….

은숙아

"보다 정신적으로 보다 영혼적으로 보다 가치 있는 인생을 살다가기 위해 이 오늘은 죽어간 사람들이 다하지 못한 그 내일이다."라고 한 조병화 시인의 말을 써보면서 이만 필은 놓는다.

또 소식 전할께.

부디 건강에 유의하길 빌며….

- 1996년 8월 20일 홀로된 친구를 위로하며 이양자 보냄

참새 이야기

우리나라 사람들과 가장 가깝게 살고 있는 대표적인 텃새 참새. 참새는 몸집이 아주 작고 부리는 짧고 단단해서 곡식을 쪼아 먹기에 알맞다. 꽁지깃은 날 때 방향을 잡는 역할을 한다.

여름에는 해로운 곤충을 잡아먹어 사람에게 도움을 주지만, 가을에는 농작물에 피해를 주기도 한다.

모래와 물을 이용해 목욕하는 것을 좋아한다. 부리로 물을 쪼아 몸에 바르기도 하고 물구나무서기를 하는 등 목욕을 통해 몸에 붙어 있는 진드기, 먼지, 비듬 등을 털어낸다.

두 발로 뛰면서 땅 위에 내려와 먹이를 찾거나 농작물의 알곡을 먹는다. 한쪽 눈으로 먹이를 찾아낸 다음 양쪽 눈을 사용해 먹이를 보며 쪼아 먹는다.

번식이 끝나고 가을이 되면 무리를 이루어 집단으로 겨울을 난다.

친숙하고도 강인한 귀여운 참새. 그 많던 참새는 다 어디로 갔을까. 이제 전국 참새 밀도는 1970년대 헥타르 당 400마리 정도에서 최근 100마리 이하로 네 배가량 줄었다 한다.

참새가 번식하기 위해서는 풀밭이 있는 경작지가 필요하고 거미류, 딱정벌레류 등 충분한 곤충류 먹이도 있어야 한다. 하지만 도시에서 참새가 구할 수 있는 먹이에는 양질의 단백질이 부족하고 도시화 아파트화로 인해 참새가 둥지를 만들 재료도, 장소도 부족해졌다. 그나마 도시 안에서 참새를 볼 수 있는 유일한 장소는 도시 숲이 풍부한 곳이다.

인가의 건물 틈에 마른 식물의 뿌리를 이용하여 둥지를 만들고, 내부에 동물의 털을 깐다. 한배에 낳는 알의 수는 5~7개이다. 알을 품는 기간은 12일이다.

새끼는 부화 후 약 14일 후에 둥지를 떠나며, 약 10일간 어미로부터 먹이를 공급 받는다. 새끼를 키우는 어미 새는 둥지에서 200m 이상 멀리 날아가지 않으며, 하루에 600회 이상 먹이를 나르고 새끼가 자랄수록 그 횟수는 줄어든다고 한다.

그런데 그 많던 참새는 다 어디로 갔을까. 참새의 무게는 20그램, 아몬드 2알이 2그램인데 그런 참새가 뭘 먹을 것이 있다고…. 참새구이인가. 광화문 참새 구이집은 아직도 존재한다.

깨끗이 손질한 참새를 꼬치에 꿰어 소금으로 간을 한 다음 석쇠에 구워먹는 음식. 참새구이는 1950년대를 전후로, 명동 일대에서 큰 인기를 얻었다한다.

김승옥 작가의 소설『서울, 1964년 겨울』의 첫 장에서 볼 수 있듯이, 1960년대까지 포장마차에서 가장 인기 있는 술안주는 참새구이였다. 이렇게 먹을거리가 지천인데 아직도 참새를 잡아 구워먹다니….

중국의 참새이야기를 한번 해보자.

1958년부터 3년 동안 중국에서 수천만 명이 굶어 죽는 인류 최악의 참사는 모택동의 말 한 마디에서 시작되었다.

마오가 어느 날 농촌을 방문 중에 곡식을 먹는 참새를 보고 "저 새는 해로운 새다. 식량이 부족한데 참새가 그 귀중한 곡식을 쪼아 먹는다."라고 말했다. 참새가 곡식 낱알을 먹으면서 인민들에게서 노동의 결실을 도둑질한다는 것이었다. 이 한마디에 '참새 섬멸 총 지휘부'가 만들어졌고, 얼치기 지식인과 행동 대원들은 바람을 잡았다.

마오쩌둥의 지시로 전 인민이 동원되었다. 중국인들은 새를 잡는데 동원되었고, 새가 내려앉지 못하도록 냄비와 후라이팬, 북을 두드리며 스트레스를 주었다. 중국 전역에서 참새 둥지가 허물어졌고, 알은 깨졌다. 어미 참새는 총에 맞아 죽고, 새끼 참새는 둥지에서 죽였다. 참새를 많이 잡은 정부기관과 작업반에게 죽은 새의 부피를 달아 상과 표창을 주었다.

국책 연구기관에서도 "참새 한 마리가 매년 2.4kg의 곡식을 먹어치운다. 참새만 박멸해도 70여 만 명 분량의 곡식을 더 수확할 수 있다. 역시 모택동의 혜안"이라며 찬사를 보냈다.

이후 전국적으로 참새 소탕 작전이 벌어졌고 전 국민이 나서는 바람에 전국의 참새는 씨가 마를 정도로 급격하게 그 수가 줄었다.

이로부터 마오쩌둥은 참새, 모기, 파리, 들쥐 등 4가지 해로운 동물을 제거하는(除四害) 운동을 벌였다.

1950년대 말에 이같이 중국에서 제사해운동(除四害運動)이란 정책이 함께 이루어지고 있었다. 이른바 대약진운동의 일환으로 전개된 4해 퇴치운동이다.

이와 같이 참새를 소탕하는 동안 공산혁명의 서슬이 시퍼렇던 시절에 누구하나 "이건 아니다"라고 말하는 사람이 없었다.

결국 참새 소탕작전은 대성공을 거두었고 참새는 멸종 위기에 빠졌다.

그러나 참새들이 사라지자 메뚜기를 비롯한 해충들이 창궐하기 시작했다. 참새가 멸종되자, 메뚜기 떼가 중국 전역을 뒤덮었다. 인간이 먹이사슬을 건드리니, 생태계의 질서가 무너지고, 불균형이 생긴 것이다. 농작물은 초토화 돼 버렸다. 2년 후에 중국 공산당 지도부는 참새가 곡식만 먹는 게 아니라 해충도 잡아먹는다는 것을 겨우 깨달았다.

이 운동의 결과로 쌀 생산량이 늘어나지 않고, 오히려 급락했다. 그로 인해 3년 동안 3천여 만 명이 굶어 죽는 참사가 발생하였다.

중국 공산당 지도부는 하는 수 없이 소련에서 참새를 공수해 생태계를 복원할 수밖에 없었다. 참으로 기막힌 이야기가 아닐 수 없다.

나는 요즘 참새 먹이를 챙겨주고 있다. 우리 아파트 앞에서 튀김집을 하는 아줌마는 오후 해거름에 늘 참새 밥을 준다. 언제나 그때 맞추어서 참새가 한가득 모여든다. 얼마나 참새가 똑똑한지 놀란다.

모두들 머리가 나쁘면 새대가리라고 하는데 참새가 머리가 좋다는 건 여러 곳에서 발견하곤 한다. 미처 아줌마가 밥을 안주면 수십 마리가 아줌마 집 튀김집 좌판대에 앉아 지키며 조른다.

그 먹이 값도 수월찮다고 한다. 게다가 보리보다 쌀을 좋아 하니 쌀값이 제법 든다고 얘기했다. 그래서 나는 참새먹이 쌀값으로 적지만 매달 만원씩을 아주머니에게 주기로 했다. 사양을 했지만 결국은 받으셨다. 모든 생명체가 귀엽고 애잔하다.

서너 달 뒤 아주머니가 당분간 안주어도 된다기에 그 이유를 물으니 아는 분이 조금 상한 쌀이 있다기에 씻어서 준다는 얘기였다. 다시 한 달 뒤부터 나는 돈을 보냈다.

오늘도 나는 참새 모이 값을 보냈다.

매일 오후 해질 무렵 대여섯 시쯤 되면 참새가 아파트 앞 튀김집에 나타난다. 그 아주머니는 오후시간에 맞추어서 먹이를 주기 때문이다.

어떤 날은 가게 앞에 줄을 서서 기다리고 있다. 나는 시간 맞추어 참새를 보러 나가기도 한다.

수십 마리의 참새가 먹이를 먹는다. 너무나도 이쁘다. 오늘도 일단 한 달 치 참새 먹이 값을 주었다.

이 추위에, 이 더위에 우짜든지 참새들아 잘 살아가기 바란다.

슈나우저 조이

 2009년 남편이 세상 떠난 후 혼자 된 나는 강아지 요크셔테리어 종 빼로를 키우며 외로움을 달래며 정을 나누었다.
 10년여를 지나서 빼로는 실명하여 잘 보지 못했고 또 당뇨병도 걸려서 결국 세상을 떠났다.
 그 후 이웃의 배려로 슈나우저 종류의 개 조이를 키우게 되었다. 덩치는 요크셔테리어보다 좀 커도 착하고 이쁘고 머리가 좋고 믿음직하고 괜찮은 개였다. 이미 키운 지 4년이 되었다.
 그런데 약 서너 달 전부터 조금 이상한 느낌이 드는 조이의 행동을 발견했다. 손에 먹이를 쥐고 주면 어서 와서 먹이를 받아먹지 않고 멀리서부터 코를 킁킁거리며 겨우 다가와 먹이 냄새로 찾아먹는 느낌이 들었다. 그리고 산책할 때도 작은 계단을 오르내릴 때 확실하지 못하고 비틀거리곤 했다.
 연말에, 자주 가는 해비치 동물병원에 가서 이 사실을 이야기하고 저번 개처럼 당뇨병이나 백내장의 징후가 있는지 상세히 조사해 달라고 했다. 13만원 돈 들인 약식 검사결과 당뇨는 없는데 혈압이 좀 높으며 시신경이 좋지 않은 것 같다고 눈 관련 큰 동물병원으로 가보라고 진료의뢰서를 써주었다.

그래서 유명한 눈 관련 동물병원인 지동범동물병원으로 가기로 했다. 병원 전화뿐만 아니라 펫택시 회사의 전화번호까지 알려주어서 집에 오는 즉시 전화를 했다. 원래 목요일과 일요일은 진료를 하지 않는다는 전화였다.

그 다음날 새벽 7시가 넘어서 전화가 왔다. 이웃에 사시는 약사 분으로 우리 조이를 좋아하는데, 나는 차도 없고 또 자기도 옛날 죽은 개를 마지막에는 유명한 지동범동물병원으로 데리고 갔었기 때문에 자기가 가는 길도 잘 아니 7시 40분까지 나오시면 자기 차로 병원에 모시다 드리겠다고 했다.

특히 그 병원은 워낙 유명해서 전국의 눈 아픈 개가 다 모이니 지금 예약해도 30일이 걸리고 아침에는 9시 넘어야 진료가 시작되니 일찍 가지 않으면 예약 손님까지 받으니까 하루 종일 기다리고 해야 겨우 진료를 받을 수 있다는 이야기였다. 서둘러 준비를 해서 개를 데리고 떠났다. 병원에 도착하니 8시도 채 되지 않았다. 문도 열려 있었고 안내를 받아 들어가 미리 쓰는 예비 진료서에 이름과 상황을 기록했다.

그런데 8시 10분부터 눈이 아픈 강아지들이 몰려드는데 놀라움을 금치 못했다. 눈이 나쁜 갖가지 종류의 개들이 순식간에 20마리가 넘어왔다. 이 병원은 전국적으로 유명해서 서울에서도 오고 제주도에서도 와서 여관에 자면서 개들의 눈 수술을 받고 간다고 한다.

우리 차례가 되어 조이는 여러 가지 검사를 받았고 견주인 나를 불렀다. 조이의 눈은 망막 위축증으로 슈나우저 견종에서 많이 유전되는 병이며 수놈에게 유전된다면서, 나아지지 않고 수술도 할 수 없으며 아무런 치료가 불가능하며 점점 나빠져서 결국 완전히 눈이 멀게 되지만 개들은 후각과 청각이 좋아서 그래도 제법 버틴다고 친절하게 설명해주셨고 하루에 두 번 먹이는 영양제를 처방해 주었다.

나는 막막했다. 85살 먹은 나 자신도 심장이 아프고 허리가 아픈데 우리 조이가 눈까지 멀면 어찌하나. 어떻게 살아가나. 게다가 이 나라는 풍비박산되기 일보직전으로 어지럽기 한이 없는데 어디에 마음을 붙이고 산단 말인가. 막막하기가 이를 데가 없었다.

마음을 안정시키고 슈나우저 견종의 유전병에 관해서 찾아보니 다음과 같은 기사의 내용들을 찾을 수 있었다.

"걸어 다니면서 벽에 부딪히거나, 이름을 부를 때마다 나에게로 와 세게 부딪히는 걸 보고, 눈에 문제가 있는 것 같아 병원에 데려갔다가 알게 된 사실, 길동이는 시력이 전혀 없었다. 슈나우저에게 흔히 있을 수 있는 망막 위축증 유전병일 가능성이 높다고 했다. 청천벽력 같은 소식이었지만, 길동이는 눈 대신 세상을 보는데 귀와 코로 대체했다."

"너무 순하고 사람에게 결코 단 한 번도 이를 보이며 으르렁거리거나 짖는 걸 한 적이 없고, 나에게는 너무나 착하고 사랑스러운 아들과 같은 아이에게 어떻게 장님이라는 이런 병이 이렇게나 일찍 생기는가 생각하며 나는 한 없이 마음이 아팠다."

이런 내용의 글들을 블로그에서 찾아보면서 나의 마음은 더욱 더 울적하기만 하다.

왜 이렇게 개들에게 유전병이 많을까? 매일 만나는 강아지들 중에서 유전병으로 죽은 경우를 여럿 보았다. 이웃 할아버지는 멋진 양몰이 개 보더콜리를 늘 다리고 다니며 하루에 3번씩 산책을 하시니 자주 만나는데 어느 날은 그 씩씩한 개를 유모차에 태우고 나오셨다. 물어보니 이 개의 엄마도 그랬는데 하루아침에 사지가 내려앉아서 서지를 못한다고 했다 그리고 몇 주 후 죽었다는 소식을 들었다. 조이야 우리 예쁜 조이야. 너를 어찌하면 좋으니….

왜 이렇게 개들에게 유전병이 많을까? 우리나라는 원래 개는 잡아먹는 동물에서부터 시작했다 그러니 올바른 종을 만들기 위한 노력이 부족했을 것이고 관리 소홀로 어미가 낳은 새끼 수놈이 어미와 근친상간의 경우도 생겼을 것이고, 요즘 와서 애완견으로 모두 새로운 인식을 하고 천만가족이 키운다고 하지만 이러한 여러 가지 이유들이 유전병이 많은 이유가 아닐까 생각해 보았다.

다시 찾아보니 사람들의 순종에 대한 집착이 무리수를 두게 만들어 일부 번식업자들의 경우, 근친교배를 통해 순종견을 만들어낸 것으로 알려져 지탄을 받고 있다고 한다. 근친교배가 열성인자의 결합으로 유전병이 나타날 위험성을 높인다는 사실은 이미 널리 알려진 상식인 만큼, 이들의 행동은 돈벌이를 위해 금도를 넘은 것으로 비난받고 있다고 한다.

잡종견의 경우 순종견보다 유전자가 다양하여, 면역이나 번식 면에서 훨씬 더 우수할 확률이 높다는 의견을 제시하고 있다. 잡종은 유전적으로 다양한 유전자가 섞여 있어 질병에 대처하는 능력이 뛰어나지만, 순종은 특정 형질이 유전되면서, 질병에 취약하다는 것이다.

두 달 이후 다시 동물병원에 갔더니 이젠 완전히 시력이 상실되었다고 하면서 그냥 일년 이후에나 한번 오라고 한다.

어떻게 키우겠느냐? 버리라는 분, 없애라는 분, 시설에 보내라는 분, 할머니 다칠까봐 걱정이라는 분, 많은 이웃 분들이 한마디씩 걱정스런 얘기들을 나에게 하지만 방법이 없다. 그냥 함께 살아가는 수밖에는….

조이야 조이야~~ 괜찮아~ 할머니가 있잖아.

애들 키울 때도 하지 않던 '괜찮아'라는 말을 나는 지금 우리 강아지에게 하고 있다.

신이 우리에게 고통을 주는 이유는
- 장영희 교수 이야기

신이 우리에게 고통을 주는 이유는…
신은 재기(再起)를 위해 우리를, 우리를 쓰러뜨리나보다.
신은 더 큰 성숙을 위해 우리를 고통스럽게 하나보다.
신은 더 잘 길을 알게 하기 위해 우리를 헤매이게 하나보다.

소나기가 내려서 장미를 꽃피운다.
상처에 새살이 나오듯, 죽은 가지에 새순이 돋아나듯 희망은
우리 가슴속에 저절로 피어나는 꽃이다.

희망은 한 마리 새
영혼 위에 걸터앉아
가사 없는 곡조를 노래하며
그칠 줄을 모른다.

우리 마음의 잔에는 쓰디쓴 고통만이 존재할 때가 많지만
그것을 찬란한 지혜, 평화. 기쁨으로 바꾸는 것이 삶의 연금술
이리라

아~ 우리는 그 천진난만한 아기의 웃음을 들을 수 있는
그리고 저 아름다운 하늘과 숲을 볼 수 있는
아름다운 음악과 새소리를 들을 수 있는

희망을 가지고 눈 떠서 살아있는 존재가 아닌가!
생명을 생각하자.
행복, 성공, 사랑. 삶에서 최고의 가치를 가지고 있는 이 단어들도 모두 생명이라는 단어 앞에서는 한낱 군더더기에 불과하리라.
'살아있음'의 축복을 생각하면 한없이 착해지고 싶어진다
자~ 이제 고통의 굴레를 벗고 이 세상 모든 사람, 모든 것을 용서하고 포용하고 사랑하자.

    장영희 문학에세이 『문학의 숲을 거닐다』를 읽고 『살아온 기적 살아갈 기적』 100쇄 기념에디션을 다시 사서 읽어보면서 나는 다시 이 글을 찾아 읽으며 올리고 있다.
    나와 너. 우리 모두의 삶의 고뇌를 천착하며, 위로하고 싶어서 이 글을 올린다.
    장영희 교수는 대한민국의 수필가이자, 번역가, 영문학자이다. 서울 출신으로 1975년에 서강대학교 영문학과를 졸업하고, 1977년에 동 대학원에서 석사 학위를 취득했으며, 1985년에 「19세기 미국 작가들의 개념세계와 현실세계 사이의 자아여행(Journeys between Real and the Ideal)」이라는 논문으로 뉴욕 주립대학교 올버니에서 박사 학위를 취득하였다. 고인은 많은 번역서와 수필집을 냈으며 중·고교 영어 교과서를 집필했고, 한국번역문학상, 올해

의 문장상 등을 수상한 바 있다.

 또한 장 교수는 그 시절 우리가 가까이 대할 수 있었던 샘터라는 잡지에 글을 자주 실었으며, 조선일보 '아침논단' 칼럼과 각종 수필을 통해 밝고 열정적인 삶의 자세를 표현해 독자들의 사랑을 받았다. 영미 시를 독자들이 이해하기 쉽게 번역해 소개한 것으로도 유명하다.

 암 투병 중이던 명수필가이자 영문학자 장영희(57) 서강대 교수(영미어문·영미문화과)가 57세로 별세했다는 소식, 너무나 가슴 아픈 소식에 접하자 나는 아득했다.

 소아마비로 두 다리가 불편했던 고인은 2001년 유방암에 걸려 수술을 받고 회복됐다. 2004년에 다시 척추암 선고를 받았으나, 꿋꿋한 의지로 병마를 이기고 1년 뒤 강단에 복귀해 주변에 큰 감동을 줬다. 하지만 결국 암이 간까지 전이되면서 학교를 휴직하고 치료를 받아왔다.

 고인은 힘겨운 암 치료를 받으면서도 희망의 끈을 놓지 않았고, 늘 사람을 사랑하고 인생에 감사하는 태도를 따뜻한 글로 풀어냈다.

 고인은 그 가운데서도 조선일보에 보내온 「희망편지」 기고에서도 "병마에 굴하지 않고 희망을 갈고 닦아 새 봄에는 힘차게 떨쳐 일어나겠다."는 의지를 표현했다.

 (중략) 끝이 안 보이는 항암 치료에 몸도 마음도 지쳐가지만, 독자에게 한 내 말에 충실하기 위해서라도 열심히 희망을 연구하고 실험하리라. 그래서 이 추운 겨울이 지나고 내년 봄 내 연

구 년이 끝날 무렵에 멋진 연구 결과를 발표할 수 있다면, 난 지금 세상에서 가장 보람된 연구 년을 보내고 있는 것이다.

고인은 투병 중에도 『문학의 숲을 거닐다』, 『생일』, 『축복』 등의 책을 펴냈다. 고인이 마지막으로 집필한 책이 『살아온 기적, 살아갈 기적』이다.

고인은 한국의 대표적 영문학자인 고 장왕록 서울대 명예교수의 딸이다. 나는 서울사대에 다닐 때 장왕록 교수님한테 1년간 영어수업을 받았다. 그래서 또한 관심을 더 가지게 되었기도 하다. 나는 『살아온 기적, 살아갈 기적』이란 책을 처음 나오자 바로 사서 읽으며 가장 잊을 수 없는 대목이 미국에서 박사학위 논문을 다 쓰고 난 뒤 원고를 차에 싣고 멀리 미국 다른 도시에 사는 언니한테 갔다가 그날 차와 함께 모든 걸 다 잃어버린 사건이었다. 그 당시는 타이프라이트로 쳐서 논문을 쓰던 시대이므로 컴퓨터에 논문이 저장되어 있지도 않았으며 마지막으로 다 완성했다고 자료들도 다 치워버린 상태였다. 이루 말로 표현할 수 없는 상황이 되었다. 그 막막한 미국의 한복판에서 며칠을 커튼을 쳐놓고 죽은 듯이 방에 처박혀 있던 상황을 읽으며 얼마나 나도 가슴이 아팠는지. 논문을 써본 사람이면 다 안다. 얼마나 그 상황이 막막하고 기가 막히는지를….

그 이후 재기하여 다시 학위 논문을 써서 박사학위를 받고 귀국하여 모교인 서강대학교에서 교수생활을 하면서 글도 많이 쓰고 씩씩하게 열심히 살았지만 늘 느껴야하는 소아마비의 불편한 몸 상태라든지 논문을 다시 써야했던 힘든 상황이라든지, 이런 여러 가지 상황들이 모여모여 결국은 암으로 몰아갔으리라는 느낌을 강렬하게 받았기에 늘 가슴이 짠하게 아프고 눈물겨웠다.

그래서 100쇄 기념에디션이 나왔다는 신문을 보자 며칠 전에 바로 이 책을 또 다시 샀다.

저녁마다 펴놓고 읽으면서 신이 우리에게 고통을 주는 이유를 되새기며 위로받고 있다.

"신이 우리에게 고통을 주는 이유는
신은 재기(再起)를 위해 우리를 우리를 쓰러뜨리나 보다.
신은 더 큰 성숙을 위해 우리를 고통스럽게 하나 보다.
신은 더 잘 길을 알게 하기 위해 우리를 헤매이게 하나 보다."

"볼 수 있는 축복
들을 수 있는 축복
말 할 수 있는 축복
향기를 맡을 수 있는 축복
만질 수 있는 축복
가고 싶은 곳을 갈 수 있는 축복
잠 잘 수 있는 축복
사랑하는 사람들과 살아가는 축복
이렇듯,
내가 누리는 축복은 셀 수가 없습니다"

오늘도 즐거운 하루

나는 이미 혼자 산 지 16년째가 된다. 아무런 간섭도 없이 또 아무런 도움도 없이 그냥 혼자 살아가고 있으니 정말이지 모든 것이 자유다. 평생에 이렇게 자유를 만끽 해본 일이 과연 있었을까?

나의 하루 생활은 7시 즈음에 기상, 아침 챙겨 먹고 인생극장 뉴스 등 티비 좀 보고, 반려견 우리 조이 밥 주고, 설거지하고 챙기고 나서, 약 챙겨먹고 좀 쉬었다 믹스 커피 한잔을 타서 마시고, 걸레질 좀하고 신문 가져다가 다 뒤져보고 난 뒤 여러 곳에서 온 카톡을 정독하고 답을 챙겨서 보내고 나면 10시쯤이 된다.

10시부터는 컴퓨터 앞에 앉아서 네이버 블로그를 한다. 오늘 받은 쓸 만한 카톡 내용도 올리고, 조, 중, 동 신문 중에서 마음에 드는 사설이나 기사들을 찾아 올리고, 또 남의 블로그들에 들어가서 훑어보면서 미처 내가 보지 못한 멋진 기사나 사진들이나 시가 있으면 올려놓는다. 블로그를 시작한 지는 19년째다. 대학에서 정년퇴직을 하면서부터였다. 하루에 4, 50개 정도의 글을 올린다. 지금까지 올려놓은 글이 곧 10만 개가 넘는 정도다.

그러고 나면 해가 중천에 뜨면서 오후가 되면 우리 집 슈나우즈 종 조이도 나가자고 비비적거린다. 챙겨서 나간다. 날이 추우면 하루 한 번 나가지만 보통 때는 아침저녁 두 번씩 운동 삼아서 나간다.

오늘은 학원 갔다 오는 동래 꼬마여학생들을 만났다. 우리 조이 보고 반갑다고 야단이고 조이도 뛰면서 기뻐한다. 소위 우리 조이의 팬 카페 원들이다. "얘들아 배고프지? 오뎅 사줄까?" 학원에 갔다 오거나 이제 가거나 하는 초등 2, 3학년 네댓 명은 "예~" 하며 좋아한다. 바로 앞 오뎅집에 가서 몇 개씩 사주면 잘 먹는다. 애들이 가고 나면 나는 야쿠르트 아줌마한테 작은 야쿠르트를 30개 정도 산다. 그리고는 가겟집을 순례한다.

반찬 집엔 셰프까지 네 명, 문방구 아줌마와 친구까지, 편의점 아줌마, 과일점 아저씨 아줌마, 찹쌀 꽈배기집 아줌마, 시계점포 아저씨, 화장품 점 아줌마 그리고 트럭 위의 채소나 과일 장사 아저씨들. 그리고 집으로 돌아오다가는 만나는 수위 아저씨들까지 나누어드리고 마지막 남은 하나를 내가 마시고…. 이렇게 나눠주고 나면 거의 다 야쿠르트는 없어진다.

이러한 일을 일주일에 두어 번씩 한다. 그리고 수위아저씨들에게는 월 2회 일요일 날 아침 9시에 전체가 모여 회의 하는 날은 두유를 한 박스씩 가져가 나누어드린다.

비싼 것도 아니고 별것 아니지만 인사하면서 하나씩 나누어드리면 좋아들 하신다. 그러면서 많은 대화를 나눈다. 혼자 사는 나는 강아지 조이에게 밥 먹자, 똥 쌌네, 시끄러워 짖지마, 오늘은 이쁘네, 산책 갈까? 하는 정도의 말이 거의 전부다. 그러나 한 시간 산책하는 동안에 나는 아파트 안에 있는 동산을 거닐고 또 초등생들과의 대화도 나누고 그리고 동네 분들과 대화하고 웃고 인사하면서 많은 말을 하게 된다. 그리고 작은 베풂이지만 내 마음은 흐뭇해지면서 기분이 좋아지고 행복해진다.

그래서 나는 오늘도 즐거운 하루가 되는 것이다.

집에 들어와서 점심을 챙겨 먹고 나면 독서를 한다. 매일같이 배달되다시피 하는 시집과 수필집과 잡지들…. 하나씩 챙겨서 본다. 치매예방을 위해서도 필수다.

나는 지금 살고 있는 이 42평짜리 한양아파트에는 40여 년 전에 이사를 왔다. 여기서 중3, 고3, 대학 3학년이던 애들 셋을 학교에 보내고 키워서 시집 장가를 모두 이 집에서 보냈다. 딸은 시집을 갔고, 큰아들 내외는 우리 집에서 함께 살며 3년간 시집살이를 하다 미국으로 유학을 갔으며, 작은아들 내외는 4년간 같이 살며 시집살이를 하다가 중국으로 유학을 갔다. 그리고 남편은 2009년 안타깝게도 암으로 이 집에서 생을 마쳤다. 참으로 인연이 깊은 집이며 이웃과도 오래 사귀고 모두 잘 알고, 친하게 지내고 있음은 이 때문이다.

'인(仁)은 남을 사랑하는 것'이라는 말이 논어에 나온다. 공자가 제자 번지에게 해준 말인데, 바로 공자가 생각한 인의 정의, 그것은 인이란 거창한 곳에 있는 것이 아니라, 바로 나와 다른 사람과의 관계 속에서 드러나는 것이라는 얘기다.

공자까지 들먹이며 거창한 표현까지 했지만, 남도 즐겁고 나도 즐거우면 바로 이것이 인의 세상살이가 아닐까?

　노년(老年)은 새로 전개되는 제3의 삶이다. 나이와 화해를 배우며 불편과 소외에 적응하고 감사(感謝)와 사랑에 익숙해야 한다. 기대수치를 최대로 줄이고 현실에 적응하는 슬기는 제3의 삶을 편(便)하게 한다.

　건강과 절제와 경제력이 준비가 되어있다면 제3의 삶은 생활의 멋을 알아가는 좋은 기회다. 삶의 전(全) 과정은 노년을 위한 준비라고 할 수도 있다.

　당당(堂堂)하고 멋진 노년이 되느냐? 지탄받고 짐이 되는 인생으로 살 것이냐? 하는 것은 자기하기 나름이다. 노년에게 주어진 제3의 삶을 사랑과 감사로 즐기는 것은 또 하나의 새로운 삶이다.

　노년은 새로운 삶의 시작일 수 있다. 노년은 황혼(黃昏)처럼 사무치고 곱고 야무지고 아름답다. 자연의 황혼은 아름답다. 우리 인생(人生)도 아름다울 수 있다. 저녁노을이 아름다운 것은 곧 사라지기 때문이다. 우리들의 저녁 하늘도 마땅히 아름다워야 하지 않는가?

　톨스토이 10훈에도 이런 말이 있다

　'사랑하고 사랑받는데 시간을 내십시오. 구원받은 자의 특권입니다. 그리고 주위를 살펴보는데 시간을 내십시오. 이기적으로 살기에는 너무 짧은 하루입니다.'라는 이야기가 있다.

　노년에는 특히 이웃과 친하고 자손과 친밀하게 지내야한다는 일본 여성 작가의 말이 생각난다.

　나는 그래서 오늘도 이렇게 즐거운 하루를 지낸다.

제자와 주고받은 편지

이양자 선생님과의 인연: 해운대 바다와 남산 문학의 집

저는 이양자 선생님께 여고시절 수업을 받는 특권은 누리지 못했습니다.

여고시절 나의 기억 속에 선생님은 저만치서 매우 완벽하신 모습으로 서계셨습니다.

단 한 번도 선생님과 개인적인 대화를 나누지 못하였던 것 같습니다.

정숙언니(3년 선배)는 이양자 선생님 이야기를 내게 많이 해주었습니다.

그러다가 정숙언니 덕분에 5, 6년 전(2014년 2월) 처음 해운대 바다에서 선생님을 뵈었습니다.

정숙언니와 애경언니와 같이 선생님을 처음 개인적으로 뵈었습니다.

함께 식사도 하고 대화도 하고 해운대 모래사장을 함께 걷고 겨울 바다를 배경으로 사진도 찍었습니다. 그리고 기차 타고 수원으로 올라오는 길에 선생님의 블로그를 처음 접했고, 선생님의 글과 시들을 읽으며 마음이 설레었습니다.

그 후 다시 선생님을 뵌 것은 애경언니 딸의 결혼식에서였습니다. 영도 앞바다가 보이는 너무나 낭만적인 곳에서의 멋진 결혼식에서 선생님을 뵈었습니다.

그러나 여전히 선생님과 개인적인 관계를 맺지 못하였습니다.

세 번째 뵌 것은 1917년 봄 남산 문학의 집에서 열린 선생님의 수필 등단식 때였다.

나는 그 무렵 봄 앓이를 앓고 있었습니다. 누워 있다가 주섬주섬 옷을 챙겨 입고 부스스한 차림으로 남산을 올랐습니다.

그리고 선생님의 수필 등단식에서 선배언니들을 만났습니다.

여전히 선생님은 내게 멀고 먼 분이셨습니다. 나는 선생님의 강의를 꼭 한번 듣고 싶었습니다. 이런 나의 마음을 아시고 선생님은 백범 김구 기념관에서 하시는 선생님의 학술발표회에 초청해 주셨지만 나는 그날 몸과 마음이 아파서 가지 못했습니다.

여름이 시작되던 어느 날 선생님은 나에게 다시 콜을 해주셨습니다. 부산에서 하는 "20세기 중국을 빛낸 자매 송경령과 송미령" 강의가 있으니 올 수 있느냐고 하셨습니다.

나는 이번에는 꼭 선생님 강의를 듣고 싶었습니다. 여고시절에 듣지 못했던 선생님의 열강을 듣고 싶었습니다. 그래서 겸사겸사 이박삼일의 홀로 여행을 계획했습니다.

정읍에 있는 둘째 아들한테 가서 하루를 자고 다음날 정읍에서 부산까지의 무궁화호 기차를 타고 부산으로 와서 해운대에서 홀로 하루를 자고 다음날 일찍 선생님의 강의 장소로 찾아갔습니다. 그날은 스승의 날이었습니다. 나는 정말 듣고 싶었던 선생님의 강의를 듣고 그날 선생님을 독차지 하였습니다.

선생님 강의는 정말 열정적이셨습니다. 나는 다시 여고생이 되어 수업을 받는 기분이 들었습니다. 송경령, 송미령 자매의 인생 이야기를 역사와 더불어 강의해주셨습니다.

선생님과 택시를 타고 선생님 댁 근처로 와서 선생님과 단둘이 식사를 하였습니다. 선생님은 내가 살아온 이야기를 해보라고 하셨습니다. 그리고 다 들으시더니 "와! 놀랍다." 하시며 감탄해주셨습니다.

"참 멋진 스승의 날이었네. 밥도 먹고 너의 야망과 인생이야기도 듣고. 늘 행복하리라 믿어. 우리 애련이 파이팅!"

선생님과 헤어져 다시 기차를 타고 수원으로 올라왔습니다.

돌이켜보면 선생님은 한 발짝 멀리서 서성이고 있는 나에게 조금씩 다가와 주신 것 같습니다. 종종 책을 보내주셨습니다. 수필집도 보내주시고 저서도 보내주셨습니다. 너무나 큰 사랑을 해주신 것입니다.

이번에도 글을 써서 보내라고 하시는데 막막하였고, 막상 무슨 글을 써야할지, 여고시절 선생님과의 추억이 없는데 어찌해야 하나? 나는 자격이 없지 않은가 생각했습니다. 그러나 선생님은 역시 선생님이셨습니다. 계속 카톡을 주셨습니다. 나는 마음을 먹고 써보고자 하지만 잘 써지지가 않았습니다.

나의 삶에 있어서 이양자 선생님은 어떤 영향을 주셨을까? 해운대 바다에서, 남산 문학당에서, 바다와 산에서 나는 선생님과의 추억이 있습니다.

  특히 남산 문학의 집에서 선생님 수필 등단식에 갔다가 생전 처음 '이런 곳도 있구나!' 하는 마음이 들어 이곳저곳 둘러보다가 그곳에서의 영미문학산책 강의를 신청해서 듣기도 하였습니다. 수업을 마치고 수료증을 받고 느낌을 적은 글을 보내드렸습니다.

  "우와 멋지다! 넘 잘 썼구나! 새로운 세계의 발견과 그 세계에서의 발전을 기원한다!"

  선생님의 칭찬과 격려는 내게 큰 힘이 되었습니다.

  나는 문영여중을 다녔습니다. 박범신 선생님이 국어선생님이시던 시절에 문예반에서 활동했습니다. 중학교1학년 때 한상국 교장선생님을 처음 뵈었습니다. 초등학교를 갓 졸업한 나는 자신감이 넘쳤습니다. 반 배정시험에서 좋은 성적을 받은 터라 더 자신감이 넘쳤던 것 같습니다. 중학교 시절 문예반을 택해서 들어갈 정도로 나는 책 읽는 것을 좋아했습니다.

  중2때 읽은 『제인 에어』 소설은 나에게 큰 영향을 주었습니다. 여주인공 제인 에어처럼 인생을 개척하고 도전하는 멋진 삶을 살고 싶었습니다. 그러나 중2때 아빠가 중풍으로 쓰러지시면서 나는 인문계를 포기하고 서울여상을 가야만 했습니다.

  서울여상 시절 나는, 나와는 맞지 않는 옷을 입은 듯한 삶을 살았던 것 같습니다. 한없이 소극적이고 부끄럼을 많이 타던 내가 많은 사람들 앞에서 구령을 하는 것은 참 힘이 들었습니다.

고1때 친구 선희가 나를 처음으로 교회에 인도했습니다. 그러나 아빠의 반대로 더 이상 다니지는 못했습니다. 나는 학도호국단 생활을 하면서 힘이 들 때면 선희가 이끌어준 교회에 가서 홀로 기도하고 오곤 했습니다.

그러면 마음이 편해졌습니다. 연대장이라는 어마무시한(?) 명칭의 직함은 문학소녀의 감성을 가진 내게는 참 버거웠습니다. 고3 때 나는 뭔가 보상을 받고 싶은 마음에 은행 취업과 동시에 야간 대학을 다녔습니다.

이것도 아니고 저것도 아닌 버거운 삶이었습니다. 전공도 나와는 맞지 않는 회계학으로 동계진학을 했습니다.

그러나 주경야독 3년차 봄에 가난한 마음으로 한없이 허무해하던 나에게 고등학교 친구 향숙이가 손을 내밀었습니다. 은행 강당에서 하는 성경공부에 초청한 것입니다. 성경공부는 내게 뭔가 구원의 밧줄처럼 여겨졌습니다. 무미하고 바쁜 삶 속에서 뭔가 의미를 찾는 것 같았습니다.

그러나 직장 일과 야간수업으로 졸기가 일쑤였습니다. 성경공부를 시작한 그해 11월에 아빠가 돌아가셨습니다. 말기 위암 판정을 받으신 아빠는 집에까지 와서 교회로 인도해준 태숙언니(2년 선배)의 말에 그대로 받아들이셔서 교회에 다니셨습니다. 그리고 6개월 후 하늘의 부름을 받으셨습니다. 늦가을 추운 날 아침 아빠는 내게 은행에 가지 말라고 하셨고, 동네의 교회 다니는 분들의 찬송 소리를 들으시고 "할렐루야!" 하시며 큰 눈을 감으셨습니다.

22세의 나이에 나는 아빠의 임종모습을 보고 너무나 놀랐습니다.

그냥 느꼈던 것 같습니다. 천사들이 와서 아빠의 영혼을 천국으로 모시고 간다는 것을….

나는 지금도 그때의 그 장면을 잊을 수가 없습니다. 너무 많이 울어서 머리가 깨질 듯이 아팠지만 그래도 그때의 아빠의 얼굴과 음성이 기억납니다. 그렇게 아빠는 천국으로 가셨고 이 사건은 나의 인생의 일대 전환점이 되었던 것 같습니다.

나는 이 세상이 전부가 아니고 천국이 있음을… 하나님 나라가 있음을 깨달았습니다. 이제 나는 어떻게 살아야 하는가? 그 후 수많은 방황이 있었습니다. 인생의 갈림길에서 나는 어떤 선택을 하고 어떤 길을 걸어야 하는가?

이듬해 명륜ubf 여름수양회에 갔는데 "인생소감(Life Testimony)"을 서해안 낙조를 바라보며 쓰는 기회가 있었습니다. 나는 왜 하나님이 소심하고 새침떼기 같고 수줍음 많은 나를 10년 반장에 연대장을 하게 하셨을까? 그것이 해석이 되었습니다. 그것은 나를 연단하시기 위함이라는 것을….

뭔가 하나님의 뜻이 있을 것이라는 것을… 그해 여름 수양회에서 나는 아빠가 만난 예수님을 인격적으로 감격적으로 만났습니다. 그리고 27세에 대학생 선교사역에 부름 받은 남편과 결혼을 하였고 결혼한 지 1년 후 수원으로 내려왔습니다. 수원에 내려와 산 지 31년이 지나고 있습니다.

31년간 수원의 대학 캠퍼스에서 공부하고 전도하는 삶을 살며 문학소녀의 꿈은 희미해져가는 때에 이양자 선생님을 만나게 된 것입니다. 선생님은 내게 어떤 내면의 불을 지펴주시는 것 같기도 하고, 한바가지 마중물을 부어주시는 것 같기도 합니다.

돌이켜보니 선생님이 늦게 만난 제자도 사랑해주시고 기억해주시고 너무나 큰 힘을 주신 것 같습니다. 선생님의 카톡 글은 언제나 긍정에너지로 넘치시고, 격려의 말씀으로 힘이 됩니다.

선생님 덕분에 하게 된 블로그에 올린 졸시를 보시고도 엄청난 큰 격려를 해주셨습니다.

"우와 이제야 읽어보니 시를 넘넘 잘 썼구나! 좀 더 열심히 해서 너도 등단하자!"

"너 애련이 명심해! 꼭 등단한다!"

선생님! 감사합니다!

남산 문학의 집이란 곳을 선생님 덕분에 처음 가보고, 또 선생님 덕분에 이렇게 글도 써보고, 선생님 덕분에 60세 이후의 나이를 어떻게 살아야 할까? 좀 더 넓은 안목으로 생각해보게 되어 감사합니다.

샘님의 팔순을 축하드립니다. 언제나 건강하시길 기도드립니다.

- 서울여상 50회 고애련 올림

사랑하는 애련이에게

며칠 전 너의 전화를 받고 눈물이 나더라.

애련아 너의 이쁜 모습을 이 쌤은 다 기억할 수도 없구나.

서울여상 시절 역사 샘이 두 분이라서 이상하게도 2, 3학년을 지나면서도 나의 수업을 한 번도 못 받아 본 네가 끝까지 나를 찾고 챙기고 보러오고, 편지와 문자 보내고, 그리고 선물 보내고….

'존경하고 사모하는 선생님! 수선화 피는 새봄 3월에 생신이시네요. 생신 축하드립니다. 케이크 보내드립니다. 언제나 늘 더욱 건강하시고 은혜 가득 하시길 기도드립니다!'

너는 나의 생일이나 스승의 날이나 명절이나 계절이 바뀔 때나, 어김없이 나에게 과일이나 케이크나 떡이나 과자를 보내줘서 몇 번이나 파리바게트까지 걸어가서 받아왔는지 모른다. 고마워.

위의 너의 글을 읽으며 다시 한 번 감동에 휩싸인다.

착한 딸, 고운 아내, 신실한 기독교 신자, 멋진 엄마. 그리고 친정어머니를 끝까지 보살피고 모시는 의연한 딸, 그리고 끝없이 배우려는 영원한 학생. 남산 문학의 집에 찾아온 너를 보고 나는 너무나도 놀랐단다. 그리고 아니 부산에서 하는 나의 강연을 들으러 수원에서 부산까지 내려온 너를 어떡하면 좋니?

내가 보내주는 시원찮은 나의 책마다 읽고 또 읽고 멋진 독후감 써 보내주는 너의 성의. 그리고 결국은 시의 세계에도 파고들어서 시를 이쁘게 쓰는 기특한 제자.

나를 감동시켜준 많은 제자들이 있었고 특히 나의 첫 학생들이었던 서울여상 제자들은 나의 큰 보배들이지만 그중에서도 너를 잊을 수 없어서 다시 이 편지를 보내는 이유는 너의 대학원 석박사 입학의 꿈을 듣고 난 이후란다.

그간에 방송통신대학교 영문과에서 열심히 공부하여 이번에 공로상도 받고 우수한 성적으로 졸업하고 드디어 성균관대학교 대학원 석 박사 통합 과정에서 영문과에 입학하기로 하여 영시를 전공하기로 했으며 서울대에서도 열린 70주년 영문학회에도 참가했다는 얘기에 선생님은 감동의 눈물을 흘렸단다.

아무리 너가 싫다고 해도 너를 끝까지 응원하고 싶은 샘은 적지만 너의 석사과정 입학 축하금을 보낸다. 파이팅! 우리 애련이!

훌륭한 나의 제자 애련이. 장하다! 그리고 정말 사랑한다!

나에게 삶의 보람을 안겨준 너희들에게 감사한다!!!

배우고자 하고 발전하고자 하는 우리의 마음과 의지가 우리를 영원히 청춘에 머무르게 한단다. 비록 나는 80 중반이고 너는 60 중반의 나이지만 말이다.

우리 이쁜 애련이 너랑 함께 이 쌤도 영원히 청춘이고 싶다!!!

추억 속의 얼굴들

지나간 세월 속의
추억에 빠져 보는 시간
그 추억 속의 얼굴들과
우정과 믿음과 사랑을
마음속에 새겨본다

그때를 가만히 생각하며
기억을 헤쳐 나가 보면
마음속에 아련한 정이
가득히 고이고

내 가슴에 사제의 정을
따뜻하게 수놓았지
그 날 너희들은
내 가슴에 날아온 천사였어

아름다운 추억의 주인공은
바로 너희들이였어
나도 모르게 미소 띤 뺨 위로
추억의 눈물이 흐르네

이 편지를 보고 이쁜 애련이는 또 글을 보냈다.

사모하고 존경하는 선생님!
너무나 귀한 편지를 보내주셔서 읽고 또 읽고 가슴 벅찬 감사로 이렇게 선생님께 답신 드립니다. 저는 지금 성대 자연과학캠퍼스 도서관 1층에서 큰 유리 통창 밖을 바라보며 선생님을 생각합니다.
저의 스승님이 되어주시고 저에게 꿈을 심어주신 선생님!
격려해주시고 앞서 멋진 길을 걸어가시는 선생님!
정말 선생님 덕분이에요! 감사드리고 또 감사드립니다!
저도 선생님처럼 끝까지 시를 쓰고 배우는 삶을 살며 사랑을 베푸는 삶을 살고 싶어요!
감사드립니다! 새해 더욱 건강하소서!

애련 드림

3.
나의 여행기

나의 역사 탐방 이야기

　1991년 남편 김종원 교수의 28일간 유럽 문명권 답사로부터 시작해서 2002년에 이르기까지 10여 년 간 우리 부부는 거의 매년 외국으로 여행을 다녔다. 그것도 그냥 여행이 아니다. 서강대 총장을 역임하신 저명 서양사 전공교수이신 차하순 교수님이 만들고 인솔하는 CCC(Cross Culture Club: 비교문화연구회) 모임에 소속되어 주로 역사를 연구하는 교수님들과 한 팀을 이루어 전 세계로, 소위 말하는 문화유적 답사를 다녔다.

　그러니 부부가 다녀본 나라는 40여 국이 넘는데 한 번 세어보면 다음과 같다. 영국, 에이레, 독일, 프랑스, 이탈리아, 스위스, 벨기에, 네덜란드, 오스트리아, 스페인, 체코, 폴란드, 슬로바키아, 헝가리, 노르웨이, 스웨덴, 러시아, 에스토니아, 라트비아, 리투아니아, 터키, 그리스, 이집트, 알제리, 튀니지, 인도, 중국, 싱가포르, 대만, 인도네시아, 말레이시아, 스리랑카, 캄보디아, 베트남, 괌, 태국, 칠레, 브라질, 아르헨티나, 멕시코, 페루, 과테말라, 일본, 사이판, 발리, 미국 등이다.

그 내용인즉 유럽문화답사, 인도문화여행, 아프리카의 튀니지·알제리를 포함한 지중해 주변 로마문화유적지 답사, 중국(실크로드) 문화답사, 터키 3800㎞ 전국일주답사, 콜롬비아, 자카르타, 족자카르타, 방콕, 싱가폴 등 동남아시아문화권답사(1995·겨울), 19일간에 걸친 브라질, 페루, 과테말라, 멕시코 등 중남미문화권답사(1995·여름), 베트남, 캄보디아, 태국 등지의 답사 여행(1996·1), 12일간의 체코, 폴란드, 슬로바키아, 헝가리 등 중앙유럽문화권답사(1998), 16일간의 영국지역(잉글랜드·아일랜드·스코틀랜드 등) 4800㎞ 일주답사여행(1999), 러시아, 발틱 3국, 북유럽, 동독지역 등 18일간의 북유럽답사여행(2000), 남이탈리아, 시칠리아, 몰타 등 15일 남부이탈리아문화답사(2001), 중국동북지역여행 등 중국문화여행 8次(백두산·장가계·계림·북경·상해·항주·소주·무석·서안·청도·제남·남경 등지 포함), 일본의 대마도, 후쿠오카, 나가사끼, 도쿄, 나라, 교토, 오사카 그리고 대만, 사이판, 괌, 발리 등의 나라를 가 보았으며 거의 안 가본 곳이 없을 정도다.

제일 기억에 남는 여행은 스페인과 터키였다 정말 놀라운 곳이었다.

오직 못 가본 곳은 호주 지역과 미국으로, 그곳은 쉬이 갈 수 있고, 문화답사보다는 놀러간다는 기분으로 갈 것이라고 그냥 남겨져 있었다. 그런데 호주지역 역사탐방시는 그때 마침 친정아버님이 위독하셔서 참가하지 못했다.

미국은 남미여행 중 멕시코시티에서 비행기를 타고 한낮에 창가에 앉아 로키산맥 지역을 관통하며 밴쿠버에 도착하기까지 주마간산(走馬看山)이 아닌 乘飛機看山 격으로 그랜드캐넌이니 솔트레이크시티니 로키산맥의 잔설 등을 아득히 아래로 바라다보았다. 거대한 광야에 거미줄 같은 도로와 한 개 점 같은 도시들을 비행기에서 아득히 내려다보며 미국이 얼마나 광활하고 축복받은 나라인가 하는 것을 한번 느꼈다. 그 후 유학 간 큰아들네 보러 미국을 방문하여 동부지역을 구경했었고 그 후 교환교수로 간 작은 아들네 보러 가서 서부지역을 구경했었다

- 나의 세계역사 탐방 일지

1993년 7월 1일~17일: 17일간, 스페인 프랑스남부 북아프리카 등 지중해문명권 문화 탐방.

1994년 7월 27일~8월 11일: 16일간, 중국문화 탐방. 상해·소주·항주·북경·대동·서안·돈황·난주·계림·광주·홍콩 등지.

1995년 7월 13일~8월 3일: 21일간 부부동반으로 브라질, 페루, 과테말라, 멕시코 등 중남미 지역 문화 탐방.

1996년 1월 23일~30일: 8일간 베트남 캄보디아 앙코르와트·태국 등 동남아 문화 탐방.

1996년 7월 13일~8월 3일: 20일간 부부 동반으로 터키 일주 여행(비교문화연구회 제9차)

1996년 8월 하순 4일간 부부동반으로 애란회 회원과 사이판 여행.

1997년 1월 15일~26일, 12일간 스리랑카・인도네시아・족자카르타의 불교유적지 보로보두르 사원답사(비교문화연구회 10차 답사)

1998년 7월 15일~27일: 14일간 체코, 폴란드, 슬로바크, 헝가리 등 중부유럽 답사 여행(비교문화연구회 12차 세계문화탐방)

2000년 7월 27일~8월 15일: 20일간 부부동반으로 러시아, 발트해 3국, 북유럽 노르웨이(비교문화연구회 14차 세계문화탐방)

2000년 10월 3일~6일: 동의대 사학과 교수진 4일간 부부동반으로 대마도 역사 탐방.

2001년 1월 9일~14일: 7일간 부부동반으로 대만일주여행(비교문화연구회 15차 세계문화탐방)

2001년 6월 24일~7월 7일: 이탈리아남부, 시칠리아, 남부, 몰타 등지 14일간 답사여행(비교문화연구회 16차 세계문화탐방)

2001년 7월 25일~28일: 한중인문학회 회원으로 부부가 함께 참가하여 자금성, 용경협, 백두산, 해란강, 두만강, 동명 중학 답사.

2001년 8월: 동의대 사학과 교수진 4박 5일간 부부동반으로 일본 오사카 나라 교토 등지 일본 역사탐방.

2002년 6월 24일~7월 15일: 최초의 미국여행 유학간지 5년째인 큰아들 식구와 극적 상봉. 기다리던 장손 김준과 처음으로 만남.

2002년 8월: 동의대 사학과 교수진 부부동반으로 일본 오사카, 나라, 교토 등지 답사 여행.

2002년 11월 4일~13일: 동의대 사학과 교수진 7일간 부부동반으로 장가계. 상해, 남경 여행.

2003년 2월 4일~13일: 베트남 북주, 라오스 등지 여행(비교문화연구회 17차 세계문화탐방)

2004년 6월 28일~8월 10일: 두 번째 미국 여행. 어렵게 태어난 손녀 김민과 산모 지연이를 돌보기 위해 남편과 40일간 미국 서비스 여행.

2006년 3월: 부산대학교 학장 클럽인 구월회 회원 부부 동반으로 제주도 여행.

2006년 11월: 부산대학교 학장 클럽인 구월회 회원 부부 동반으로 캄보디아 앙코르와트, 베트남, 하롱베이 등지 다시 여행.

- 중국에서 열린 학술 발표회 참가일지

나는 1992년 8월 영남대학교에서 '송경령 연구'로 박사학위를 받은 이후 중국에서 열리는 학술 발표회에 참여하기 위해 10여 차례 갔었는데 늘 부부동반이었다. 그 당시 중국 당국은 우리들에게 매우 우호적이었으며 칙사 대접을 해주었고 우리나라를 배워야 한다면서 매우 부러워했었다.

1995년 10월: 북경에서 열린 '송경령 학술연토회'에 참가하여 논문 발표.

1996년 10월: 상해에서 열린 '송경령 학술연토회' 논문 발표. 부부 함께 참여.

1997년 10월: 중국 항주에서 열린 제2차 한국 전통문화 국제학술연토회에 참가.

　1999년 7월 중국 청도의 산동대학에서 개최된 제3차 한국전통문화 국제학술연토회 참석 논문 발표.

　2001년 7월 24일: 북경에서 열린 제7회 한중인문학회국제학술대회에 부부 함께 참여. 남편 김종원 교수, 역사 분야 좌장을 맡음, 백두산 두만강 답사.

　2002년 5월: 중국 양자강 하구 남통에서 열린 김창강 학술연토회에서 이양자 논문 발표.

　2003년 10월: 중국 남경에서 개최된 한국전통문화 국제학술연토회 참석.

　여행이라고 하면 국내외를 불문하고 거의 안 가본 데가 없을 정도다.

　국내 여행은 대학, 대학원 시절, 봄 가을로 사학과에서 가는 답사를 다녔으며, 또한 교수시절 26년간 인솔교수로서 봄가을로 학생들 데리고 한국의 곳곳을 답사하며 다녔다.

　이젠 나이 들어도 여행가고 싶다는 생각이 별로 없으며 가보고 싶은 곳도 없다.

　*다음의 여행기에 기록된 이야기는 이 30여 년 전의 상황이니 지금과는 많이 그 분위기가 다를 수 있음을 참조하시기 바랍니다.

중국 답사여행

기간: 1994. 7. 27~ 8. 11

답사경로: 서울⇒ 상해⇒ 소주⇒ 항주⇒ 북경⇒ 대동⇒ 서안⇒ 돈황⇒ 난주⇒ 서안⇒ 계림⇒ 광주⇒ 홍콩⇒ 서울.

차하순 교수님을 단장으로 하는 비교문화연구회는 10년 전 독일 스튜트갈트에서 열린 세계역사학자대회 참여를 시작으로 세계역사탐방을 시작하였다. 필자는 작년 남유럽, 북아프리카 역사유적답사에 이어 이번에 두 번째로 참가하였는데 이번 여행은 필자의 전공인 중국사의 본고장이라 자못 기대와 흥분을 금치 못하였다. 필자는 1993년 송경령 연구학회에 참석하기 위해 상해를 거쳐 광주에 일주일간 다녀온 일은 있어도 16일에 걸친 긴 중국여행은 처음이다.

- 7월 27일(수) 아침 9시 30분

김포공항을 출발하여 上海에 도착한 것은 11시 30분이었다.

상해는 장강하구에 위치한 인구 1,300만의 중국 최대도시로 가장 부유한 도시이기도 하다. 상해공항에는 현지가이드와 중국총가이드 그리고 전세버스가 기다리고 있었다. 기내에서 식사를 하기는 했어도 식당에 가서 다시 점심을 먹은 후 제일 먼저 노신(魯迅)공원(옛 홍구공원)으로 갔다. 1932년 4월 29일 일본국왕의 생일축하장에 폭탄을 투척하였던 윤봉길 의사를 기념하는 누각 앞에서 묵념을 올리고 기념촬영을 하였다.

다음으로 간 곳은 예원(豫園)이라는 아름다운 정원이었다. 명(明) 가정제(嘉靖帝)때 반윤단(潘允端)이 그의 부친을 위해 조영한 대저택으로 名園이다. 아름답기 그지없었을 뿐 아니라 한 개인 소유의 정원이 이렇게 컸다는 것도 놀랍다. 날씨는 올여름, 유난히도 덥고 가문데 그 정도는 한국이나 일본이나 중국이나 매한가지인 모양이다. 36도를 웃도는 화중(華中)의 무더위 속에서 일행은 땀 닦느라 정신이 없었다. 그런 다음에 도착한 곳이 상해임시정부청사였다. 두 대통령의 중국방문 이후 초라하던 이곳은 다시 꾸며져 기념청사의 모습을 갖추고 있었으며 또한 에어컨장치가 되어 있어서 모두 좌석에 앉아 땀을 식히며 역사적 설명을 들을 수 있었다. 그 후 첫날 저녁은 징기스칸 철판구이라는 특이한 식사를 맛있게 먹고 은하호텔에 투숙하였다.

저번 방문 때도 그랬지만 이번에도 상해에서 느낀 것은 많은 사람과 자전거 홍수로 매우 혼잡하고, 각종 건설공사로 도시전체가 온통 어수선하였다. 이후 중국 곳곳에서 느낄 수 있었던 것은 우리의 60, 70년대 같은 건설의 해머소리와 '잘 살아보자'는 꿈틀

거림이었다. 호텔은 의외로 깨끗하고 좋았다. 한국의 일류급에 맞먹는 사성호텔이다. 뒤에 안 일이지만 중국 관광명소 곳곳에 세워진 많은 호텔들은 외국자본과 기술의 합작으로, 그 이익의 51%가 외국, 49%가 중국의 몫이라고 한다. 중국가면 고생한다는 얘기는 이미 옛말이 되었으며 잠자리와 음식, 에어컨 장치된 리무진 버스는 비교적 쾌적하였다.

- 7월 28일(木)

새벽 5시 일행은 호텔에서 싸준 도시락을 들고 상해역에서 소주행 기차를 탔다. 특이하게도 이층기차였다. 한 시간여의 열차여행 중 일행은 처음으로 각자 소개를 하며 서로서로 안면을 익혔다. 소주로 가는 장강하구 델타지역의 곡창지대는 끝없는 평야가 펼쳐져 있었으며 이층집의 농가들은 아주 넉넉해 보였고 깨끗하고 풍요로운 전원 풍경이 전개되었다.

7시 25분 소주역에 도착하였다. 소주는 종횡으로 흐르는 운하와 수많은 교량으로 이루어진 수향(水鄕)으로 동방의 베니스로 불린다. 그리고 예로부터 미인이 많이 나는 곳으로도 유명하다. 그래서 중국인은 '소주에서 나고 항주에서 놀고 광주에서 먹고 유주에서 죽는다'고 한다. 그 이유인즉 소주에서 미인으로 태어나서 가장 아름다운 곳 항주에서 노닐고 또 제일 요리가 맛있는 광주에서 잘 먹고, 관을 짜기 좋은 나무가 생산되는 유주에서 죽는다는 것이다. 소주에서 제일 먼저 간 곳은 중국의 4大名園(예원, 소주의 유원, 졸정원, 북경의 이화원)의 하나인 졸정원(拙政園)이었다. 이곳은 明 가정제 때 어사였던 왕헌신이 중앙정계에서 뜻을 이루지 못하고 고향에 칩거하며 만든 것으로 호수와 산, 건물의 조화에 주안점을 둔 동양정원의 전형적인 아름다움을 보여주는 곳이다. 특히 이곳은 중국소설 『홍루몽』에 나오는 대관원(大觀園)의 모델이라고 한다.

다음 留園을 관람하기 전에 비단가게에 들렀다. 중국에 와서 느낀 특이한 점은 가는 곳마다 반드시 상점을 들르게 되어 있는 규칙인데 가이드는 각 상점에서 꼭 사인을 하게 되어 있었다. 냉방시설이 되어 있는 실크상점에서는 관광객이 들르면 어김없이 늘씬한 모델들이 나와 경쾌한 음악에 맞추어 패션쇼를 한다. 견물생심이라고 멋있어 보이는 옷을 보면 사람들은 사게 마련이다. 이미 중국은 '관광도 산업이다'를 먼저 깨닫고 실천하고 있다는 점에서 우리와는 퍽 대조적임을 느꼈다. 맛있는 중국요리로 점심 요기를 한 뒤 느긋한 마음으로 한산사(寒山寺)로 발을 옮겼다. 한산사는 당대 시인 장계(張繼)의 시 「풍교야박(楓橋夜泊)」으로 널리 알려진 곳으로 梁나라 때 창건된 것이라고 한다. 장계가 읊조린 풍교도 북쪽 기슭에 걸려 있었고, 범종도 누각 위에 걸려 있었다.

다음은 B.C550년 춘추시대 越과 패권을 다툰 吳의 합려(闔閭)의 무덤인 虎丘였다. 그가 묻힌 지 사흘째 되던 날 백호 한 마리가 무덤 앞에 꿇어앉았다는 전설에서 이름이 붙었는데, 宋代 雲岩禪寺로 개칭하였으며 그 위쪽에 7층 8각의 전탑(47.5m) 운암사탑이 있었다. 15°로 기울고 있는 이 탑은 중국의 피사의 사탑이라고 부른다.

날씨는 너무나 더웠다. 현지 가이드의 말로는 현재 기온이 38°C 이상일 것이지만 중국의 기상예보는 35℃ 이상이면 늘 35°라고만 말하지 그 이상의 온도를 말하지 않는다고 한다. 이유는 35°이상이면 만만디의 중국인은 아예 직장엘 나가지 않기 때문이란다. 습도 높은 화중의 무더위는 참기 어려웠다. 그래서 이날은 숙소에 일찍 도착하여 시원한 호텔방에서 휴식을 취한 뒤 저녁 늦게 식당엘 갔다. 저녁 식사 후 우리는 두 번째 여흥을 벌였는데 특히 러시아문학을 정공하였으며 文革때 11년간이나 감옥살이를 했다는 중국총가이드 김희광씨의 러시아 노래와 우리 가요는 자못 우리 모두의 심금을 울렸다.

소주에서의 느낌은 기대보다 못하였지만 운하와 고풍스런 지붕들, 그리고 가로수 플라타너스(프랑스 오동나무라 불리운다)의 정취가 어우러져 운치가 있었다.

- 7월 29일(金)

아침 일찍 소주역을 출발, 상해를 경유하여 항주로 향했다. 산이라고는 보이지 않는 대평원의 이 지역은 2모작이 보통으로 이루어지는 곳으로 두 번째 모내기가 한창이었다. 항주에 가까워지면서 비단과 삼베의 명산지답게 뽕나무밭과 삼밭이 펼쳐졌다. 항주에 도착하니 오후 1시가 지난 시각이었다. 옛 임표(林彪)의 별장이었던 花港반점에서 정말 맛나고 풍성한 청요리를 먹었다. 식사 후 간 곳은 악비묘(岳飛廟)였다. 金의 침략에 맞서 싸운 중국의 민족적 영웅 악비의 묘가 있는 곳이다. 인상적인 것은 진회(秦檜)

등 악비를 죽게 만든 간적(奸賊)들 4명을 묘 앞의 양쪽 철책 안에 양손을 뒤로 묶고 무릎을 꿇린 채 세워둔 4개의 동상과 그 옆에 '침을 뱉지 마시오'라는 경고문이 있었다. 4년 전 이곳에 왔던 이의 말을 들으면 이 네 동상에는 온통 가래침이 묻어 있었다고 하는데, 사회주의 국가인 중국에서 느끼는 묘한 기분을 맛보았다는 것이다.

이번에는 기대로 가득 찬 서호 뱃놀이를 하러 나섰다. 항주는 서호가 있음으로써 존재한다고 해도 과언이 아니다. 玉龍과 金鳳이 은하수에서 만든 진주가 떨어져 호수가 되었다는 전설이 깃든 곳이다. 춘추시대 말기 吳王 부차(夫差)와 越王 구천(句踐)이 항주와 함께 미녀 서시(西施)를 차지하려고 벌인 싸움은 너무나 유명한데, 서시는 서호를 보고 "아침에도 좋고 저녁에도 좋고 비 오는 날엔 더욱 좋아요." 하고 애교를 피웠다고 한다. 둘레가 15㎞나 되는 인공호수로 호수 면을 가르는 白堤와 蘇堤(소동파가 만든 제방)의 두 제방으로 호수는 4부분으로 나누어져 한결 아늑한 느낌을 준다. 잔잔한 호수 위를 배를 타고 유람하는 동안 천상에 오른 느낌이었다. 미국의 나이아가라 폭포가 動의 세계로서 세계의 으뜸이라면 소호는 靜의 세계로서 제일이라는 말이 실감되었다.

항주는 비단도 유명하지만 용정차(龍井茶)로도 유명하다. 우리는 차 판매장을 방문하여 시음하며 설명을 들었다. 고혈압과 비만에 효과가 있다고 하여 비만형의 일행 몇몇이 이 차를 샀다.

다음엔 비래봉(飛來峰) 석굴의 조각상을 보러갔다. 여기엔 중국 유명석굴의 조각 모조상이 있는데 운강석굴, 용문석굴, 돈황석굴의 대규모 불상모조상이다. 이번 여행에선 용문석굴을 보는 것만 빠져있기 때문에 불상의 비교를 위해 가볼만한 곳이다. 특히 선비족이 세운 북위시대 大同에 도읍했을 때 만든 운강석불이 선비의 씩씩한 기상을 보여주는 반면, 낙양으로 도읍을 옮긴 후 만든 용문석불의 모습은 중국문화에 동화된 안온한 모습을 하고 있음을 대조적으로 볼 수 있어서 좋았다. 수림원 근처 외국인 관광객 접대업소에서 저녁을 잘 먹고 황룡호텔에 들었다. '上有天堂 下有蘇杭(위로는 천당 아래로는 소주 항주)'라 하였는데 특히 항주는 정말 풍광이 수려하여 감탄을 금치 못할 곳이었다. 중국의 건설 붐이 다 끝난 뒤 다소 안정이 되면 다시 한 번 더 오고픈 곳이다.

- 7월 30일(토)

아침 항주공항에 도착하여 북경행 비행기를 탔다. 북경에서는 중국 현지가이드의 더욱 친절한 환영을 받으며 진수성찬의 점심 식사를 할 수 있었다. 식사 후 明 13陵 관람에 나섰다. 이곳은 明의 3代 영락제로부터 마지막 황제 숭정제까지 13명의 황제 능묘인데 그 중 정능은 13대 황제 神宗 萬歷帝와 두 황후를 매장한 화려한 지하능묘다. 신종은 22세 때 즉위하면서부터 자신의 묘역을 만들기 시작하여 6년의 세월과 8백만냥(2년분 국비에 해당)을 들여 완성하였다 한다. 그는 생전에 완성된 이곳에서 대연회를 베풀기도 했다고 하는데 흰 대리석과 옥좌 그리고 호화스런 부장품으로 장식되어 있었다.

북경은 워낙이 자주들 가고 또 가 볼 수 있는 곳이기 때문에 이번 우리 답사 여행에서는 제외된 곳으로 大同으로 가기 위한 통과지점에 불과했지만 초행자를 위해 잠시 정릉과 만리장성을 보는 것으로 정했다. 만리장성으로 이동하면서 버스 내에서 약식 강의가 진행되었다. 정두희 교수(서강대, 한국사)는 한중 군주권의 비교에 대해 먼저 강의하였고, 이어 김종원 교수(부산대, 동양사)는 明 13陵에 대한 설명을 계속하였다.

　오후 5시 일행은 바쁘게 팔달령의 만리장성에 도착했다. 세상에서 제일 긴 무덤(장성을 만들다가 많은 사람이 죽었기에), 달에서 보이는 유일한 인공물이라는 이 만리장성은 산해관에서 가욕관까지 6천여km의 장성으로 진시황이 수축하였고 明代에 다시 완성된 것인데 이쪽 팔달령은 명대에 개축한 것으로 지금 남아있는 만리장성 중에서 가장 보존상태가 좋고, 북경에서 70km밖에 되지 않아 관광객이 줄을 잇는 곳이다. 헉헉하며 오른 장성에서 조용한 해거름에 줄을 이어 굽이치는 능선과 웅장한 규모에 감탄하며 역사의 장대함에 짓눌려 잠시 말을 잊었다.

　늦은 시간이라 교통체증으로 예정시간보다 늦게 8시 30분에 북경시내 개성식당에 당도하여 오랜만에 불고기와 된장찌개로 저녁식사를 하였다. 워낙이 우리 한국 사람들은 식사속도가 빠르기로 유명하지만 9시 15분발 대동행 열차를 타기 위해 30분 만에 후딱 먹어치운 저녁은 다행히 중국요리가 아니고 한식이었기에 가능하였다. 헐레벌떡 북경역에 도착하여 일행을 놓칠세라 서로 손을 맞잡고 또 손을 흔들며 침대차에 올라타자 곧 기차는 출발하였다. 일행 30명은 한 침대칸에 4명씩 배당을 받고 각자의 침대칸을 찾아 앉아 겨우 한숨을 돌렸다. 컴컴하고 덥고 칙칙한 기차는 달리기 시작하자 생각지도 않았던 에어컨이 밤이 깊어 갈수록 더욱 세차게 작동하였다. 그래서 필자는 그 더운 염천에 그만 감기가 들고 말았다. 덜거덕거리며 북쪽 대동까지 가는 차가운 밤 침대 기차 속에서 우리는 여창(旅窓)의 묘한 감정을 느꼈다.

- 7월 31일(일)

먼동이 트면서 잠이 깨었고 대동의 넓은 들판이 시야에 들어왔다. 새벽 5시 20분 여태까지와는 다른 다소 삭막한 소도시 대동역에 내렸다. 북경에서 북서쪽으로 282km지점에 있는 이 대동은 내몽고로 들어가는 입구에 있으며 예부터 군사상의 요지였으며 398년 북위가 이곳에 도읍(坪城)하면서부터 번창하였고. 지금은 석탄마을로 중국근대화에 큰 역할을 하고 있다. 그래서인지 역에 내리니 온통 매캐한 내음이 진동하였다. 운강여관에 도착하여 잠시 여장을 풀고 난 뒤 호텔식당에서 중국식 아침식사를 하고 곧장 운강석굴 관람에 나섰다.

북위 때 담요(曇曜)스님의 지휘 아래 파기 시작, 70여 년(453~525)에 걸쳐 완성된 것이다. 석굴군은 1km가 넘도록 계속되며 그 장대한 부조물은 돈황의 막고굴, 낙양의 용문석굴과 함께 중국 3대 석굴의 하나로 꼽힌다. 이 굴은 크게 동부, 중부, 서부로 나눌 수 있는데 동부는 4개의 석굴이 있고 중부에는 9개, 서부에는 무려 40개의 석굴이 있다. 이중 16굴에서 20굴까지가 담요 5굴로서 담요의 지휘 하에 만들어진 것으로 제20굴의 거대한 좌상은 특히 유명해서 운강석굴을 대표하는 예술품이라 평가받는다. 말로만 듣고, 말로만 강의하던 동굴 구석구석을 살펴보면서 계속 벌어진 입을 다물 수가 없었다. 그 규모의 크기는 물론, 정교한 벽화의 아름다움, 기막힌 건축법, 이것을 만들어낸 끝없는 인간의 인내심. 이 모든 것은 불가사의한 인간의 종교심에서 우러나온 것이 아닌가 싶다.

　오후에는 특이한 절 현공사(懸空寺)로 향했다. 가는 도중 펼쳐지는 경치는 매우 이색적이었다. 황량한 구릉지대가 계속 되더니만 이어 더 넓은 평야가 펼쳐졌다. 지평선만 보이는 아득한 평원엔 水田은 없어도 옥수수, 감자, 밀, 보리, 조, 들깨, 콩, 수수, 해바라기, 양배추 등 농작물이 심어져 있었다. 역시 옛날 북위가 여기에 도읍을 정한 데는 民을 먹여 살릴 수 있는 충분한 농토가 있었기 때문이었음을 눈으로 확인할 수 있었다. 중국의 5대 명산의 하나인 항산(恒山) 부근에 위치한 현공사는 이름그대로 깎아지른 절벽에 긴 장대를 괴어서 붙여지은 마치 허공에 매달려 있는 형상의 절이었다. 몇 백 년이나 되었다는 목재 건축인데 층계를 오를 때마다 삐걱삐걱 하였고 3층에 올라서니 무너져 내릴 것 같아 한 사람씩 따로 떨어져 관람하였다. 정말 절묘한 건축술이었다.

　현공사에서 대동으로 돌아오는 버스에선 다시 특강이 계속되었다. 처음엔 김종완 교수(전주우석대. 동양사)의 만리장성과 정복왕조에 대한 강의가 있었고 다음은 초기에 불교관계를 연구하신 이기백 교수(한림대. 한국사)의 운강석굴과 한국불교에 관한 열정적인 특강이 있었다. 비교사의 중요성을 깨우쳐주는 바가 컸으며 이번 역사탐방의 묘미를 한결 더 깊게 해주는 대목이었다. 또한 도중에 버스에서 내려 이 지역의 전통적인 한 농가에 들러 삶의 모습을 살펴볼 수 있었는데 닭, 오리, 돼지, 개를 기르며 비교적 윤택하고 깨끗하게 꾸려가고 있는 살림 규모였다.

대동의 호텔은 썩 좋지는 않았지만 그런대로 지낼 만했다.

- 8월 1일(월)

오전 코스는 구룡벽(九龍壁)과 上, 下화엄사 관람이었다. 구룡벽은 9마리의 용을 조각한 벽인데 王府의 권위를 상징하는 것이라고 한다. 상, 하 화엄사는 11세기 요대에 만들어진 것으로 金의 공격을 받아 소실된 것을 12세기에 다시 재건한 것이라는데 규모가 크고 불상의 배치가 특이하였다. 뿐만 아니라 복성스럽고 풍만한 불상모습이 특히 눈길을 끌었으며 요대에 불교가 발달하였음과 거란인의 심성을 엿볼 수 있었다.

점심식사 후 곧장 대동공항으로 가면서 다시 광활한 평야를 볼 수 있었다. 공항건물은 규모가 작고 보잘것없었지만 의외로 기다리는 동안 들려주는 음악은 슈베르트의 세레나데, 모차르트의 알비라 마디간 등이었다. 동양의 사회주의국가 중국에서 듣는 감미로운 서양음악은 묘한 감회를 안겨 주었다. 대동발 서안행 비행기는 52인승 프로펠러비행기여서 소음 속에 다소 불안한 여행을 하였다. 두 시간쯤 걸려서 서안의 함양공항에 착륙하였다. 공항청사 내에 있는 식당에서 저녁식사를 한 뒤 아주 멋진 Grand new World호텔에 도착하였다. 서안은 기원전 1134년 서주가 여기에 도읍을 정한 아래 당이 멸망한 907년까지 7개 왕조가 명멸했던 고도(古都)로 중국의 심장이다. 당나라의 수도 장안으로 유명한 곳인데 후세사람들이 이를 낮추어 서안이라 불렀다. 남으로는 하늘을 찌를 듯 산맥이 솟아있고 북으로는 황하가 서안평야를 감싸고 돌아 난공불락의 요새를 이루고 있다. 그래서 중국 역사상 어느 왕조도 서안을 차지하지 못하고는 중원을 석권하지 못했다. 지금도 중국의 군수공장, 우주연구센터 등 핵심적인 산업체들이 이곳에 있다. 또한 서안은 예로부터 서역으로 가는 실크로드의 출발지이기도 하다.

- 8월 2일(화)

아침, 제일 먼저 진시황 병마용박물관에 갔다. 사진과 화면을 통해서만 보아오던 곳이다. 거대한 현장박물관에 들어서니 동쪽을 향해 도열해 있는 수천 병마용들이 당장이라도 함성을 지르며 달려들 것만 같다. 한 사람 한 사람의 복장, 머리모양, 표정 등 어느 하나도 같은 것이 없다. 기적, 경이로움 바로 그 자체였다. 과연 진시황의 위세를 보여주고도 남는다. 진시황 사후 2천년 동안 흙 속에 묻혀 있다가 1974년 이후 다시 살아난 수천의 인마(人馬)의 무리는 실로 중국의 장대한 스케일을 절감케 한다. 그 옆에 전시된 진시황의 銅마차의 정교한 모습도 가히 일품이었다. 진시황병마용은 요즘 우리나라에도 그 일부가 옮겨져 전시되고 있으니 꼭 한번 볼만 하다. 점심 먹으러 가는 도중 거기서 10km 떨어진 곳에 있는 한 작은 야산 같은 진시황릉을 배경으로 기념사진 한 컷을 박았다.

오후에는 현종과 양귀비의 로맨스로 인구에 회자하는 유명한 화청지로 갔다. 양귀비가 사용했다는 해당탕(海棠湯)욕조, 내실, 머리를 말렸다는 누각 등 생생하게 복원되어 있었다. 어느 곳에선가 젖은 머리모습으로 뱅긋 웃는 풍만한 여체의 양귀비가 나타날 것만 같았다. 또한 이곳은 서안사변 때 장개석이 장학량에 의해 감금되어 있던 오간청 등 생생한 역사의 무대들이 많이 남아 있는 곳이기도 하다.

서안의 날씨는 38℃를 웃도는 지독한 무더위였다. 찐다. 우리는 잠시 옥가게에서 정해진 쇼핑을 하며 휴식을 취했다. 들리는 상점마다 차와 수박 등을 대접하는 것은 관례처럼 되어 있다. 옥가게는 정말 풍성했다. 우리 문화를 '金의 文化'라고 한다면 중국 문화를 '玉의 文化'라고 하는데, 과연 중국에는 갖가지 색깔의 옥이 많기도 많으며 또한 옥조각과 옥세공 기술이 뛰어난 것에 감탄하지 않을 수 없었다.

이날은 마지막으로 당 고종이 돌아가신 어머니의 위패를 모시기 위해 지었다는 자은사(滋恩寺)에 가서, 현장법사가 인도로부터 불교경전을 가지고 돌아와 번역작업을 위하여 건립했다는 대안탑(大雁塔)도 돌아보았다.

- 8월 3일(수)

어제에 이어 오늘도 멋진 호텔에서의 서양뷔페식 아침식사는 메뉴도 다양하고 좋았지만 붐비는 외국인들로 가히 유럽의 호텔식당을 방불케 하여 여기가 중국인가를 의심할 정도였다.

만족한 조식을 든 후 일행은 섬서성 역사박물관을 관람하였다. 중국고대문화가 발달하였음은 익히 알고 있지만 그 역사의 현장감을 더해주는 박물관에서 느끼는 것은 더욱 큰 것이었다. 서주에서 당에 이르기까지의 유물을 전시하고 있었는데 특히 당대의 무덤에서 운반해온 거대한 채색벽화가 444편이나 전시되어 있었다. 마지막으로 우리는 서안성 북문으로 가서 성문 위 성벽에 올랐다. 그 크기에 놀랐는데 4차선은 족히 될 듯 넓었으며, 벽돌 하나하나를 찹쌀풀을 쑤어서 붙였다니 놀라운 일일 뿐이다.

서안공항으로 가서 점심식사를 하고 2시 40분에 일행은 돈황행 비행기를 탔다. 끝없는 황토평원을 지나자 불모지 황야와 광대한 사막이 계속 펼쳐진다. 드디어 사막 한가운데 있는 작은 오아시스 같은 지점에 착륙하니 돈황이다. 트랩을 내리니 우선 가을 날씨처럼 시원했다. 살 것 같았다. 돈황의 인구는 14만이라고 하며 농작물은 옥수수와 목화가 주종을 이루고, 시내로 들어가니 수로를 따라 키가 큰 백양나무가 줄지어 서 있어서 시원하기 그지없다. 돈황호텔은 다소 초라했지만 넓은 정원엔 대추나무, 배나무, 사과나무가 주렁주렁 열매를 매달고 있어서 운치가 있었다.

저녁식사를 한 뒤 해질녘 일행은 서둘러 버스를 타고 출발했다. 우리는 드디어 명사산(鳴沙山)에 오르기 위해 낙타 타는 곳까지 갔다. 낮에는 70℃까지 기온이 오르기 때문에 밤에 가지 않으면 더워서 모래산을 오를 수 없기 때문이라고 한다. 각자 낙타를 타고 명사산을 오른다. 더 북쪽으로 가면 소설 속에서 읽던 고비사막에 이른다고 하는데, 황혼에 낙타를 타고 댕그랑 댕그랑 방울소리를 들으며 모래산을 오르는 기분은 거의 환상적이었다. 산 가운데는 작은 호수 월아천(月牙泉)이 있었는데 이것이야말로 사막의 신비한 오아시스였다. 밤 9시가 되어도 해가 지지 않는(경도 95°) 백야 속에서 일행은 날마다 모양을 달리하는 모래산을 미끄러지기도 하고 주저앉기도 하고 휘둘러 모여 마치 동화 속에 들어간 어린애들같이 즐거워하였다. 호텔로 돌아와 꿈속에서도 낙타방울 소리를 들으며 깊이 잠들었다.

- 8월 4일(목)

아침, 그 유명한 막고굴(莫高窟)에 도착하였다. 돈황은 한무제가 서역로(실크로드)를 개통한 이래 동서교역과 문화교류의 중심지가 되었으므로 불교가 제일 먼저 들어온 곳이며 따라서 돈황은 당연히 불교의 성지가 되었다. 막고굴은 돈황 남쪽 25km되는 곳에 있는 명사산의 동쪽 절벽에 남북으로 1.8km에 걸쳐 파놓은 석굴의 무리를 말한다. 4세기부터 약 천년에 걸쳐(북위→수→당→송→원) 만들어진 이들 석굴의 수가 일천 개 이상으로 천불동(千佛洞)이라고도 부르는데 현존하는 석굴은 492개이며 채색소상(塑像)이 2,400여 개나 된다. 한마디로 사막 가운데서 보는 천연박물관이다.

석굴의 외벽은 자갈과 흙으로 반죽하여 바르고 시멘트로 난간을 만들어 보호하고 있는데 이것은 문혁(文革) 때 파괴를 막기 위해 주은래의 지시로 된 것이라 한다. 다른 관광객그룹이 보고 나오기를 기다려 한 굴에 들어가고 또 다음 굴로 들어가고 했으며 각자 손전등을 지참하였다. 오전에는 당대의 장경(藏經)굴인 428

호굴, 북위의 불상이 있는 251, 257, 259호굴 서위의 수렵도가 있는 249호굴, 수대의 불상이 있는 427호굴, 송대의 것인 256호굴 당의 측천무후 때 만든 거대한 미륵불(24.5m)이 있는 96호굴 등을 찾아보았다.

오후에는 성당(盛唐)시기의 미륵불이 있는 130, 148, 172호굴과 만당(晩唐)시대의 석가모니, 아난존자 등의 벽화가 있는 85호굴, 五代의 것으로 61, 100, 298호굴, 宋代의 벽화가 있는 5, 152호굴 등을 살펴보았다. 이 막고 굴은 1900년경부터 서양학자들의 서역탐험 결과 점차 소개되기 시작한 것으로, 1908년 프랑스의 펠리오(Pelliot)에 의해 제17호굴에서 많은 당대의 토지문서와 불경이 발견되어 세계적인 화제가 되었는데 이때 신라의 혜초가 남긴 『왕오천축국전』도 함께 발견되었다. 그 거대한 규모와 神에 가까운 인간의 능력과 인간이 갖는 끝없는 신앙심에 엄숙함을 느꼈다.

종일 서서 구석구석 굴을 찾아다닌다는 것이 퍽 힘들었다. 이제 일행은 지치기 시작하였고 배탈, 감기 등에 걸리기도 하였으며 일주일 이상 먹어온 기름기투성이 중국음식에 물리기 시작하여 각자 준비해온 고추장, 된장, 멸치, 김 등은 아주 인기가 있었지만 그것도 거의 바닥이 났다.

- 8월 5일(금)

오전에는 백마탑(白馬塔)과 돈황(敦煌) 고성을 답사하고 야광술잔 공장을 견학했다. 하루 종일 한두 개 정도의 야광석으로 된 술잔을 만든다는 기술자들의 손도, 옷도, 얼굴도 온통 시꺼멓다. 돈황에서는 난주 가이드까지 미리 합세하여 설명을 잘 들을 수 있었는데 그는(대부분 한국관광객의 가이드는 연변지역 조선족 출신) 자신의 아버지는 의사며 어머니는 난주대학 일문과 교수라는 집안 얘기를 들려주었다. 아버지는 퇴직하여 적은 연금을 받고 있으며 어머니의 월급은 요즘 인플레가 심해 400원(한화 4만원)이던 봉급이 많이 올라서 700원이 되었다고 한다.

오후에는 돈황시 박물관을 관람하였는데 기대보다 내용이 실속이 있어서 퍽 도움이 되었다. 실제 장성연선의 한대(漢代) 양식창고의 모습과 자갈, 진흙, 갈대를 섞어 만든 장성의 실재 재료, 옛 봉화의 모습, 그리고 병사의 헤어진 신발 등을 보며 타임머신을 타고 고대로 날아간 듯 찡한 느낌을 받았다. 돈황에서는 서역으로 출발하는 관문인 옥문관과 양관을 꼭 가보아야 하는데 너무 멀어서 가보지는 못하고 박물관에서 사진으로 볼 수밖에 없었다.

호텔로 가는 길에 양탄자공장엘 들렀다. 3D현상을 기피하는 우리네들과는 달리, 눈 빠지고 허리 휘는 인간 인내심의 극한을 시험하는, 카페트 짜는 작업현장을 보면서 많은 생각을 했다.

오후 늦게 돈황발 난주행 비행기를 탔다. 두 시간쯤 지나 난주공항에 도착하여 승리호텔에 묵었다.

- 8월 6일(토)

난주 시내관광에 나섰다. 난주는 감숙성 성도(省都)로 인구 210만의 큰 도시이며 어느 곳보다 이슬람교신자가 많아서 인구의

10%가 회교를 믿는다고 한다. 일행은 먼저 감숙성 박물관을 찾았다. 신석기시대의 채도, 한 대의 죽독(竹牘), 청동마(馬), 그리고 불교관계 유물들이 체계적으로 전시되어 있었다. 관람이 끝난 후 관장실에서 관장과 우리 측 교수일행은 질의응답을 하는 등 담소하였고 앞으로 관련분야 전공자의 편의를 제공해 주겠다고 약속하기도 했다.

점심식사 때는 결혼피로연 광경을 볼 수 있어서 흥미로웠다. 중국에서는 결혼피로연을 하지 않으면 결혼한 것으로 쳐주지 않는다고 한다. 피로연은 그래서 성대한 모양인데 서로 가위, 바위, 보를 하며 그 독한 술을 홀짝홀짝 마시며 떠들썩하기가 이를 데 없었다. 전반적으로 중국인이 꽤나 시끄러운 편이기 때문에 우리들은 흔히 시끄러운 광경을 비유할 때 "호떡집에 불났나?" 하기도 하지만 정말 시끌벅적 하였다. 그런 속에서 이제 제법 나아진 중국인의 삶의 모습과 자유스러움을 엿볼 수 있었다.

난주에서 가장 잊을 수 없는 일은 황하유람이었다. 도도하게 흐르는 싯누런 황하에서의 선유(船遊)는 일품이었다. "이제 정말 중국에 내가 왔구나." 하는 실감을 하며 10년 전까지만 해도 "우리가 살아생전에 중국 한번 가볼 수 있을까?" 하며 "黃河가 何淸이리오." 에 비유하던 지난 일을 생각나게 했다. 선상에서 맥주를 마시며 우리는 흥분을 감추지 못하였고 선주에게 돈을 더 주고 백탑산 아래 중산교와 빈하대교 사이를 두 번이나 왕복하였다. 황하는 9개 省과 市를 가로질러 흐르는데 대도시로는 난주와 정주뿐이라고 하니 황하유람도 그리 쉬운 일이 아님을 알 수 있었다.

저녁은 Muslim 찬청에서 특별히 이슬람 요리를 먹을 수 있었다. 기억으로는 이번 여행 중 가장 좋은 식사였던 것으로 생각되며 특히 여주인의 친절과 아름다운 소녀의 부드러운 서비스에다 독한 중국술이 오가며 좌중은 흥이 고조되어 노래 부르고 춤추며 즐거운 난주의 밤을 지냈다.

- 8월 7일(일)
아침 우리는 다시 비행기로 한 시간여 만에 서안에 도착하였다. 계림 가는 비행기를 갈아타기 위해서다. 벌써 서안에 세 번째다. 지금도 눈감고 있으면 서안공항 청사내의 식당, 상점, 화장실 등이 눈에 선하다. 화장실 얘기가 나왔기에 말인데 중국에서 제일 기막힌 곳이 칸막이 없이 탁 트인 화장실이어서 일행은 가는 곳마다 제대로 된 츠소우(厠所)를 찾는다고 애를 썼다.

계림행 비행기는 오후 5시 30분에 있기 때문에 서안에서 반나절 이상을 보내야 했다. 그런데 일요일이어서 함양박물관을 관람할 수 있을지 걱정을 했다. 그러나 그것은 기우였다. 아니나 다를까 상혼에 밝은 중국인의 면면을 여실히 보여주었는데 일행 30명 X관람료 20원=600원이면 공무원 두 달 치 월급이었다. 연락을 한 후 우리가 함양박물관에 도착하자 이미 문은 활짝 열려 있었으며 관장까지 나와서 친절히 안내를 해주었고 가는 곳마다 열려 있던 상점도 이미 전을 펴고 있었다.

놀라운 것은 중국의 각 박물관마다 외국인이 입장하는 입구에는 반드시 상점을 통과하게 되어 있어서 물건을 사도록 하고 있으며 관람료도 자국인은 2원, 외국인은 그 10배인 20원이었다. 어찌되었든 여기서 우리는 기대보다 큰 소득을 얻었다. 함양궁지 출토유물, 역대 동경(銅鏡) 등이 주된 전시품이었는데 특히 한대의 병마용은 처음 보는 것으로 예기치 못한 성과였다. 크기는 진대(秦代)의 병마용보다 한대의 것이 많이 작았지만 그 모습과 정교함에 놀랐고 우리가 모르고 있었던 한대의 것이라 더욱 그랬다.

저녁 5시 50분 계림행 비행기를 탔다. 비행기도 작고 내부도 낡았고 하여 다소 불안했는데 이상하게도 한 시간쯤 지나서 기수를 돌리는 느낌이더니 곧이어 회항한다는 방송이 들린다. 이유는 계기고장이라고 한다. 모두 간이 덜컹 내려앉는 느낌이다. 얼마 전에 서안에서 비행기 사고도 있었는데…. 관세음보살…. 드디어 서안에 다시 착륙하였다. 이번으로 서안엔 네 번째다. 그런데 비행기를 바꿔 태우는 것도 아니고 에어컨 꺼진 더운 기내에 승객을 앉혀놓은 채 수리를 한다.

7시 50분쯤 재이륙하여 밤 9시 30분 계림공항에 도착하였다. 계림에서는 아주 좋은 최고급 帝苑호텔에 들었는데 늦은 저녁을 들고 깨끗한 호텔방에서 안도의 숨을 내쉬었다. 이 호텔주인은 40代의 일본여인이라는데 일본인답게 손님의 기분을 홀딱 반하게 꾸며 놓았다. 대리석 깔린 넓은 로비엔 실내분수와 아름다운 조명, 4인조 실내악연주단의 생음악 연주, 넓은 후원엔 식당, 맥주shop 등이 잘 갖추어져 있었다. 유럽에서도 보기 힘들었던 일류급 호텔시설이다. 계림은 워낙 경치가 수려하여 외국관광객이 줄을 잇는 곳이라서 수지타산도 맞는 모양이다.

- 8월 8일(월)

아침 관광객 모두가 너도나도 다 모여드는 竹江 선착장에 도착하여 유람선을 탔다. 璃江 유람을 하기 위해서다. 수십명~ 100명을 태울 수 있는 배가 여러 수십 척 뜬다. 모두 관광객으로 가득하다. 배갑판 위에 올라 이강(璃江)을 따라 양쪽에 펼쳐지는 200m 높이의 4만 5천봉의 아름다운 봉우리들을 보며 모두가 탄성을 지르며 벌어진 입을 다물지 못한다. 3시간 동안 계속 가도 가도 절경의 연속이다. '桂林山水甲天下'로 표현되고 서양인들은 여기를 무릉도원이라 한다더니 과연 그럴 만하다. 바로 여기가 동양 산수화의 고향임을 절감케 한다. 선상에서 갖가지 음식에 술도 한잔 곁들이니 신선이 된 기분이다. "왔노라. 보았노라. 박았노라." 모두들 사진 찍느라 여념이 없다. 또 다시 한번 계림에 오리라고 마음에 새겼다.

그날 저녁 중국의 사대미인(양귀비, 왕소군, 초선, 서시)를 뜻하는 사미원(四美園)에서 만찬을 하였다. 일행 모두는 각자 나와서 중국 답사소감을 피력하며 얼마 남지 않은 여행일정을 마무리하고 우의를 더욱 돈독히 하였다.

- 8월 9일(화)

오전 노적암 동굴을 관람하고 오후엔 계림 소수민족박물관을 찾았다. 계림은 廣西 壯族 자치구의 동북부에 위치한 곳인데 대부분 장족 등 소수민족이 사는 곳이다. 각 소수민족의 특이한 풍속들에 대해 설명 들으며 모두 웃음을 지었다.
 저녁 7시 40분 계림을 출발하여 광주(廣州)행 비행기를 탄 뒤 채 한 시간도 못되어 광주공항에 도착하였다. 珠江을 지나 江南에 있는 강남호텔에 투숙하였다. 저번에 한번 온 적이 있고 또 여행의 마지막이 가까워서인지 친근하게 느껴지는 도시다. 그리고 근대중국 역사상 많은 선각자들을 배출시킨 곳으로 임칙서가 불을 붙인 아편전쟁의 도화선이 된 곳도 이곳이며, 손문이 혁명운동을 시작하고, 장개석과 함께 황포군관학교를 설립한 곳도 이곳이다.

- 8월 10일(수)

 오전에는 중산기념당을 관람했다. 다음은 陳氏서원의 섬세하고 화려한 조각을 본 뒤 이동하는 차 속에서 예의 약식 강의가 다시 시작되었다. 먼저 김종원 교수가 아편전쟁 이후의 중국근대사를 간추려 설명하였다. 다음에 필자가 송경령과 손문에 관한 얘기를 하였다.
 오후 4시 철도편으로 광주 九龍역을 떠나 홍콩으로 향했다. 경제특구답게 고층빌딩이 즐비하고 교통체증이 훤히 보이는 심천을 경유하여 홍콩에 도착하였다. 입국수속이 꽤나 까다로웠다. 말로만 듣던 홍콩을 실제 본 느낌은 묘했다. 앵글로 섹슨 식으로 화한 홍콩의 중국인 그리고 그 통치방법, 좁은 땅을 200% 활용한 도시계획, 활기찬 거리. etc. 1997년 이후 중국 본토의 인력과 홍콩의 자금력, 기술 등이 합해질 때 또 다른 새 도약을 할 꿈틀대는 큰 용 중국을 느끼게 했다. 홍콩공항을 이륙하며 내려다보이던 조화로운 구룡반도와 홍콩 섬 그리고 녹색의 바다, 그리고 먼 하늘은 형언하기 어려운 아름다운 코발트빛으로 물들어 있었으며 흰 솜사탕 같이 피어난 구름이 함께하고 있었다. 이 지구촌에 모여 복작대는 인간, 그 천태만상의 삶의 모습, 또한 그 인간의 무한한 능력. 그러나 이 무극의 우주 속에 작은 모래알 같은 지구별은 병들어 있지만 아직 신비하고 아름답다고 느꼈다.

16일간의 중국답사를 끝내며 먼저 외형적인 삶의 질의 문제만 가지고 말할 수 없는 거대한 중국의 저력을 실감할 수 있었다. 우리 한국의 약 100배의 땅덩이(959만㎢), 세계인구의 1/4을 차지하는 13억에 육박하는 인구, 3,500년의 유구한 역사, 2년간 연속하는 두 자리 수의 경제성장 등 "거대한 중국이 일어서고 있다."를 피부로 느낄 수 있었다. 그러나 공산당의 지도력 약화, 각 省간의 불균등한 경제성장, 심각한 빈부격차와 인플레, 교육의 문제와 지식인들의 좌절, 윤리와 도덕성의 상실 등 아직도 많은 문제가 중국 앞에 가로놓여 있다. 정치는 사회주의, 경제는 자본주의를 묶어내는 역사상 초유의 실험이 진행되고 있는 중국. 과연 중국은 어떻게 변화하여 어떠한 결론에 도달하게 될 것인가?! 두고두고 관심의 대상이 되지 않을 수 없는 나라다.

참으로 아름다운 중앙유럽

비교문화연구회 제12차 중앙유럽 문화탐방
(1998년 7월 15일~27일: 14일간 체코, 폴란드, 슬로바크, 헝가리 등)

- 1998년 7월 15일(수요일)

　김포 국제공항 제2청사에서 반가운 얼굴들과 만나 서로 인사를 나누고 드디어 오후 1시 반쯤 Lufthansa에 올랐다. 비행기는 14시 15분에 프랑크푸르트를 향해 떠났다. 상공에 올라 안정을 되찾았을 때 스튜어디스들이 물수건, 땅콩, 술, 주스를 날라주었고 조금 있다가 점심이 나와서 점심 겸 저녁식사를 했다. 독일 스튜어디스는 미인은 아니어도 친절하고 근면했고 또 열심히 손님들의 편의를 돌보는데 신경을 썼다. 비행기는 계속 서쪽으로 해를 따라 날아가고 있었다.

　장장 10시간 30분에 걸친 긴 항행 끝에 환승하는 곳인 프랑크푸르트에 도착하니 현지시간이 18시 35분이었다.(시차는 7시간)

　운 좋게 창가에 앉았으므로 바깥풍경을 만끽할 수 있었다. 아름다운 흰 뭉게구름, 양털구름, 연코발트 빛의 하늘. 지구는 병들었어도 아직은 아름다웠다. 우주의 창공은 태고의 신비를 간직한 채 순수무구의 아름다움을 지니고 있었다. 끝없이 펼쳐진 광활한 시베리아벌판. 이 또한 천연의 광활한 대지이고 자연 그대로가 시야 가득히 전개되고 있었는데 좁디 좁은 한국의 산야를 비교할 때 그저 유구무언으로 감탄 이외 나오는 게 없었다. 노보시비르스크 상공을 지날 때 TV게시판엔 다음과 같이 적혀 있었다.

    목적지까지의 거리: 4,742km
    비행기 현재 고도: 10,700km
    바깥 온도: -53℃
    목적지까지의 소요시간: 5시간 44분
    목적지 현재시간: 12시 04분
    현재 비행속도: 910km

포도주도 양껏 마시고 멋진 식사도 두 번이나 하고 스튜어디스의 후한 서빙을 받았으며, 또 High Society 영화도 한편 보고 동물의 세계도 보았고, 여행 책자도 뒤적이는 가운데 기착지에 도착했다.

Frankfurt는 독일의 교통요지였으며, 듣기로는 Lufthansa는 전독일의 항공을 장악하고 있을 뿐 아니라 폴란드, 체코, 슬로바키아, 헝가리 및 오스트리아, 유고연방, 불가리아 등의 중부와 동부유럽을 잇는 항공망의 중심이기도 했다. 따라서 이 공항에는 거의 2, 30초마다 비행기가 이·착륙하였다.

우리 일행은 다음 비행기를 갈아타기 위해 3시간이나 기다린 후 다시 루프트한자로 프라하를 향해 날아갔다. 1시간여 만에 프라하에 도착했는데 현지시간으로 밤 10시, 우리나라는 새벽 5시였으니 꼬박 하룻밤을 뜬눈으로 샌 셈이다. 프라하에서 묵은 호텔은 Diplomat Hotel이었는데 아주 안락하고 편해서 푹 쉴 수 있었다. 이틀 밤을 이 호텔에서 묵을 것이므로 잠들기 전에 빨래를 했다.

- 1998년 7월 16일(목요일)

아침식사는 호텔뷔페. 고급호텔이라 맛있는 것이 너무나 많았다. 갖가지를 다 맛보았다. 오전 9시에 시내관광에 나섰다. 마치 가을 날씨 같았다. 현지의 기온은 최저 12℃, 최고 22℃. 모두들 스웨터를 꺼내 입고했지만 땀을 많이 흘리는 나는 정말 좋았다.

프라하는 말할 수 없이 아름다웠다. '白塔의 도시' '유럽의 음악학원', '북쪽의 로마'로 일컬어질 만큼 다양한 모습과 슬픈 역사를 지닌 프라하는 보헤미아 왕국의 수도로 자리 잡은 9세기 말에서부터 1천년 이상이 지난 현재까지도 중세모습 그대로 거리의 풍경을 간직하고 있었다. 건축양식은 로마네스크, 고딕, 르네상스, 바로크, 로코코 등 다양한 양식으로 조화와 균형을 이루어서 프라하의 경관을 더욱 아름답고 훌륭하게 빛내주고 찬란한 문화의 향기를 그윽하게 풍기고 있었다.

우리들이 제일 먼저 간 곳은 공화국 광장에 우뚝 솟아있는 거무스레한 화약탑이었다. 17세기에 화약탑으로 사용했다는 이곳은 구시가지로 통하는 입구의 성문이기도 하고, 그 옆에 아르누보양식의 시민회관이 곁들여져서 한층 아름다움을 더하고 있었다. 현지 가이드인 체코의 다나 여사는 계속 Beautiful Praha!를 연발하며 한 가지라도 더 자세하게 설명하지 못할까봐 안달이었다. 다음에 간 곳은 시내 중심을 굽이굽이 누비는 Voltava(몰다우)강과 시내전경이 한눈에 아름답게 전개되는 프라하성이었다. 여러 나라에서 무수한 관광객이 몰려들어 가히 인산인해를 이루었다. 훌륭한 문화유산 덕분으로 관광수입이 대단하다고 한다.

성안에는 왕궁미술관, 성십자가 성당, 대통령府, 성비트 카테드랄, 성 이지 바실리카 등의 건물이 있었는데 그 가운데 성비트 대성당이 가장 아름다웠다. 중세교회의 위엄과 권위의 상징이기도 하고 중세인들의 신에 대한 외경심과 하늘로 향한 신앙의 표징이기도 한 웅장하고 거대한 모습은 모든 인간들을 제압하고도 남음이 있었다. 성 이지 바실리카를 가로질러 모퉁이를 들어서자 많은 관광객과 어울려서 봇물처럼 함께 밀려나가는데 마치 장난감 같은 귀엽고 작은 집들이 줄줄이 늘어선 황금소로가 나왔다. 작가 프란츠 카프카가 한때 이 거리의 22번지(파란색의) 집에서 작품을 쓰며 지낸 적이 있다고 가이드가 설명한다. 이 조그마한 소로에 접한 작은 집들은 체코의 특산물을 파는 가게이기도 했다. 시간만 있다면 집집마다 들어가 보고 쇼핑하고 싶었다.

점심을 먹기 위해 어느 아담한 음식점에 들어갔다. 그런데 조금 전 광장에서부터 우리의 총무인 오성 교수가 통 보이질 않아 모두 찾아서 야단이었다. 이재기 사장 그리고 박우룡 선생이 부리나케 오르막길을 거슬러 올라갔다가 땀을 흘리며 되돌아왔는데 찾지 못했다. 순간 임은명 선생 생각이 나며 같이 오셨으면 이런 일이 없었을 터인데… 납치당한 것은 아닐까?… 온갖 걱정이 마음속을 오갔다. 예상대로 호텔에서 전화오기만을 기다리고 계셨다. 길 잃어버리면 호텔로 찾아가는 것이 상책이다. 호텔 이름은 단단히 외어두어야지. 이 일은 두고두고 이야깃거리가 되어 웃음을 자아내게 했다. 점심은 갖은 양념을 한 생선요리를 맛있게 먹었고 디저트도 푸짐하게 먹었다.

점심을 먹고 난 다음에 우리는 몰다우 강 위에 놓인 18개의 다리 가운데 가장 아름답고 오래된 칼레루(Karl, Charles) 다리로 갔다. 차들의 통행이 금지된 이 다리는 관광객이 넘치고 그림 등을 파는 작은 노점이 즐비했다. 특히 이 다리의 난간 쪽에는 성 프란체스코, 성 안토니우스, 성 아우구스티누스 등의 기독교 성자들의 조각상이 30개나 줄지어 설치되어 있었는데 위대한 성인들의 각각의 표정과 아름답게 새겨진 모습은 이 다리를 더욱 운치 있고, 전통과 역사를 돋보이게 했으며, 프라하 최고의 명승지로 꼽히는데 손색이 없었다. 이 다리를 건넌 다음, 우리는 몰다우 강이 한눈에 보이는 다리 아래 야외 카페에서 맥주를 한 잔씩 마셨다.

이곳은 바로 눈앞에 스메타나의 동상이 있고 뒤에 스메타나박물관이 있는 유서 깊은 곳이었다. 저절로 내가 좋아하는 스메타나의 「나의 조국」 중에서 '몰다우 강'의 멜로디가 흥얼거려졌다.

「나의 조국」은 청각을 잃어가던 스메타나가 만년에 쓴 교향시다. 너무나 아름다운 고도 프라하는 찾는 이로 하여금 행복에 겨워 천국에 이른 것이라 착각하게끔 환상에 사로잡히게 했다. 조금 쉰 다음, 15세기 체코의 유명한 신학자이고 사회운동가인 얀 후스의 동상이 있는 구시가의 광장에서 사진도 찍고 그림엽서도 사고, 또 풀무질하며 종과 칼 등을 만드는 대장장이도 보았다. 얀 후스는 체코의 종교개혁의 선구자이고 칼레루(찰스)대학의 총장이었는데, 가톨릭의 세속화와 면죄부 판매를 격렬히 비난함으로써 이단자로 몰려 로마로 불려가서 화형당하였다. 그의 동상 바로 밑받침에는 '진실을 사랑하고, 진실을 이야기하고, 진실을 지켜라'는 글귀가 새겨져 있었다.

구시가지 광장은 구시가지의 중심에 있었는데, 유럽의 모든 도시는 빠짐없이 이러한 광장이 있음이 특징이며 시민의 휴식장소로 자리잡고 있음이 부러웠다. 이 광장에는 전형적인 고딕양식으로 지어진 구시청건물이 있는데, 이 건물은 탑에 설치된 천문시계 때문에 더 유명해졌다. 매 시간마다 정각이 되면 두 개의 원반 위에 있는 천사의 조각상 양옆의 창문이 열리며 종소리와 함께 그리스도의 12제자가 차례로 그 모습을 드러내었다가 사라지는 것이었다. 우리는 제각기 흩어졌다가 오후 5시 정각에 이 시계탑 앞에서 모여 다른 수많은 관광객들과 어울려 유명한 그 시계의 종소리를 듣고 매료되었다. 이 큰 시계는 당시의 우주관(천동설)에 기초하여 천체의 움직임과 시간을 알려주는 것이라 하였다. 다시 광장의 동쪽에 서있는, 고딕양식으로 14세기에 세워진 틴 교회를 보았다. 금장식을 정점으로 하는 두 개의 탑은 80m에 이른다고 하는데 정교하고 아름답기가 이루 말로 다할 수 없었다. 18세기 킨스키 궁전을 본 뒤 우리 일행은 Diplomat호텔로 돌아왔다. 호텔에서 뷔페로 맛있는 저녁식사를 한 뒤, 만 보 이상을 걸었기 때문에 목욕 후 곤히 잠들었다.

몰다우 강 동쪽강변의 칼레루 다리에서 화약탑과 공화국 광장에 이르는 구시가지는 예부터 프라하의 심장부였다고 하는데, 옛 모습이 그대로 잘 간직되고 있으며 잘 정돈되고 조화와 균형이 잡혀서 어느 한 곳이라도 흠잡을 데가 없는 도시경관을 보여 주어서 부러움과 감탄을 금할 수 없었다. 프라하의 도시 전체에서 느낀 점은 중세적인 모습 그대로의 아름다움을 지니고 있는 고전미라 하겠다. 벽돌색깔의 지붕, 4·5층의 죽 늘어선 옛 건물들, 그리고 창가에 예쁜 꽃들이 장식되어 있고 거리의 바닥에는 아스팔트가 아닌 네모난 돌조각들이 균형 있게 여러 가지 모양으로 깔려져 있었다. 며칠이라도 더 프라하에 있고 싶을 정도로 정이 들었다. 두브체크의 「프라하의 봄」을 연상하며 역사의 아이러니를 생각케 하였다. 그 체코는 이제 공산당이 해체되고 시장경제가 채택되어 자본주의 세계로 발돋움하고 있다. 이데올로기의 세계는 사라졌으니, 이제는 진정한 '프라하의 봄'을 구가하는 음악의 축제에 심취하여 오래도록 머무르고 싶었다.

'프라하는 영원하라'고 하면서….

- 7월 17일(금요일)

기상 6시, 식사 7시, 출발 8시의 아침시간에 맞추어 일사불란하게 C.C.C.(Cross Culture Club)중앙유럽 답사반은 움직였다. 호텔 앞에는 이미 슬로베니아(유고 연방의 하나)의 운전기사가 그의 아들과 함께 보기에도 훌륭한 독일제 Hertz Bus(Man사 제작)를 몰고

와서 우리를 기다리고 있었다. 운전기사의 아들인 11살의 미소년인 미치아와는 재미있는 일화를 많이 남겼고, 헤어질 때는 못내 아쉬움을 이기지 못했다. 우리는 쿠트나호라를 향해 프라하를 떠났다. 한 시간이면 도착할 수 있는 거리인데, 버스는 계속 달리다가, back하고, 길을 묻고 하기를 여러 번…. 결국 3시간이나 걸려 쿠트나호라에 도착했다. 비록 길을 찾느라 운전기사와 집행부가 애를 쓰고 있었으나, 우리 일행은 3시간 동안에 재치 넘치는 총무님의 사회로 21명 모두가 차례로 마이크를 잡고 자기소개와 곁들여 노래나 만담으로 재미있는 친목의 시간을 가질 수 있었고 처음 만나는 회원들과도 친숙해 질 수 있는 기회가 되어 지루한 줄도 모르고 갈 수 있었다.

 쿠트나호라는 고즈넉한 전원도시였는데 이 시골에 고딕양식의 정교하고 아름다운 성 바르바라 성당이 우뚝 서 있었다. 시간을 많이 소비했기 때문에 제대로 성당 안을 보지도 못했으나 외견상에도 참으로 훌륭하고 뛰어난 건축물이었다. 이 지역은 프라하 동쪽 65km지점에 있으며 13세기에 은광을 채굴하기 위해 세워진 도시였다. 그러나 광산이 물에 잠기게 되어 도시는 쇠퇴하였으나, 은광 때문에 그 당시에는 유럽에서 많은 사람들이 이주해 와서 17세기까지도 은화를 만드는 중심지역으로 번창했다고 한다. 이러한 사실은 Italian Court라는 건물(은화주조소)안에 진열된 은화 제작과정에서 실증되었다. 은화는 둥글고 긴 은괴를 잘라서 본틀을 얹고 망치로 때리면 바로 돈이 만들어졌던 것이다. 그리고 이 도시는 30년 전쟁(1818~1848) 때에 큰 피해를 입었지만 1900년에 재건되어 옛 모습이 잘 보존되어 있었다.

 다음에 갈 곳은 프라하에서 동남쪽으로 190㎞ 떨어진 지역인 브르노였다. 가는 도중에 운전기사의 길치(道癡) 본성은 또 다시 드러났다. 묻고 찾고 하는 방황이 3시간이나 걸린 다음에 겨우 브르노 도시 외곽의 한 식당에 도착하니 오후 4시였다. 집은 낡았지만 음식 맛이 일품이었다. 시장하기도 했으나 스프가 우선 입에 맞았고 메인 디쉬인 닭고기는 특미였다. 여기에다 체코의 유명맥주인 Pilsner의 맛은 더할 수 없는 즐거움이었다. 게다가 큰 사발에 가득히 담긴 크림디저트에 우리는 벙어리가 될 지경으로 질렸다. 서양 사람들은 살찔 수밖에 없었다.

 내일의 바쁜 일정 때문에 오늘 오후에 브르노 시내관광을 하기로 했다. 체코공화국은 크게 보헤미아와 모라비아의 두 개 지역으로 나뉘는데 Brno는 동쪽에 자리 잡은 모라비아 지방의 중심이고 체코 제2의 도시였다. 뿐만 아니라 이 지방의 문화・학문의 중심지로서 수많은 미술관, 박물관, 도서관 및 대학들이 있는 도시였다. 점심이 늦은데다가, 맛있고 배부르게 먹은 탓으로 만사가 태평이었고 상쾌한 가을 날씨에 느긋한 마음으로 브르노 구시가지 중심에 있는 자유광장을 지나 근처의 성 야코브 교회로 갔다.

 13세기에 세워진 92m의 첨탑과 웅장한 모습의 교회건물과는 대조적으로 엉덩이를 그대로 내놓은 조그마한 사람의 조각은 해학적이고 웃음이 절로 나게 했다. 그것은 반대쪽에 있는 성 페테로 바우로 교회와 반목하던 시절의 감정표현이라는 말에 더욱 그러했다. 다시 언덕을 조금 올라 고딕양식으로 지어진 성 페테로 성당으로 갔다. 높은 천장과 커다란 파이프 오르간이 인상적이고 감탄스러웠다.

유전학의 대가인 멘델이 사제생활을 하면서 완두콩의 교배실험을 하던 수도원을 주차관상(走車觀賞)했다. 멘델법칙은 고등학교 생물시간에 익히 들어 아는 것이었으나 그 법칙의 현장을 답파하는 것은 새삼스런 감회였다. 이곳은 밤 9시가 지나고 10시가 되어야 해가 지고 어두워지기 시작했다. 그래서 다행스럽게 늦게까지 브르노를 관광할 수 있었고 8시가 넘어서 Grand호텔에 들었다. 바쁜 일정 때문에 체코에서 박물관이나 미술관을 제대로 보지 못한 것이 아쉽고 못내 서운했다.

- 7월 18일(토요일)

어제 일정이 운전기사 때문에 지연되었으므로 오늘 일정은 5시 30분 기상, 6시 30분 조식, 7시 10분 출발이었다. 우리 대원은 칼같이 시간을 지켰다. 가을 날씨 같은 아침공기는 상쾌하기 이를 데 없었다. 맑은 공기, 쾌청한 날씨, 아름다운 경관 탓인지는 몰라도 체감으로 느껴지는 체코인의 삶의 질은 퍽 높고 윤택한 것 같았다. 조용하고 아늑하며 고풍스런 분위기가 감돌았다. 아침 일찍 동굴답사에 나섰다. 브르노 근교에 있는 푼케브니 종유굴이다. 동굴 속은 춥다고 하여 모두들 덧옷이나 스웨터 같은 것을 껴입었다. 사실 처음에는 별로 대단한 것이 아니라는 느낌이었다. 우리나라에서도 흔히 볼 수 있거나, 우리의 것보다 훨씬 떨어지는 종유굴임에 틀림없었다. 그러나 한참동안 동굴 속을 지나가다가 보니 바깥과 뚫린 곳이 나왔고 꽤 높은 산 위로 파란 하늘이 보이며 위쪽 높은 곳에서 우리를 짓누를 것 같은 깎아지른 절벽이 시야를 막고 있었다. 푸른 숲이 상쾌하고 싱그러움을 안겨 주었으며, 더욱이 동굴에서 보는 하늘은 경이적인 감동을 자아내게 하였다. 더러 자살 장소로 이용된다는 안내자의 말이 수긍이 될 정도로 신비로우며 이상한 마력을 지닌 것 같았다. 조금 더 들어가니 깊고 푸른 지하하천이 흐르고 있었으며 우리 일행은 모두 한 보트에 탔다. 우리는 보트를 타고 태고의 신비와 조화를 이룬 동굴 속 하천을 굽이굽이 돌며 이상하고 묘한 감정에 사로잡혀 마치 모험을 즐기는 허클베리핀처럼 들뜨기도 하고 즐거워하며 동심의 세계로 들어갔다.

　이른 아침의 동굴탐사는 상쾌하고 성공적인 것이어서 오늘 하루의 여행일정은 잘 진행되리라는 예감이 들었다. 나는 가는 곳마다 그곳의 경치를 담은 그림엽서를 샀다. 폴란드 국경으로 가기 위해 올로모우츠로 향했다. 이곳은 브르노의 서북쪽으로 66km 지점에 있는 모라비아강변의 꽃의 도시로, '플로라'로 불리기도 한다. 프라하 다음으로 많은 문화재를 가지고 있다는데, 우리는 시간에 쫓겨 주마간산 격으로 잠시 둘러볼 수밖에 다른 도리가 없었다. Julius Caesar의 기마동상, 독특한 모양의 시계가 달린 15세기의 시청사, 그리고 삼위일체탑과 Heracles분수대가 있는 미르광장 등을 둘러보았다. 그리고 유럽최대이고 1만 개의 파이프가 있는 파이프 오르간이 유명한 st. Michaels성당을 둘러보고 난 다음, 그동안 참았던 생리현상을 해결키 위해 근처의 백화점에 들렀다. 이쪽 동구의 특이한 면은 식당이든 백화점이든 박물관이든 어디서든지 화장실 사용료를 꼭 내야 한다는 것과 휴지는 재활용지며 화장실은 정말 깨끗하고 잘 장식되어 있었다.

  점심시간이 훨씬 넘었지만 우리는 아우슈비츠로 가기 위하여 일단 폴란드 국경을 넘어 크라쿠프로 향했다. 처음에는 나무들이 높이 치솟고 깊게 우거진 숲속 길을 달려서 기분이 좋았으나, 뚱뚱하고 엉뚱스런 슬로베니아의 운전기사 이반은 완전히 길치여서 계속 길을 잘못 드는 바람에 우리는 점심도 못 먹고 허기지고 지친 가운데 갈림길만 나오면 불안해하며 넓디넓은 폴란드 들판을 달려갔다. 운전기사의 아들 미치아도 아버지의 길치를 인정하는지 바로 뒤에 앉아서 길을 코치했다.

  폴란드의 풍경은 체코보다 다소 거칠고 황폐하며 적막한 느낌이 들고 생활수준이 많이 낮아 보였다. 한결같이 붉은 기와로 된 집을 가졌던 체코와는 달리 지붕색깔이 검정, 회색, 벽돌색, 검자줏빛 등 갖가지였고 집 모습이 다소 투박하게 보였다. 그러나 시골의 낡은 창문에 드리워진 레이스 커튼과 여러 가지 아름다운 꽃으로 장식한 창가의 모습은 유럽 어디에 가더라도 찾아볼 수 있는 공통된 정경이었다. 낡은 건물을 조화롭게 카무플라주하는 소박미를 연출하는 지혜를 보여주었다. 아름다움을 추구하는 미적 감각은 유럽인 모두가 갖는 공통의 예지인지 모르겠다. 유럽은 거의 대부분이 끝없이 펼쳐진 대평원이고 산이 보이지 않는 광활한 들판에는 수확기에 접어든 밀과 보리가 누렇게 황금의 물결을 이루고 있었다. 평화와 풍요의 상징이고 삶을 영위하는 표징이라는 점에서도 유럽은 생활과 종교의 공동체라는 인식을 깊게 하였다. 풍요로운 들판을 달리면서 우리 일행은 허기에 시달리며 괴로움을 참느라 안간힘을 썼다.

우리는 게다가 오늘 아침엔 6시 30분에 식사를 하지 않았는가! 한쪽에선 준비해온 비상식량 미숫가루도 타서 돌리고…. 우리는 단장님의 주문에 따라 비장의 팩소주를 다 끄집어내어 일행 중 몇몇은 김을 안주삼아 빈속에 마셨다. 속이 찌르르 소식이 왔다. 93년도 아프리카의 투니지아 벌판을 달려 알제리 국경에 이르는 도중에 팩소주와 골뱅이 안주를 먹던 생각이 났다. 팩소주는 늘상 이럴 때만 쓰이는 징크스인가?! 갑자기 "물러가라 체코 파란(폴란드)!"을 외치던 中3때(1955년)의 일이 생각났다. 중립국 감시위원단이 와있던 부산의 하야리아부대 앞에서 그들이 물러가라고 우리 학생들은 관제데모를 하였던 것이다. 우리와는 너무나 멀고 동떨어진 이곳 중앙유럽에 우리는 지금 와 있구나하는 상념에서 감개무량함을 금치 못했고, 아직도 체코보다 사회주의적인 요소가 더 남아 있는 폴란드 땅에서 배고픔을 참으며, 아우슈비츠로 가는 길은 역시 멀고도 험하고 고통스러운 것이라고 생각하였다. 수백만명의 유태인들의 고통에 비하면 鳥鼻之汗(새코의 땀)이지만….

묻고 또 물으며, 몇 번이나 길을 잘 못 들기도 하면서 저녁 6시가 넘어서야 겨우 크라쿠프의 Piast호텔에 도착할 수 있었다. 호텔도 다른 곳에 비해 다소 등급이 떨어지는 것이었다. 7시경에 호텔식당에서 세트메뉴로 비프스테이크를 먹었다. 여행 중 한 끼를 굶어보기도 난생처음이지만, 그래도 나는 항상 포만감을 느끼던 것을 다소 완화시키게 되어 오히려 기분이 좋았다. 오늘 가지 못한 아우슈비츠를 위해, 억울하게 죽은 영혼들의 넋을 기리고 위로한다는 망상(?)과 함께 오늘은 금식기도를 했다는 기분이었다. 회장단은 몹시 화가 나서 우리의 여행을 주선한 국제적 여행사인 영국의 Trafalga회사에 전화를 걸어서 운전기사의 교체, 굶은 점심값의 배상 등을 따지려 했지만 마침 토요일 오후라서 통화되지 않았다고 한다. 하는 수 없이 회장단은 긴급구수회의를 열고 교통위원회를 조직하기로 결정하였다. 그래서 상세한 지도를 여러 장 사서, 지도를 펴놓고 내일의 일정을 짜기 시작했으며, 또한 호텔의 직원들에게도 목적지까지 가는 길을 묻는 등 만반의 준비를 갖추었다. 방만원 교수, 이재기 사장, 운전기사의 아들까지 끼어 길치 기사의 안내역을 맡게 되었다.

- 7월 19일(일요일)

다소 느긋하게 일어나 크라쿠프 지역(바르샤바 남쪽 260km지점) 관광에 나섰다. 맨 먼저 탐방한 곳은 크라쿠프에서 서남쪽으로 13km 떨어져 있는 작은 마을인데 고대로부터 우수한 암염을 채굴했다는 비에리치카 소금광산(Rock-Salt mines)이었다. 우리들은 바람막이나 웃옷들을 걸치고 캄캄한 엘리베이터를 타고 지하 230m로 내려갔다. 바닥, 천장, 계단 할 것 없이 온통 소금으로 된 소금궁전이었다. 1천여 개나 되는 방(室) 가운데 겨우 2%에 지나지 않는 20여 개를 보는 데에도 1시간 이상이나 걸렸다. 지동설을 주장했던 코페르니쿠스의 조각 등 흥미진진한 크고 작은 여러 개의 조각품과 조상을 도처에 만들어 놓았다. 이 작품들은 여러 곳에서, 여러 나라에서 돈벌이 하러온 광부들이 쉬는 시간을 이용하여 만들어 놓은 것이라는데, 참으로 뛰어난 솜씨였거니와 인간의 천부의 재능은 예기치 않은 데서도 마음껏 발휘된다는 것을 깨달았다. 곳곳에 크고 작은 예배당이 있었고, 가장 큰 예배당에는 벽면마다 성모 마리아 상, 예수의 상, 최후의 만찬 모습 등을 조각하였는데, 유명한 조각가의 작품에 못지않은 일품이었다. 더구나 천장에 걸려있는 샹들리에는 소금의 결정으로 조각한 것으로 눈부시고 아름답고 빼어난 예술적 천재성에 재삼 감탄을 금할 수 없었다. 특수한 제복으로 차려입은 광산의 전속안내원의 이야기로는 이곳에서 크리스마스나 부활절 등 특수한 날에 예배가 있으며, 간혹 결혼식이 거행되기도 한다는 것이다. 이 소금광산의 특징은 소금이 건강에 좋고 특히 호흡기 질환에 효과가 있다고 평가되어 예부터 많은 사람들이 찾았다고 한다. 과연 인간의 재능의 한계는 어디까지일까?

   아침부터 훌륭한 곳을 신나게 관광했으므로 오늘의 일정은 순조로우리라 생각하며 시내구경에 나섰다. 버스를 타고 가면서 Turk군대의 침공에 대비하기 위하여 15세기 말에 건조했다는 말굽형의 바르바칸 성채를 보았다. 그리고 크라쿠프 시내를 가로질러 흐르는 비스와강변의 언덕 위에 우뚝 솟은 바벨성으로 갔다. 이곳은 16세기 지그문트 3세가 건축한 고딕-르네상스 양식의 성으로 폴란드 역대왕의 거처였다고 한다. 성안의 르네상스식 마당도 아름다웠지만 역대왕의 대관식이 행해졌다는 벽돌로 건조된 바로크 양식의 대성당은 웅장하였고 황금 Dome의 지그문트 챠펠이 돋보였다. 이것은 16세기 초반 지그문트왕의 요청으로 이탈리아에서 초청된 건축가가 완성시킨 건물이라 한다. 성안 뜰 안에 자리하고 있는 왕궁 박물관에는 16세기의 타페스트리, 왕의 劍, 갑옷 등 무기류와 전리품들이 전시되어 있었다.

성문 옆에는 타테우시 고시치우슈코의 동상이 서 있었는데, 그는 폴란드의 분할에 항거하여 반란을 일으킨 민족의 영웅으로 "나는 전 민족의 자유를 원한다.", "우리는 죽는다. 그러나 폴란드는 결코 사라지지 않는다."는 명언을 남겼다. 바벨 성벽 아래에서 내려다본 크라쿠프(크라코우)는 아름답고 운치가 있었으며 중세적 고풍스러움과 운치가 가득 담긴 도시였다. 이곳은 바르샤바로 옮기기 전까지의 폴란드 수도였으며, 14세기~16세기에 걸쳐 야기에오 왕조 시대의 수도였기도 하여 보헤미아의 프라하와 오스트리아의 빈 등과 나란히 중세 유럽 문화의 3대 중심지였다고 한다. 유럽에서 가장 오래된 야겔룬대학도 이 도시에 있었다. 역사는 바로 크라쿠프의 힘이었다. 특히 구시가지는 제1차 세계대전 때에 기적적으로 전쟁에 휩싸이지 않는 행운을 얻었으므로 원형이 그대로 잘 보존되고 있었다. 1978년 유네스코에 의해 세계 12대 유적지로 지정된 곳이라 한다.

점심은 아담한 식당에서 상큼한 생선튀김을 먹었다. 어제와는 달리 제때에 점심을 먹을 수 있었고 소금광산, 바벨성 등의 관광으로 기분이 흔쾌해진 데다가 급히 만들어진 교통위원회의 길 지도가 면밀 주도하게 진행되고 있었으므로 오늘은 꼭 아우슈비츠에 갈 수 있으리라는 기대감에 부풀어 일행은 가벼운 마음으로 식당을 떠나 버스에 올랐다. 그러나 갑작스럽게 예기치 않은 사건이 생기고 말았다. 시내 한복판의 네거리에서 우리 버스가 좌회전하려는데 갑자기 빨간불이 켜지고 급정거하는 찰나에 오른쪽에서 소형 승용차가 우리 차 앞에 끼어들어 역시 급정거하는 통에 미쳐 손 쓸 틈도 없이 우리 버스가 그 차를 들이받았다. 두 차가 다 같이 좌회전해서 안전지대에 세워놓고 따지게 되었는데 앞차의 주인은 공교롭게도 폴란드의 변호사였다. 우리 기사와 폴란드 변호사와의 승강이가 제대로 되지 않는 기미를 보이자 이재기 사장 등 우리 측이 가세하여 타협을 보려고 옥신각신하는 사이에 꽤 많은 시간이 흘렀다. 이때 우리들의 속어는 엉망진창, 설상가상, 속수무책, 만신창이, 첩첩산중이라는 단어였고 제각기 한 마디씩 했다. 크라쿠프에서 아우슈비츠까지는 54km나 떨어져 있고 또 문 닫을 시간이 다가오는데 사건은 해결을 보지 못하고 우리 일행은 모두가 벙어리 냉가슴 앓듯 속만 태웠다. 우째 이런 일이?!

정말이지 아우슈비츠로 가는 길은 멀고 험하기도 하다. 두 시간 가까이 걸려 겨우 해결을 보고 우리 버스는 아우슈비츠(폴란드 말로는 오스비엥침)를 향해 달렸다. 운전기사 이반은 길치이기는 하지만 운전 하나는 빼어났다. 속력 내고 커브 틀고 좁은 길에서 빠꾸치고(백하고)하는 기술은 감탄할 정도였는데, 시간이 없는 탓도 있지만 속력을 다해 맹렬히 달렸다. 속으로는 겁도 났다. 그러나 아우슈비츠까지 무사히 도착했고 다행스럽게도 일요일이라서 마감시간이 연장되어 잘 볼 수 있게 되었다. 이곳은 제2차 세계대전 때 저 유명한 나치 독일 최대의 강제수용소였는데, 지금은 폐허에 텅 빈 막사만 덩그렇게 남아있고 일부는 전시관으로 사용되고 있으며, 유네스코에서 지정한 특수 유적지이기도 하다.

　이 수용소에서 학살된 사람의 수는 무려 28개 민족에 이르는, 250만~400만 명에 이른다고 하니, 아무런 이유도 없이 그 많은 사람들이 처참하게 죽어갔다는 사실을 어떻게 설명해야 할지 유구무언이다. 처음에는 폴란드의 정치범을 수용할 목적으로 1940년에 설립되었으나, 시간이 흐를수록 전 유럽인들, 특히 각국의 유태인, 집시, 공산주의자, 반 나치 운동가, 소련군 포로들이 이곳으로 보내졌다. 수용소 입구에 'Arbeit macht frei(일하면 자유를 얻는다)'라는 기만적인 문구가 쓰여진 간판이 걸려있어 이 문구를 새겨 보는 사람은 누구나 아연실색하지 않을 수 없었다. 이 국립 오시비엥침 박물관에는 안네프랑크나 코르베 신부가 수용된 흔적도 찾을 수 있었다. 이 수용소의 둘레에는 철조망이 설치되어있고 고압전류를 흐르게 하여 도망치기가 거의 불가능하였다는 것이다. 모두 28개 동의 붉은 벽돌 건물이 그대로 있었으며, 현재에는 처참한 유품들이 전시되어 있어서 전율을 자아내게 하였다. 그 유품은 수용자의 칫솔, 안경, 가방, 구두, 머리카락, 구두 솔, 빗, 식기, 지팡이, 의족·의수, 그리고 쓰다 남은 독가스 사이클론B통 등으로 산더미처럼 쌓여 있었다. 여행용 가방에는 소지자의 출신지, 고향명칭, 나이, 이름이 너무나 적나라하게 드러나 있었는데, 그 가방의 주인이 무저항으로 죽음의 나락으로 떨어지게 된 처지의 아찔한 환상이 일순 뇌리를 스쳤다. 기가 막히게도 수용자의 금발의 머리카락으로 카페트를 짠 그 원단이 전시되었을 뿐 아니라 사람의 피하지방을 짜내어 비누를 만들었다는 것이다. 등골이 오싹하고 할 말을 잊게 하였다. 천인공노의 울분과, 인간이 어떻게 인간을 이렇게 만들 수 있을까 하는 회한과 통탄을 못내 금할 수 없었다. 그리고 인간은 누구든지 이렇게 될 수 있을 것이란 생각과 인간심성에 잠재해 있는 성악(性惡)을 스스로 수양을 통해 제거해 버리지 않는 한 누구도 그렇게 되지 않으리라고 보장할 수 없다는 생각도 들었다. 몇몇 대원은 눈물을 금치 못했고 나는 계속 구역질이 나오려 해서 손수건으로 입을 막을 수밖에 없었다. 한 번에 천명 이상의 생명을 앗아간 가스실과 그 옆에 설치된 고속 인체 소각로도 보았다. 갓 들어온 수용인들에게 깨끗하게 목욕을 시킨다는 미명 아래 사람들을 샤워장으로 들여보낸 다음 독가스인 싸이클론 B를 천장에 뚫어놓은 구멍으로 투입하면 20분 이내에 헤모글로빈이 응고되어 질식사하고 말았다는 것이다. 또 사방 1m도 채 안 되는 방에 10㎝평방의 공기통만 만들고 그곳에 4명을 선채로 수용하는 방도 있었다. 10~11호 동 사이에는 2만 명을 총살한 '죽음의 벽'이 있었고 지금도 그곳에는 사람들이 고인을 기리는 뜻에서 화환을 갖다놓곤 했다. 그리고 곳곳에 죄수복 차림이거나 말라빠지고 뼈만 앙상하게 남은 벌거숭이 소년·소녀의 사진들이 걸려 있었다. 정말 인간은 어디까지 잔인해질 수 있는 것일까?

'인간이 인간에 대하여 어떠한 일을 저질렀는가'는 정말 중요한 문제다. 어쩌면 인간이 인간에 대하여 이렇게 철저하게 통제하고 참혹하게 살해할 수 있을까? 그것도 대량으로, 일상적으로…. 수용소의 생존자 중 한 사람인 A4685번의 증인이 얘기한 것처럼 "인간존재가 무엇인가 하는 근원적인 연구가 중요하다"는 것은 진실이다. 정말 인간존재란 어떤 것인가? 정말이지 인간이란 어떤 존재인가? 동물과 다른 게 무엇인가 동물보다 더 잔인하지 않은가? 다시 한 번 인간내면에 대한 자기성찰과 인간자체에 대한 깊은 통찰을 해보지 않을 수 없다.

 아우슈비츠에서 얼마 떨어지지 않은 곳에 그 규모가 10배나 더 큰 비르케나우 수용소가 있었다. 이 수용소의 주거상황은 정말 비참했다. 콘크리트 위에 지푸라기를 깔고 좁은 공간에서 잠을 잤다. 그리고 화장실은 아무런 가리개도 없이 콘크리트 바닥에 겨우 앉아서 용변을 볼 수 있는 구멍을 여러 개 뚫어놓고 수십 명이 짧은 시간에 빨리 일을 치르게 한 것이었다. 벽돌집도 아니고 나무로 된 오두막이었다. 인체 소각로는 나치가 퇴각하며 파괴해 버린 채였다. 우리에게 여러 가지 설명을 해준 지성적인 중년의 여성가이드는 자기 시아버지가 여기 수용되었던 적이 있었으며 그 시아버지의 유언에 따라 이곳에서 가이드 일을 하게 되었다고 했는데, 그녀의 한 친척은 이곳에서 수킬로미터 떨어진 곳에 살았는데 늘 이곳에서 흘러나오는 Sweet한 냄새를 맡을 수 있었다고 말했다고 한다. 스위트한 냄새라니? 인육 태우는 냄새는 고기 굽는 것처럼 구수했다는 말이 아닌가?!…

 이곳에는 철로가 사통팔달로 이어지는 교통망이 짜여 있었으며,

홀로코스트의 영화에서 보던 죄수(?)들이 내리던 바로 그 철로의 종점을 보며 무어라 형언할 수 없는 감회에 사로잡혔다. 나치의 만행을 연상하며 전율·분노·통곡을 넘어선, 감당할 수 없는 참담함과 가누기 힘든 감정을 지닌 채 오늘날 독일인들이 다시 통일하여 잘 살고 있다는 것이 너무나 이상하고 야릇하게 느껴져 과연 '이 세상에는 정의와 진실이 존재하는가? 그렇다면 누가 그것을 주재하는가?'라고 자문해 보았다. 일본에 대해서도 마찬가지로….

저녁 7시가 넘어서 아우슈비츠를 떠났다. 저녁식사는 피아스트 호텔로 돌아와 폭찹과 감자요리를 먹었다. 궂은일도 많았고 처참한 광경도 목격한 오늘은 퍽이나 힘들고 착잡한 하루였다.

그 참신, 발랄하고 애교어린 신숙원 교수의 재담도 들을 겨를이 없었으며, 오늘 반나절은 참혹함에 얼굴을 침통하게 찡그린 채 펴지 못했던 것이다.

- 7월 20일(월)

시간에 맞추어 호텔에서 아침을 마친 다음 버스에 올랐다. 영국의 트라팔가 회사에 요구해서 운전기사를 교체하려던 것도 허사가 되었고, 교통위원회가 가동이 되었을 뿐 아니라 운전기사 자신도 "no problem!"을 연발하며 최선을 다할 기미가 보였고 그의 아들 미치아도 톡톡히 조수노릇을 하고 있어서 크라쿠프를 떠나는 발걸음은 가벼웠다. 크라쿠프 남쪽 86km 떨어진 지점 휴양지인 자코파네로 달려갔다. 그곳은 체코와의 국경지대이며 높이 2천미터를 오르내리는 타트라 산맥의 한 기슭에 자리 잡고 표고

900m나 되는 참으로 아름다운 휴양도시였다. 높고 울창한 폴란드의 숲속을 이리저리 꼬불꼬불 달리는 동안 시야에 펼쳐지는 광경은 그림에서나 보던 정겹고 아담한 집들이 올망졸망하게 산기슭에 펼쳐져 있었다. 85년도에 비엔나에서 짤스불그, 인스불그 등을 거쳐 스위스로 가는 도중에서 보았던 정경처럼 너무나 목가적인 풍경이었다. 이곳에서 살았으면 하는 꿈만 같은 상념을 못내 떨칠 수 없었다. 항상 하듯이, C.C.C가 자랑하는 수준 높은 강의가 진행되었다. 오늘의 강사는 서강대의 서양사 전공의 김영한 교수였다. 내용은 '타보르파와 천년왕국 사상과 대량학살'에 관한 것이었다. 사실 우리는 17일 오후나 18일 오전에 저 유명한 체코의 타보르 지역을 답사할 예정이었으나 시간을 허비하는 바람에 도저히 갈 수가 없어서 못내 아쉬움을 금할 수 없었다.

앞서도 얘기했듯이, 15세기 체코에서 일어난 종교개혁운동(후스운동)의 군사적 거점이었던 도시가 바로 타보르(프라하 남쪽 80㎞지점)였다. 얀 후스가 화형당한 사실에 분노한 체코 민중과 그를 지지하는 일부 귀족계급은 1419년 7월 시청사로 쳐들어가서 반후스파 카톨릭의원을 창밖으로 내던져 살해하였으며('창에서 내던지기' 했던 프라하의 성 가운데의 문제의 방을 우리는 이미 답사했다) 이 사건은 후스전쟁의 발단이 되었다. 이 후스전쟁을 지휘한 애꾸눈 영웅 얀 지시카는 지지자들을 모아서 군사공동체를 만들고 공화정부를 조직하였는데 그 활동중심지가 타보르였으므로 그들을 타보르파라 불렀다는 것이다. 이 운동은 1)가톨릭 부패에 대하여 반발한 종교운동이기도 했고, 2)보헤미아 지역의 땅과 고위직을 반 이상 차지한 독일인에 반대한 이 지역의 민족주의 운동이기도 했으며, 3)봉건영주 타도라는 사회체제 반대를 외친 사회혁명운동이기도 했다는 것이다.

타보르에 모인 4천여 명은, 최후의 심판 후 예수가 재림한 뒤에 1000여 년간 낙원을 이룬다고 믿는 1000년 왕국사상을 신봉하였는데, 이것은 순교인에게 하나의 희망이었다. 그들은 모든 사람이 평등하다는 사상을 가졌고 재산을 공유하고 공산적 자유·평등을 이상으로 삼았으나 현실은 그렇지 못했다. 결국 내부에 갈등이 생기고 합스불그 가의 군대에 의하여 패배한 다음 타보르파는 파멸에 이르게 된다는 것이다.

그런데 이 타보르 지역에서 최초의 집단자살(집단살해)이라는 일이 벌어졌다. 그 이후 농민 전쟁의 지도자 토마스 뮨쩌도 타보르파의 전통에 의존하며 프라하 선언을 하고 싸웠으나, 그가 처형됨에 따라 섬멸되고 말았는데 이것 또한 집단살해를 의미하는 것이었다. 그 후 독일 뮨스트 지역에서는 재세례파가 싸움에서 지자 수천 명이 집단자살하는 일이 생겼다. 이와 같이 천년왕국 사상은 영혼구원에 의한 속세에서의 해방과 사탄의 제거를 중시하였는데, 이는 현세와는 동떨어진, 신비하고 강열하고 몰아적인 성질이 농후하며, 최면에 걸려 환상적이 되고 만다. 물론 여기에는 예언자의 예언이 중요하다. 20세기의 대량학살사건인 나치의 유태인 학살, 스탈린의 숙청, 모택동의 숙청, 폴포트의 학살 사건은 어떤 의미에서는 이와 맥을 같이하는 홀로코스트라고 할 수 있을 것이다. 히틀러는 유태인을 학살함으로써 완벽한 게르만 사회를 건설하겠다는 어떤 환상에 사로잡혀 있었다. 그러나 예언자의 말이 맞지 않을 때 이들 사회는 일시에 무너지고 만다. 히틀러, 스탈린, 모택동, 폴 포트는 결국 다 무너지고 말았다. 우리나라에서도 근년에 있었던 오대양 사건, 휴거 사건 등은 이와 무관하지 않다고 하였다.

이와 같이 아주 재미있는 강의였는데, 나는 기억력이 아둔해서 더 상세하게 옮겨놓기도 어렵고, 논리가 정확한지도 의문스러워진다. 그러나 김영한 교수의 강의 내용은 비교문화연구 제6호에 실릴 예정이라니 그때 실상을 정확히 알 수 있으리라 믿는다.

어느덧 버스는 점심 때쯤 아름다운 자코파네에 도착했다. 중앙유럽은 대평원으로 덮여 있었는데, 여기에 도착하니 처음으로 높은 산들이 병풍처럼 줄지어 서 있는 것을 볼 수 있었다. 타트라 산맥 가운데에서도 이 자코파네가 명승지고 등산, 스키, 수영 등등 갖가지 스포츠를 즐기거나 휴식을 취하는 데에도 가장 적격지로 손꼽히고 있기 때문에 관광객과 여름휴가를 보내려고 폴란드 각지에서 온 휴가인파로 인산인해를 이루어 들끓었다.

우리는 산중턱에 있는 그림 같은 호텔 Kasprowy Oribs에 짐을 풀었다. 객실에서 바라보는 카스프로위 산(타트라 산맥 중의 하나)과 그 기슭에 자리한 오목 조목 섞여서 아기자기하게 마을을 이룬 아름다운 집들이 푸른 초원과 맑은 하늘 밑에 그림처럼 펼쳐져 있었다. 마치 그림에서 보는 스위스의 어느 휴양지에 온 듯한 느낌이었다. 호텔이 너무나 마음에 들었다. 지금까지 겪었던 폴란드에서의 악몽 같은 일들(길치로 말미암은 시간허비와 속상함, 교통사건,

아우슈비츠의 참상)을 깔끔히 잊을 수가 있었다. 짐을 풀고 옷을 갈아입고 함께 모여 자코파네 시내로 들어가 점심을 먹었다. 아주 자그마하고 아늑한 식당이었는데, 메뉴는 특이하게 조리한 돼지고기 요리였다. 짭짤한 스프 맛도 아주 좋았지만, 돼지 삼겹살과 치즈를 말아서 튀김가루를 묻혀 기름에 튀긴 요리(돼지삼겹살·치즈튀김)가 정말 백미였다. 이 식당은 돼지요리 전문점인 것을 두드러지게 드러내고 있었는데, 곳곳에 멧돼지의 머리가 장식되어 있었다. 먹기 힘들었다는 사람도 있었지만 나는 아주 맛있게 잘 먹었다.

    그런 다음 2시간 30분간의 자유시간이 허용되었다. 지금까지는 좀처럼 없던 일이라 우리들은 어리둥절했고 별로 쇼핑할 일도 없어서 어떻게 시간을 보낼까 걱정이기도 했다. 할 일 없이 여기저기를 기웃거리며 돌아다녔는데, 이 고장에서 가장 오래된 성당(야슈추르프카 성당)에 들어가 보았다. 그런데 불행히도 오늘은 타트라박물관이 휴관이어서 관람할 수가 없었다. 폴란드는 체코만큼 특산물이 많지 않았고 그나마 조잡한 물건뿐이어서 그림엽서만 여러 장 샀다. 그러다가 김영한, 신숙원 교수와 오 신부님을 만나 다섯 사람이 레스토랑에 들어가 커피를 마시고 한담을 나누며 시간을 재촉했다. 중앙 유럽에는 커피를 아주 작은 잔에 진하게 해서 마시는데 마치 에스프레소 같은 커피였다. 이날 신 교수는 이 커피 때문에 잠을 설쳤다고 하는데 나는 아무 일 없었다. 여행 중에는 잠 잘 자고 잘 먹고 즐겁게 지내는 것이 최상의 조건인데 나는 컨디션이 좋았다. 여행체질인가….

쇼핑을 끝낸 일행은 17시에 다시 모여 호텔로 돌아왔다. 조금 휴식을 취한 다음 호텔식당에서 생선튀김을 맛있게 먹었고 일행 중의 전상호씨가 보드카를 모두에게 대접하였다. 보드카는 원산지가 러시아인 줄 알고 있었으나, 폴란드가 원산지인 것을 처음으로 알았다. 보드카를 한 병 사가지고 가야겠다는 생각이 간절했다. 이곳은 타트라 국립공원에 속했고, 여름에는 등산, 하이킹, 승마를 즐겼고 겨울에는 스키를 타는데, 폴란드 최고의 리조트 지역이었다. 앞으로 차기 동계올림픽을 유치하려는 계획을 추진 중이라고 한다. 호텔 뒷산에는 스키장으로 가는 리프트가 있었고 공산당 시절에는 고급당원들만이 이곳을 이용할 수 있는 훌륭한 휴양지였고 이 호텔에서 우리는 몸이 완전히 풀릴 정도로 충분한 휴식을 취했다.

이제 내일이면 폴란드를 떠난다. 이 폴란드는 10세기 서슬라브의 부족들이 통합되어 Piast 왕조를 건설한 다음, 13세기 몽고군의 침입, 17세기 스웨덴의 침입, 18세기 후반 오스트리아, 프로이센, 러시아에 의해 나라가 세 번이나 3분된(1772, 1793, 1795) 불행한 나라였다. 그 후 19세기에는 러시아의 속주로 편입되어 자치권을 상실했으며, 20세기에 들어와서 독일에게 정복되었다가 독일이 패전한 뒤에는 공산화되어 구소련의 위성국으로 전락했다가 마침내 1989년 민주화가 이루어진 파란만장의 역사를 지닌 나라였다. 이 나라는 주위에 프로이센·독일·러시아·소련·오스트리아 등의 강대국의 틈바구니에 끼여 이리 시달리고 저리 처박히며, 독립을 잃고 박해와 굴종으로 나라 없는 슬픔을 뼈저리

게 느꼈고, 자주와 독립을 되찾기 위하여 애국 혼을 일깨워준 폴란드 어머니들의 눈물겨운 애환과 약소민족의 서러움을 선명히 읽을 수 있다. 그러나 쇼팽, 코페르니쿠스, 마리아 스콜로도프스카(퀴리부인), 교황 요한 바오로 2세가 태어난 곳이기도 한 이 나라는 숲과 정원으로 덮인 대평원이었다. 쇼팽이 고국의 흙을 늘 간직하고 다녔다는 사실(애국사상)을 상기하면서 우리는 폴란드에 대한 아쉬움을 안은 채 작별을 고하게 될 것이다. 동병상련인가! 어째서 이렇게 폴란드에 대해 애착을 가질까?

- 7월 21일(화)

일찍 자코파네를 떠났다. 라니냐 현상인지 체코보다 폴란드의 기온이 높았다. 이제 일행은 멀리 남쪽으로 슬로바키아의 수도 브라티슬로바로 향하여 떠났다. 떠난 지 얼마 안 되어 슬로바키아 국경을 넘게 되었다. 그런데 다른 차는 빨리 넘어 갔는데 유독 우리 버스만 남게 되어 짜증나게 만들었다. 폴란드 국경을 지키는 경찰이 공연히 우리 기사에게 트집을 잡는 것인지 우리기사가 서류를 미비했는지는 알 수 없어도, 기사가 짜증스런 모습으로 연신 가방을 뒤적이며 무엇을 찾아서 갔다 왔다 바쁘게 돌아다녔으나 좀처럼 출발할 기미가 없었다. 국경을 넘어가는 다른 사람들은 패스포트만 보이고 쉽게 떠났는데 하필이면 우리는 떠나지 못하다니, 동양인이기 때문인가? 하는 생각도 들고, 또 한편으로 역시 여기는 가난한 나라니까 돈을 챙기려고 공연한 트집을 잡는 것 같기도 했다. 약 1시간여 만에 가까스로 국경을 넘어 슬로바키아로 들어갔다.

체코와 슬로바키아는 1993년 1월부터 국민투표에 의해 두 나라로 분리 독립하였다는 것인데, 슬로바키아는 체코보다 경제적・문화적으로 많이 뒤떨어졌고, 아직도 사회주의적인 요소가 많이 잔존해 있는 것 같았다. 슬로바키아의 타트라산 부근 스타리스모카베츠에서 돈을 바꾸고 점심도 먹었다. 점심은 뷔페였는데 볶음밥과 스튜가 있었으며, 아주 맛이 있었다. 즐겁게 식사를 끝낸 다음 근처에 있는 산중 호수 가에 있는 산책로를 따라 걸으면서 뛰어난 절경을 만끽하였다. 호숫가에 우거진 숲과 그림 같은 집들은 마치 TV에서 보는 미국의 더벅머리 미술가 밥이 그린 숲속의 정경 그것이었다.

다시 버스를 타고 슬로바키아의 수도 브라티슬라바(헝가리 국경까지 16㎞이고 서남쪽에 위치함)를 향해 떠났다. 그런데 운전기사는 물 만난 고기 마냥 신나서 들뜬 듯한 모습이었고 길도 잘 아는 눈치였다. 슬로바키아, 헝가리는 자주 와 본 모양 같았다. 길에 대해서 아무런 문제가 없어서 잘 달릴 수 있어서 먼 길을 예정보다 빨리 도착했다. 우리는 Holiday inn 호텔에 짐을 풀었다. 세계적인 체인이었으나, 명실이 상반했다. 알고 보니 현지인이 이름만 빌리고 옛 건물을 외형만 살짝 고쳤을 뿐 낡은 채로 사용하기 때문에 냉방도 제대로 되지 않는 형편없는 것이었다. 방을 바꿔달라고 요구했는데 가보니 별 다른 게 아니었으므로 그냥 지내기로 했다. 가는 날이 장날이라고 이날따라 32~35℃에 가까운 폭염이 엄습하여 찌는 듯한 더위였다. 체코와는 딴판이었음을 실감했다.

그러나 시내의 아담한 지하식당에서 우리는 매우 즐거운 저녁 식사를 하게 되었다. 맛있는 포도주와 생선튀김에 생음악 연주가 일품이었다. 갖가지 세미클래식의 귀에 익은 음악을 연주해 주는 통에 우리는 포도주에 취한 채 바이올린에 달러를 끼워 넣어주기도 하고 신나는 춤도 추고, 처음으로 분위기가 무르익었으며 즐거웠다. 그런 다음 우리는 근처 흘라브니에 광장에서 얼마간의 자유 시간을 가진 후 호텔로 돌아왔다. 이 호텔에서 이틀 묵기 때문에 빨래하기에 안성맞춤이었다.

- 7월 22일(수요일)

시간에 맞춰 호텔에서 아침식사를 마친 다음, 전용버스로 브라티슬라바 시내관광에 나섰다. 그런데 오늘따라 현지가이드는 너무나 예쁜 처녀가 아닌가! 여대생이고 루시라 했다. 모든 일행이 즐거워하기 시작했다. 특히 남성회원들의 눈이 빛나기 시작했으며 설명하는 곳마다 가이드 가까이에 모여, 들으려고 하는 모습이 역연했다. 늘씬하고 아름답다는 것은 어찌되었든 즐거운 일이었다.

먼저 2차 세계대전 때의 기념탑을 보기 위해 언덕을 올라갔는데 한눈에 내려다보이는 다뉴브 왼쪽 강변의 브라티슬라바는 참으로 아름다운 도시였다. 이 도시는 헝가리의 지배하에 있던 1541년 헝가리의 부다페스트가 터키제국에 함락됨에 따라 그 후 3세기에 걸쳐 이곳을 수도로 삼았으므로, 한때 헝가리 왕국의 정치·문화의 중심지가 되었던 곳이라 한다. 그리고 우리는 브라티슬라바 성으로 갔다. 도나우 강변 언덕 위에 높이 지어진 장대한 이 성은 12세기 로마네스크양식으로 세워졌으나 15세기초엽 다시 고딕양식으로 새로이 개축되었고 19세기 초 큰 화재로 소실된 것을 2차 세계대전 이후 복구한 것이라고 하는데 안쪽은 슬로바키아박물관 분관으로 쓰고 있었다.

성에서 내려다본 도나우 강과 시가지는 소박하고 아늑하며 고풍스러웠다. 다시 아래로 조금 이동하여 성 마르틴교회로 갔다. 14세기에 만들어진 매우 아름다운 교회로 85m나 되는 첨탑이 있었다. 이 교회는 3세기 간에 걸쳐 11명의 헝가리 왕과 여왕의 대관식이 거행된 바로크양식으로 만들어진 것이었다. 그런데 다뉴브 강의 건너편은 오스트리아 땅이며 빈(비엔나)까지는 불과 50㎞밖에 안 된다고 했다.

내가 좋아하는 배우 폴뉴먼이 슬로바키아 사람이라는 가이드 루시 양의 얘기에(모친은 슬로바키아인이고, 부친은 집시였다고 한다) 아 그렇구나 하고 수긍이 갔다. 슬로바키아 사람들은 얼굴이 좁고 눈이 파랗고 머리가 회색-금발이고 별 미남은 아니고 등, 폴 뉴먼과 아주 비슷하게 생겼음을 느낄 수 있었다. 다시 어젯밤에 거닌 광장으로 내려 와서 구 시청사와 미하엘 문을 보았고, 모차르트가 살았다는 집 간판(네모로 된 동판) 앞에서는 너도 나도 각기 가이드 루시와 기념촬영을 하느라 부산했다.

오늘은 시간도 많고, 또 체코의 프라하만큼 볼거리가 많은 것도 아니었다. 자유 시간 및 쇼핑시간을 가졌다. Tasco 백화점에 들러 한 시간여 돌아다녔으나 우리나라의 것보다 더 나은 것이 없었다.

유리제품은 많고 쌌지만 깨어질까봐 못 사고 손녀와 손자에게 줄 장난감으로 작은 비행기와 자동차를 샀다. 4시쯤 호텔로 돌아와 모처럼 한참을 쉬었다. 저녁 늦게 호텔에서 만찬을 마치고 몇몇씩 짝을 지어서 호텔로비 바에서 보드카를 한잔씩 마시며 한국대학 사회의 장·단점을 논하며 IMF(임프: YS가 아이 엠 에프관계 서류를 처음 보더니만 하는 말이 이거, 임프가 뭐꼬? 했다는 것)에 관한 얘기로 시간가는 줄 몰랐다. 브라티슬라바의 밤은 깊어가고 있었다.

- 7월 23일(목요일)

호텔에서 아침을 먹은 다음 버스를 타고 브라티슬라바를 떠났다. 얼마 지나지 않아서 곧 헝가리 국경선을 통과했다. 아주 수속이 간편하여 통과는 순식간에 이루어졌다. 훈족의 후손, 마자르족의 후손이라는 아시아계의 선조를 가진 헝가리에 대해 좀 더 색다른 감정을 가지고 눈 여겨 보아야겠다는 생각이 들었다. 온천이 540여개 이상이 솟아올라 온천천국이며 맛있는 요리와 토카이 포도주가 유명한 요리의 나라이다. 또한 리스트, 바르토크, 코다이 같은 유명한 음악가를 낳은 음악의 나라라고 하지 않는가! 헝가리로 들어서자 대평원이 끝없이 펼쳐졌다. 들판에는 보리와 밀이 익고, 라벤더, 해바라기, 옥수수, 포도나무가 보라색, 노란색, 녹색의 아름다운 색깔로 질펀하게 깔려 있었다. 우리는 쇼프론 경유 코스를 그만두고 곧장 부다페스트 쪽으로 향했다. 도중에 일행은 신나는 시간을 가졌다. 개별노래 부르기보다는 팀별 장기자랑을 하기로 했다. 뱀띠팀(필자, 오 신부님, 성대 지영숙 교수 팀)과 토

끼팀(방만원 교수, 이재기 사장, 황영상 씨 팀) 그리고 양띠팀(계선자 교수, 김경숙 교수, 이길순씨 팀)으로 나뉘어 노래, 만담, 이야기, 장기자랑 등 4차례에 걸친 대결 끝에 드디어 뱀띠팀이 신중한? 심사 끝에 1등을 했다. 여기엔 오남주 신부님의 기막히게 애절하고 감동적인 두 차례의 노래솜씨가 히트를 했기 때문이며 필자의 구수한 우스개도 한몫했다. 사이사이 잡띠팀도 가세하여 찬조출연을 하였고 사회자 오성 장군의 초취분장(秒就分將)의 발전적 사회솜씨도 큰 몫을 하면서 환성과 웃음 속에 여흥이 끝난 다음에 김종원 교수의 몽고족의 유럽원정에 관한 강의가 있었다. 마침 우리 버스가 헝가리의 수도인 부다페스트로 향하고 있었기 때문에 헝가리 역사에 길이 남을 만한 사실을 재미있게 들려주었다.

몽고의 제1차 원정은 칭기스칸 때(1219~1226)였다. 이 이전에 이미 아들들에게 분봉하였는데, 쥬치(Juchi)에게 킾차크(Kipchak) 지방, 차가타이(Chagatai)에게 차가타이칸국, 오고타이(Oegedei)에게 오고타이칸국, 툴루이(Tului)에게 몽고본토를 물려주었다. 그 뒤 칭기스칸이 죽고 오고타이가 칸 위에 오른 다음, 다시 쿠릴타이라는 대회의가 열리고 제2차 유럽원정이 결정되었다. 이 때 원정군의 총대장은 바투(쥬치의 아들이고 칭기스칸의 손자)였는데, 쥬치의 영지로 예정된 남러시아의 땅을 실지로 확보하는 것이 이 원정의 주된 목적이었다. 바투의 원정군은 1236년 봄, 볼가(Volga)강 유역에서 끈질기게 저항을 계속하던 킾차크의 추장 바치만(八赤蠻)을 추적하여 사로잡고 이어서 모스코바, 노브고로드, 키에프 지방 등 남러시아를 비롯하여 러시아의 거의 전역을 정복하여 파괴와 살육을 일삼았다. 몽고군의 무서운 파괴와 살육을 견디지 못하여 피난 간 러시아의 제후와 킾차크의 수령들을 쫓아 1241년 헝가리에 침입한 바투에 의하여, 별동대로서 폴란드의 정복을 명받은 바이달(Baidar)은 동부 유럽에 진출하여 폴란드의 크라쿠프를 함락한 다음 실레지엔(Schlesien)공 하인리히(Heinrich) 2세가 거느린 독일·폴란드 연합군을 리그니쯔 근방에서 대패시켰고, 이 전투에서 하인리히 2세는 전사하였다. 이것이 유명한 발시타트(Wahlstatt) 전투이다.

바투의 몽고군은 갈리치(Galichi)에서 헝가리로 침입하여 국왕 벨라(Bela) 4세를 추적하여 사요(Sajo) 강가에서 크게 무찌르고 부다페스트를 폐허로 만들었다. 그런 다음에도 식량조달을 목적으로 헝가리의 곳곳을 파괴하고 약탈·학살을 일삼다가 오고타이의 부음을 받고 서유럽으로의 진격을 중단한 채 회군하였다. 이로써 서유럽의 기독교세계에 큰 공포와 불안을 안겨주게 되어 로마교황이 몽고의 재침을 막고 그들을 기독교로 개종시킬 목적에서 프란시스코 파 수도승을 카라코룸이나 킾차크칸 국에 파견하는 등 동서문화교류가 활발하게 이루어지게 되었다는 것이 그 내용이었다. 특히 몽고 침입으로 유럽기사단이 대패한 이유는 다음과 같다고 한다. ① 몽고군의 기동력이 뛰어났다는 점이다. 며칠 후에 올 것이라고 방심하고 있을 때 갑자기 바람처럼 나타난 몽고군에 미처 대비하지 못했다는 것이다. 특히 유럽기사들은 전장에 나가는데 필요한 몸치장에 상당한 시간이 소요된다는 것이다. ② 몽고인의 기마술이 신출귀몰했다는 점이다. 이들의 말 타는 솜씨는 비호같고 귀신같아서 말에 탄 사람의 모습이 보이지 않았다고 한다. 그리고 기마하여 달릴 때에도 배에 붙었다가 꼬리에 붙었다가 목에 붙는 등 사람의 표적을 잡기 힘들었다는 것이다. ③ 몽고군의 무자비한 살상과 파괴에 혼비백산했다는 것이다. 전쟁에 참가한 몽고군은 적병에게 항복을 권하고 듣지 않을 경우에 포로로 붙잡힌 사람은 남녀노소를 막론한 무자비하게 살육함으로써 유럽인은 가공할 살륙의 만행에 치를 떠는 한편, 이런 경천동지(驚天動地)할 참상에 기절초풍하거나 아연실색하여 그저 놀라움으로 부들부들 떨 수밖에 다른 도리가 없었던 것이다.

 12시쯤 되어 도나우강이 직각으로 꼬부라지는 지역 입구에 있는 에스테르곰(부다페스트 서북방 45㎞)에 도착했다. 날은 찌는 듯했다. 며칠 전부터 여기도 폭염이 계속된다고 한다. 운전기사의 신나는 운전으로 우리는 한 시간여 일찍 도착한 것이다. 그래서 아직 현지 가이드가 와 있지 않았다. 버스에서 내려 쫙 늘어선 쇼핑 가게를 오가며 간단한 쇼핑을 즐겼다. 헝가리의 민속 공예품은 자수와 인형, 예쁜 도자기류라고 한다. 12시 45분쯤 총각 가이드 다니엘이 도착했다. 여성단원의 눈동자가 빛난다는 우스갯소리를 해가며 우리는 높이 100m의 거대한 돔이 있는 대성당(Bazilika)에 도착했다. 이 성당은 다른 성당과는 달리 가운데가 매우 넓고 밝았으며 마음에 꼭 드는 성당이었다. 과연 헝가리 최대의 가톨릭 대본산다웠다. 그리고는 놀랍게도 아무 예고도 없이 일행은 꼬불꼬불한 나선형의 계단을 오르고 또 올라(300여 계단) 성당의 Dome 꼭대기에 이르렀다. 다리도 아프고 헐떡거리기도 했지만 돔으로 된 탑 위에서 360°로 시야에 전개되는 정경을 파노라마로 바라볼 수 있었고 따라서 다뉴브강 유역을 수 킬로미터 전방까지 두루 다 전망할 수 있었다. 놀랄만한 아름다운 경치에 그저 탄복할 뿐이었다. 성당지붕 꼭대기로 올라가는 계단이 일반에게 공개되어 있다는 사실도 놀라웠지만 이곳이야말로 기막힌 도나우벤트 지역의 경치를 여실히 만끽할 수 있는 곳이었다.

우리는 다시 내려와 도나우 강변의 야외식당으로 갔다. 강이 내려다보이는 큰 나무 밑에 식탁이 놓여 있었고 경치 좋은 곳에서 늦은 점심을 먹은 뒤 높은 성을 뜻한다는 비쉐그라드(부다페스트 서북방 40㎞지점)로 갔다. 14세기에 만들어진 높이 328m의 성 정상의 요새는 허물어지고 간신히 윤곽만 남아있다. 아름다운 도나우강을 내려다보니 오후의 햇살에 비친 강물은 흰 띠를 감은 듯, 나그네의 심정을 아랑곳하지 않은 채 뱃길 따라 유유히 가는 배를 바라보았다. 이 푸른 도나우에 오다니…. 실감이 나지 않았다.(강물이 푸른 것은 아니었다) 나는 아름다운 푸른 도나우강은 독일이나 오스트리아 쪽으로만 흐른다고 막연히 생각하고 있었는데 헝가리 한가운데를 직각으로 흘러가고 또 수도 부다페스트를 가로지르는 사실을 새삼 인식하며 놀라워하였다. 다시 우리는 부다페스트 북방 약 20㎞지점의 센텐드레라는 예술인의 도시로 갔다. 이제 점차 수도 부다페스트와 가까워지고 있었다. 먼저 버스에서 내려 다뉴브 강변을 걸었다. 강가에 가서 모두 발을 물에 담그고 사진도 찍었다. 이 도시는 17세기 후반 세르비아족 이민들이 조성하였는데 바로크, 로코코, 루이 16세 양식의 색채 풍부한 건물들이 즐비하게 서 있었으며, 거기에는 Mūnslek(유네스코 지정 유산보존지역이라 뜻)라는 글을 써서 표시해두고 있었다.

늦은 오후 그 거리의 작은 광장 한쪽에서 작은 소녀가 저금통을 앞에 놓고 피리를 불고 있던 모습은 너무나 예쁘고, 또 조금 가슴이 저리는 풍경이었다. 에스테르곰에서도 성당 한 모퉁이에서 한 여대생이 플룻을 불고 있었는데…. 그 지역 성당도 둘러보고 조각공원도 보고…. 우리는 특급호텔 Radisson Beke Hotel에 들었다. 시원하고 깨끗하고 아주 마음에 들었다.(그러나 여기서 신부님의 손가방을 도난당하는 해프닝이 있었다. 헝가리는 집시가 많은 곳이었다) 여행 가방을 챙겨놓고 옷도 갈아입고 곧 호텔식당으로 내려갔다. 거기에는 바이올린 셋, 콘트라베이스 하나, 큰 실로폰 하나로 구성된 생음악 연주가들이 아름답고 푸른 도나우를 연주해 주고 있었다. 일행은 멋진 옷으로 갈아입고 우아하게 식사를 했다. 포크스틱이었다. 그리고 헝가리의 자랑거리 포도주인 토카이 포도주를 아주 맛있게 마셨다.

- 7월 24일(금요일)

느긋한 아침시간을 즐기며 맛있는 아메리칸 뷔페로 블랙퍼스트를 양껏 먹었다. 샐러드, 베이컨, 우유, 시리얼, 주스, 과일, 후르츠 칵테일 등 갖가지를 다 맛보았다. 오늘은 부다페스트에서 서남쪽으로 90km지점이고 두 시간 거리에 있는 발라톤 호수주변의 휴양지를 종일 방문하기로 한 날이기 때문에 여유가 있었다. 발라톤 호수는 바다가 연해 있지 않은, 헝가리의 바다라고 할 만큼 큰 호수였다.(591 평방㎞) 정말 크고 물색이 푸르고 아름다웠다. 호수 주변에는 수영객들, 윈드서핑·낚시·요트 및 보트놀이를 하는 사람들로 가득했으며 무더운 한여름 속에 유럽 각지에서 몰려온 휴양객들이 휴가를 만끽하고 있었다. 오늘의 현지 가이드는 우여곡절 끝에 어제의 다니엘이 가고 새로운 대학생 가이드 라자 띠비가 맡았다. 호수로 가는 동안 아무튼 그는 최선을 다해서 다음과 같은 여러 가지 얘기들을 열심히 설명해 주었다. 헝가리는 유명한 말(馬)이 많다는 얘기(정말 TV 엠블램이 뛰는 말이었다). 헝가리인은 일반적으로 매운 음식을 많이 먹으며 또한 채소는 거의 먹지 않고 고기를 많이 먹어서 건강이 좋지 않다는 얘기(육 고기값이 매우 싸고 고추, 마늘이 많았음). 외국의 침입이 잦았으며 그들은 우물에 독약을 뿌렸기 때문에 술을 많이 먹게 되었으며 각 지방마다 술이 유명한데 그중 토카이 지방의 술이 제일 유명하고, 사람들은 전쟁 때도 술에 취해 있었다는 얘기. 895년 헝가리가 성립했기 때문에 1895년엔 헝가리 성립 1000주년 기념행사가 헝가리 곳곳에서 성대하게 있었다는 얘기. 또한 동서독으로 나누어져 있던 냉전시대에 헤어진 동서독의 이산가족이 각기 이곳 발라톤에 와서 서로 만나는 만남의 장소였다는 얘기(그래서 지금도 언덕 위의 집들에는 "빌려주는 방 있음" 이라고 쓴 간판이 붙어 있었다). 헝가리의 1차 산업은 농업이며 2차 산업이 관광으로 관광수입이 크다는 얘기. 유럽에서 제일 큰 호수가 발라톤이므로 여기서는 잉어 종류의 생선이 많이 잡히므로 피시 스프가 제일 유명하다는 얘기 등등이었다.

어느덧 발라톤 퓨레드 지역에 들어서서 호수를 조망하며 차를 달렸다. 깊이 3~4m의 호수는 7가지 색으로 변한다고 하는데 푸른색이 매우 아름답고 공기는 맑았다. 동쪽의 Tihany(티허니)쪽은 고급 별장지대였는데 무성한 갈대와 밀려오는 파도, 언덕 위의 빌라, 만발한 라벤더 꽃밭, 바로크양식의 수도원 등등 경치가 빼어났다. 우리는 언덕을 올라 포도밭 옆의 빌라식당에서 토카이 포도주를 마시며 악사들의 생음악을 들으며 파란 발라톤 호수를 바라보며 맛있게 점심을 먹었다. 이것이 낙원이리라. 언젠가 이곳에 다시 와서 방을 빌려 얼마간 살고 싶다는 생각이 났다. 이 지역은 가을 경치가 더욱 아름답다고 한다.

한 시간여 자유 시간을 가지면서 우리는 호숫가를 거닐며 사진도 찍고 카드도 사고 벤치에 앉아 아름다운 경치를 만끽했다. 일행은 오후 부다페스트로 돌아왔다. 부다페스트는 왕궁이 있는 언덕 쪽의 부다 지구와 강 건너 아래쪽의 페스트 지구로 나누어져 있었다. 우리는 버스에서 내려 케이블카를 타고 부다 왕궁으로 갔다. 다뉴브 강가에서 내려다보듯이, 페스트 지구의 도시정경이 한눈에 펼쳐지는 곳이다. 일반적으로 왕궁은 13세기 몽골의 습격을 받은 벨라 4세 왕이 에스테르곰을 도망쳐 나와 부다에 고딕양식의 성을 세운 것이 그 시초이며 300여 년 간 번영을 누려오다가, 16세기 터키와의 전투에서 패배함으로써 성이 붕괴하였다. 뒤이어 17세기에 합스부르크가의 지배하에 놓이면서 화려한 바로크양식의 궁전이 새로 세워졌으나, 그 후 다시 1849년의 화재로 파괴되었다. 건축가 이블과 하우스만이 대대적인 보수공사로 완성한 것이 1904년이었다고 한다. 그러나 두 차례에 걸친 세계대전으로 왕궁은 또다시 막대한 피해를 입었으며 1950년대에 들어와서 현재의 모습으로 완성되었다고 하니 이 왕궁의 역사만으로도 헝가리의 파란만장한 역사를 짐작하고도 남음이 있었다. 그러나 왕궁은 매우 아름다웠으며 다뉴브 강변에 펼쳐진 페스트 지역의 고풍 창연한 모습과 강 위에 놓인 마가릿다리, 자유의 자리(본래 이름은 프란츠 요제프다리), 페퇴피다리, 세체니다리(사자조각에 혀를 만들지 않아 조각가가 자살하였다고 한다), 에르제베트다리, 그리고 마가릿섬 등 정말 아름다운 부다페스트의 전경을 볼 수 있었다. 다음 우리는 마챠시성당에 들어갔다. 거기에서는 파이프오르간이 울려 퍼지는 가운데 경건한 추모미사를 올리고 있어서 그 장엄한 분위기에 우리는 압도되었다. 다시 특이한 고깔 모양의 네오 로마네스크양식으로 지어진 어부의 요새를 답사하며 황혼의 아름다운 도시풍경을 즐기며 마치 동화속의 주인공이 된 듯했다.

　오늘 저녁식사는 민속무용과 민속음악 공연이 곁들여지는 큰 야외식당에서 하게 되었다. 헝가리의 특산품이 자수품이었는데 민속 옷은 매우 화려하고 아름다웠다. 저녁을 먹으며 우리는 토카이 포도주에도 취하고 민속무용과 음악에 취하며 부다페스트의 밤을 즐겼다. 특히 이재기 사장과 헝가리 처녀와의 춤, 포도주 마시기 등의 신명풀이는 그동안 마음 쓰며 고생한 이사장이 피로를 풀 수 있는 신나는 한마당이었다. 그러나 식탁 밑에서, 뒤에서 엄습하는 모기떼의 습격에 남녀노소 할 것 없이 모든 회원이 모기에게 한바탕 뜯기는 시간이 되기도 하였다.

- 7월 25일(토요일)

　이제 마지막 날의 관광이다. 하루 종일 부다페스트 관광과 다뉴브강 유람선의 선유놀이에 나섰다. 제일 먼저 간 곳은 영웅광장이었다. 건국 천년을 기념하여 세워진 광장에는 반원형태의 벽면에 성 이슈트반, 벨라 4세, 마챠시 왕, 안듀라슈 2세 등 헝가리의 영웅 14명의 조상이 조각되어 있었고 광장 한복판에는 건국 천년기념비(36m의 원주에 천사 가브리엘의 동상이 있음)가 유명한 조각가 자라 쥬루지의 솜씨를 자랑하며 서 있었다. 기념 촬영을 한 뒤 성 스테판성당과 성 이슈트반 대성당을 관람하였다. 스테판성당에서는 한 연주자가 장엄하게 파이프오르간을 연주하고 있어서 경건한 느낌을 받았으며 이슈트반 성당은 천장과 벽의 그림이 화사하게 이를 데 없었으며 매우 아름다운 성당이었다. 그 다음엔 국립박물관으로 갔다. 헝가리 최대의 박물관으로 1846년에 건축가 플라크 미하이가 세웠다고 한다. 고대·중세·근대·옛 동전·초상화 등 5개의 주제로 나뉘어 전시되어 있었는데, 그중에서도 헝가리 왕가의 유품이나 성이슈트반의 왕관, 부채, 대관식 의복, 황금목걸이, 옥 검 등은 감탄을 자아내게 하였으며, 번창했던 시절 헝가리 왕의 위세를 짐작할 수 있었다. 오늘 점심은 천단(天壇)반점에서 중국요리를 먹었다. 정말 꿀맛 같았다. 오랜만에 먹는 중국음식이었고 또 요리 솜씨도 좋았다. 이번 여행에서는 그 흔한 한국음식점엘 안 갔다는 사실도 특징 가운데 하나였다.
　점심식사 후 드디어 우리는 대망의 다뉴브강 선유를 하게 되었다. 배가 큰 것은 아니지만 아름답고 푸른 다뉴브강을 유람선을 타고 관광한다는 사실만으로도 가슴 벅찬 일이었다. 실제로 강물이 맑고 푸른 것은 아니었지만 양쪽 강변으로 펼쳐지는 아름답고 고풍스러운 건물의 퍼레이드는 정말 장관이었다. 터키에서 마지막 선유를 즐겼던 보스포러스 해협의 정경이 떠올랐다. 다뉴브강에 걸려 있는 아름다운 다리들, 위풍당당한 모습에 뾰족지붕이 하늘을 찌를 듯이 서있는 하얀 국회의사당, 멋있는 왕궁, 스테판 성당, 마차시 성당, 신교 교회, 공대건물, 전도자 겔레르트의 동상이 있는 언덕 등등…, 정말 아름답고 멋진, 그림 같은 풍경이었다. 마지막 다뉴브강 선유까지 마치고 나서도 아직 미진한 것이 부다페스트에 더 머물고 싶은 감정이었다. '다뉴브의 진주', '다뉴브의 장미'라 불리는 부다페스트는 파리를 뺨치는 도시였다.
"부다페스트여 영원하라!"
　오후 우리는 마지막 쇼핑을 위해 쇼핑타운을 헤맸다. 그러나 IMF 때문에 헝가리 도자기(꽃무늬 접시)를 몇 개 샀을 뿐이다. 중앙 유럽에서의 마지막 식사는 조용한 음악이 있는 시내의 불가리아 식당에서 했다. 황영상 씨가 한턱 낸 토카이 포도주로 건배를 하고, 우리 일행은 조그만 정성을 모아 그동안 여러 가지로 애쓴 덕택에 유익하고 쾌적하고 멋진 여행을 할 수 있게 해준 분들에 대한 선물증정이 있었다. 회장님, 총무님, 여행사 사장님 세 분에게 작지만 마음의 선물을 드렸다. 이제 12일 간의 여행 일정이 어느덧 다 지나가 버린 것이다.
　저녁식사 후 버스를 타고 둘러본 도시 부다페스트의 야경은 더욱 아름다웠다. 정말 황홀하고 신비로운 경치였다. 호텔에 돌아와 마지막 짐을 챙겼다. 내일이면 귀국하는 것이다. 일행 가운데 가톨릭 신자들은 오 신부님 방에서 미사를 올렸다.

- 7월 26일(일요일)

제법 비가 추적추적 내리고 있었다. 어제까지 단 하루도 흐린 날 없이 쾌청한 날씨였는데 우리가 떠나려 하니 이제 비가 오는구나! "하나님 감사합니다!" 버스에 올라탔다. 기사도 버스도 어제와 달랐다. 아침 일찍 고향 슬로베니아로 떠난다던 기사 이반과 아들 미치아는 아직도 떠나지 않고 배웅하기 위해 호텔 입구에 서서 비를 맞으며 우리를 보고 손을 흔들고 있었다. 12일간에 미운 정 고운 정이 흠뻑 들어 서로가 헤어지기를 너무 아쉬워하고 있었다. 이런 것이 인간이 가지는 정이리라. 피부색, 인종, 민족을 달리해도…. 우리는 한참 동안 이별의 정을 나누고 손을 흔들었다. 아직도 그 예쁘고 건강한 미치아의 모습과 영어 실력이 눈에, 귀에 선하다.

공항으로 달려가면서 빗속의 부다페스트를 보았다. 허전한 마음과 안도의 마음이 뒤섞였다. 마치 딸을 시집보내고 난 뒤 다음 날 혼자서 비 오는 하루를 맞이한 친정엄마의 마음 같았다. 묘한 기분이었다.

다시 시베리아 벌판 위를 날고 있었다. 잠시 해가 지는 듯했다. 너무나 반짝이는 다이아몬드 같은 새벽별이 눈에 들어왔다. 새벽이 움터오는 멋진 지구의 하늘, 빛이 수 억 년을 가야만 도달할 수 있다는 항성과 행성들, 순간 우주의 신비에 휩싸이며 시공을 초월한 기분이 되었다. 인간, 자연, 우주… 20세기, 21세기, 22세기, 인간, 역사, 미래.

앞으로 지구는 어떻게 될 것인가? 우리는 죽지만 21세기는 차세대들에게 어떻게 전개될 것인가? 여러 가지 상념이 머리속을 스쳐 지나가고 있었다. 잠시 잠들기도 하고 아침식사도 하는 사이 어느덧 서울시간 아침 10시 김포공항에 무사히 도착하였다. 12박 13일의 중앙유럽 여행은 이렇게 무사히 그리고 보람 있게 끝났다. 모두 짐을 찾고 인사를 나눈 뒤 헤어졌다.

우리는 다시 공항 국내청사로 가서 부산행 비행기로 바꾸어 타고 무사히 우리 집에 도착할 수 있었다. 그날 저녁은 모처럼 된장찌개와 명란알탕에 새콤해진 총각김치에 풋고추를 된장에 찍어서 맛있게 밥을 해먹었다. 오랜만에 음식회포를 풀었다. 며칠간은 내내 밤낮없이 잠이 쏟아지는 느낌이었다.

몇 주 동안을 이 글을 쓰며 중앙유럽의 정서에 푹 젖어 있었다.

지금 스메타나의 몰다우강을 들으며 이 글을 마무리 하고 있다

1.비셰그라드 2. 몰다우강 3. 샤르카(여성이름) 4. 보헤미아의 숲과 초원 5. 타보르 6. 블라니크(보헤미아 중·남부 경계에 위치한 산) 이렇게 6악장으로 나누어진 「나의 조국」 교향시를 들으며 마음은 다시 한 번 몰다우 강변을, 보헤미아의 숲과 초원을 달려가고 있다.

중앙유럽은 참으로 아름다운 곳이었다.

전통과 영광과 쇠락의 노제국(老帝國)

비교문화연구회 제13차 영국 문화탐방
(1999. 6. 29 ~ 7. 14: 잉글랜드, 웨일즈, 아일랜드, 스코틀랜드 지역)

보름 동안을 영국만 집중적으로 여행한다는 기쁨과 기대의 설렘 속에 학기말 성적처리를 미리미리 번개처럼 해치우고, 한 학기 동안의 찌든 심신을 달래기 위해 즐거운 마음으로 여행길에 올랐다. 일기를 예측할 수 없기 때문에 부산팀은 그 전날인 28일 오후에 상경하여 한 모텔에서 잠을 자고 일찍 공항으로 나갔다. 맡겨둔 여행 가방을 찾고 반가운 분들과 서로 만나 인사를 나누며, 여행에 필요한 제반 사항을 쓰고 체크한 뒤, 11시 55분 ANA비행기에 올라 일본 오사카로 향했다. 우리가 런던까지 타고 갈 비행기는 일본비행기였는데, KAL보다 훨씬 싸기 때문에 취하지 않을 수 없는 고육지책(苦肉之策)이었다.

일본은 장마권에 들어서 大雨가 내리고 있는 터라 비행기는 이상기류에 휘말려 뚝뚝 하강하며 덜컹댔다. 순간 아찔아찔함을 느끼며 온갖 생각이 뇌리를 스쳐 지나갔다. 다행히도 비행기는 두 시간여 비행 끝에 무사히 오사카 간사이공항에 착륙하였다. 全日空 Gate Tower Hotel에 짐을 푼 다음, 가는 빗속을 뚫고 일행은 공항 근처의 키시와다죠(岸和田城)를 구경하고 간단한 저녁식사를 한 뒤 호텔로 돌아왔다. 호텔은 쾌적했다. 항상 느끼는 것이지만 일본은 깨끗하고 야무지다.

　6월 30일(수) 아침 9시 40분 호텔을 출발하여 11시 30분 보딩수속을 끝내고 탑승하였고 ANA비행기는 12시 런던을 향해 간사이공항을 떠났다. 하바로스크 → 시베리아 벌판 → 모스크바 → 성 페테스부르그 → 스톡홀롬 → 켄터베리를 거쳐 열두 시간여 비행 끝에 비행기는 런던 히드로 공항에 도착하였다. 영국 현지시간은 오후 4시 30분이었다. 짐을 찾고, 준비된 bus로 Copthorn Tara Hotel에 도착, 짐을 풀었다. 5시 30분 저녁식사를 하기 위해 Soho 구역으로 이동하여 중국음식점에서 저녁 식사를 한 뒤 피카딜리 서 어커스 광장, 트라팔가 광장, 버킹검 궁전을 둘러보았다. 트라팔가 광장에는 네 마리의 사자가 떠받친 유명한 넬슨 기념탑이 있었는데, 그 열두 개의 분수 가에 모인 많은 사람들을 보며 대영제국의 영광과 그 잔영을 보는 듯했다.

　영국황실의 궁전인 버킹검 궁전에는 예의 그 빨간 제복에 곰털로 만든 모자를 쓴 위병이 한 명 서 있었고, 궁전 앞 광장에는 빅토리아 여왕 기념탑이 우뚝 서 있었다. 황혼 속에 우리는 런던 대교를 건너 테임즈 강변의 국회의사당 등 아름답고 오래된 건물들을 구경하며 호텔로 돌아와 영국에서의 첫 밤을 맞았다. 영국

도착 후 단지 6시간 동안 보고 느낀 점은 다음의 몇 가지다. 공항직원들의 태도는 매우 불친절했다. 관광이 1, 2위 산업인 이 나라가 이래도 되는 걸까? 우리들이 아시아계 유색인종이기 때문일까? 그리고 공항이나 거리 어디에서나 인도인, 파키스탄인, 아랍인, 검은 아프리카인들이 굉장히 많다는 점이다. 물론 옛 식민지에서 온 유학생들이나 일꾼들도 있겠지만, 영국 자신이 만든 죄의 씨앗이 그들을 종국적으로는 위협할 것임이 분명했다.

넓은 평원에 양들이 뛰놀고, 아담하고 질서정연하게 늘어선 붉은 지붕과 붉은 벽돌로 된 그림 같은 집들은 매우 아름다웠다. 또한 지붕마다 줄 세운 듯한 굴뚝도 재미있었다. 그리고 거리는 고풍창연하고 좁고 깨끗하고 창가와 가로등마다에 예쁜 꽃들로 장식되어 있었지만, 어제 느껴본 일본에 비해 왠지 촌스럽다는 느낌이 들었다. 이제 2주일간 돌아보아야 확연해지겠지만 20세기를 끝내며 대영제국은 해체되고 퇴락해가고 있다는 느낌을 감출 수는 없었다.

- 7월 1일(목) 흐림, 비, 안개.

여행하면서 처음 받아보는 룸서비스로 잉글리쉬 Breakfast를 먹었다. 9시. 일행 23명은 50인승의 좋은 버스를 타고, 현지 쓰루가이드(through guide) 캐롤라인과 든든한 기사 죠지를 소개받았다. 캐롤라인은 늙고, 목소리 나쁘고, 여성답지 않고, 마치 늙은 여우같고···. 아무튼 마음에 들지 않았는데 결국 여행 내내 우리들을 편안하게 해주지 못했다.

테임즈강의 길이는 45㎞나 된다는데, 유럽의 강들이 보통 그렇지만 강폭은 넓지 않았다. 차는 이튼스쿨을 지나 윈체스터 윈저궁을 주마간산하듯 지나고, 휴게소(break)에서 잠시 쉰 뒤 스톤헨지를 보기 위해 속력을 내어달렸다. 끝없이 녹색의 초지와 밀밭이 펼쳐졌다. 초지엔 양떼나 소떼, 말들이 그야말로 평화로이 풀을 뜯고 있었다. 많지는 않았지만 밀, 보리는 누렇게 익어 수확기에 접어들었다. 농촌의 아름답고, 전형적인 영국풍경이 펼쳐졌다.

그런데 날씨는 종잡을 수 없었다. 영국의 하루에는 4계절이 다 있다고 할만치 다양했다. 안개 끼고 비 오고 구름 끼고 햇볕 나고 또 비 오고, 아침저녁은 쌀쌀하고 춥고, 해가 나면 한여름 같았다. 버버리코트와 우산이 왜 필요한 것인지 절감할 수 있었다.

스톤헨지에 도착했다. 세계문화유산으로 지정된 곳으로 이곳은 청동기시대 거석 문화유적이다. 둑과 도랑으로 둘러싸인 직경이 100m 정도의 평원에 몇 개의 큰 돌기둥이 세워져 있었는데 그중에는 높이 6m가 넘는 것도 있고 그 위에 돌이 가로질러 얹혀 있어서 신전의 형태를 보여준다. 장엄하고 경이로웠다. 이들은 여러 대에 걸쳐 세워졌으리라 추정되며 가장 오래된 것이 B.C.1800년경이라고 한다. 돌을 짜 맞춘 모양이 사계(四季)의 태양의 위치에 따라 다르게 되어있음을 볼 때 농업이나 종교와 어떤 관련이 있으리라 보았다. 참으로 많은 관광객들이 모여 있었다.

일행은 다시 버스를 타고 샐리스베리(Salisbury)의 평원을 넘어서 옛 로마의 목욕장 유적이 있는 유명한 베스(Bath)로 향했다. 에이본강 유역 평원에 발달한 도시 베스에 도착한 후 2시경 점심

식사를 했다. 메뉴는 감자튀김 속에 넣은 고기볶음과 당근과 껍질콩 삶은 것이었다. 샐리스베리의 Cathedral에 보존되어 있다는 그 유명한 마그나 카르타(Magna Carta)의 원본은 보지 못했지만 마음속에 새겨 두었다. 베스는 영국 최고의 온천이며 또한 유일한 온천이라고 한다. 그 역사는 매우 깊어서 로마군이 영국에 침입하자마자 만들어진 곳으로 그 당시에는 아쿠아 소리스(Aquae Solis)라고 불렀으며 목욕을 좋아하는 로마인은 곧 욕장을 만들었는데 그것이 지금도 그때 그대로의 모습으로 보존되어 있어서 놀라웠다. 돌 회랑이 있는 웅대한 건물이 노천의 온천을 둘러싸고 대욕장, 한증탕과 뜨거운 온천이 치솟는 탕원 등이 있고, 일부는 박물관으로 사용되어 많은 출토품이 전시되어 있다. 몇 년 전까지도 이 욕장은 실제 사용되었으나 어린아이가 여기서 사망한 이후 현재는 목욕을 금하고 있었다. 온천수가 오늘날도 하루에 엄청난 수량으로 흘러나오고 있었다. 이곳에는 긴 전화기같이 생긴 유물·유적 설명기구가 비치되어 있었는데, 영어·스페인어·독일어·일본어 등이 있었다.

 정말 곳곳에서 일본인들을 만날 수 있었다. 영국을 닮고 싶은 일본. 그 역사에서도 흔적을 볼 수 있지만, 자동차 운전대가 오른쪽에 위치한 점, 군주제가 계속되고 있는 점, 좁은 길과 정리된 모습, 끈기와 잔인함, 신사의 예절과 그 굴곡된 이면 등 오늘날 우리가 느낄 수 있는 두 나라의 많은 닮은 점을 찾아볼 수 있었다.

 5시. 우리 차는 브리스톨을 지나 웨일즈의 수도 카디프(Cardiff)로 향해 출발했다. 시차를 극복하지 못해 일행들은 달리는 차속에서 모두 졸고 있었지만 캐롤라인은 이재기 사장(통역)과 함께 우리들에게 새로운 지식이나 역사적 사실을 알려 주느라 여념이 없었다. 여름 웨일즈의 긴 다리를 지나 카디프에 도착했다. 길거리, 가로등 등, 산과 해안은 아름다웠다. 곳곳에 있는 아름다운 꽃 장식들, 소박하고 작은 인형같이 예쁜 집들, 그 창가에 드리워진 레이스 커튼과 꽃 화분들. 아름다운 도시다. Forte post House Hotel에 여장을 풀었다. 저녁엔 호텔 식당에서 세트메뉴로 포크와 생선 샐러드를 먹었다. 카디프성을 창밖으로 내다보며 편히 잠들었다. 이제 어느 정도 시차를 극복했다.

- 7월 2일(금) 흐림, 맑음, 22℃.

오늘은 상업도시이며 대학도시이며 항구인 카디프의 자랑거리인 카디프성 관람부터 시작했다. 날씨는 시원하여 계속 긴 옷차림으로 다녀도 땀 한 방울 나지 않아 아주 좋았다. 카디프성은 당당하고 화려하고 아름다웠다. 이 성에 살았던 사람은 존 후작이며 1세기 로마군단의 성채로 축조된 이래 14C까지 웨일즈 인에 의해 개축되어 19C 이후 본격적으로 개수, 축조된 성이라고 한다. 1시간 30분간 성 구석구석을 관람하였다.

다시 일행은 버스를 타고 달려 남 웨일즈의 철강산업 중심인 아름다운 항구 스완지(Swansea)를 통과하여 펨브로크(Pembroke)를 향해 달렸다. 아일랜드로 가기 위해 스완지에서 펨브로크로 가는 고속도로 양쪽으로는 푸른 녹지와 초지(草地)가 한없이 펼쳐져 있고 양떼와 소떼가 한가로이 풀을 뜯으며 노닐고 있었다. 날씨는 개었다 흐렸다를 계속했는데, 그야말로 하루에도 4계절이 있다는 말을 실감했다. 펨브로크에 도착하여 배에 타기 전에 아담하고 맛있는 음식점에서 쇠고기볶음에 감자 으깬 것과 샐러드와 cake를 먹었다. 처음부터 책을 통해, 사람들의 말을 통해 각오는 했지만 영국요리는 정말 맛이 없고 개성이 없다. 그래도 오늘 점심은 좀 나았다.

　서둘러 점심을 끝내고 3시에 아이리시해를 건너 우리를 아일랜드(에이레 공화국)로 실어다 줄 큰 페리인 인이스프리호를 탔다. 아일랜드의 시인 '윌리암 버틀러 예츠'의 시에서 따 온 배이름이다. 배가 어찌나 큰지 수많은 승객과 수십 대의 승용차와 10여 대의 버스와 컨테이너가 실렸다. 배는 4시간 동안 망망대해를 달렸다. 아이리시해가 참으로 넓었다. 배 위에서 우리는 안개 낀 바다, 빗발치는 바다를 보며 즐기고 담소하며 맥주를 마셨다. 아일랜드는 1년에 반은 비가 온다고 한다.

　드디어 7시경에 아일랜드의 로즈레어(Roselare)항구에 도착하여 다시 버스를 타고 한적한, 오랜 옛 마을 트레모어의 한 호텔(Grand Hotel)에 짐을 풀었다. 그 예의 아일랜드 특유의 안개비가 으스스하게 내리고 있었다. 트레모어로 오는 버스 속에서 캐롤라인은 분주하게 설명을 해주었다. 아일랜드는 본토와 동식물의 종류도 달라서 뱀은 없으나 까마귀는 있고, 그레이하운드 개의 본산지며, 양들의 천국이며, 농업・낙농업・양조업・컴퓨터 산업・관광이 주산업이며, 땅이 습하고 날씨가 변덕스럽고 사람들이 강해서 로마인도 쳐들어오지 못한 곳이며, 이곳 사람들은 시와 음악을 좋아하여 큰 하프연주를 많이 하고, 또 하프는 이 지역 지

형과 비슷하고 동전이나 지폐, 기타 여러 곳에 하나의 상징으로 그려져 있다는 얘기다.

　Green Ireland로 표시되는 이 지역의 날씨는 하루에 4계절이 있는 것이 아니고 한 시간에 4계절이 다 있다고 했는데 절감하지 않을 수 없었다. 이 같은 변화무쌍한 날씨 때문에 다혈질의 변덕스런 기질을 Irish Temper라고 할 정도란다.

　- 7월 3일(토)

　안개 낀 아침 바닷가를 한 바퀴 돌면서 차고 맑은 바닷바람을 쐬고 나니 아주 기분이 상쾌했다. 아일랜드의 아침바다는 어쩐지 망망하고 쓸쓸했다. 아침메뉴는 잉글리쉬 블랙퍼스트. 그래도 영국이란 나라에선 아침밥이 제일 낫다. W. Surmerset Maugham의 말처럼 "영국에서 좋은 식사를 하려면 아침식사를 세 번하라." 즉, 점심·저녁은 천편일률적으로 별 볼일 없다는 얘기다. 감자 삶은 것·구운 것·튀긴 것, 돼지·닭·쇠고기 구운 것, 생선 튀긴 것, 당근과 껍질 콩 삶은 것이 모두다. 그런데 또 언제나 식당에선 요리 종류와 디저트를 고르라고 어려운 요리이름을 쓴 메뉴판을 돌리니 귀찮기만 했지 먹고 싶은 요리는 없다. 재미있는 것이 점심이나 저녁식사 때가 되면 일행은 모두들 소, 닭 본 듯이 치킨이나 포크나 감자·당근 삶은 것, 그리고 수북이 담아온 디저트를 쳐다보고 있었다는 사실이다. 맛도 없고, 양은 많고….

　영국에서의 보름간 가장 인기 없는 것이 요리였다. 도대체가 요리솜씨도 양념 종류도 발달하지 못했다. 그래서 사이사이 중국

음식을 먹었는데, 곳곳에 중국음식점이 많았고 또 그곳은 영국인과 외국손님으로 북적댔다. 영국이 이민정책에서 중국인을 다소 우선 시킨 면은 요리 때문이었다는 얘기를 할 정도니 자국의 요리가 시원찮다는 것은 익히 아는 모양이다. 한국음식점은 런던 이외에는 거의 없었다. 아무튼 아침식사 후 일행은 유명한 Waterford의 크리스털 공장을 방문하였다. 정교하게 만드는 공정을 하나하나 다 보고 최종적으로 매장을 보았다. 많은 수공이 들어서 비쌀 수밖에 없었지만, 그래도 가격이 너무 비쌌고 또 깨어질 수 있기 때문에 일행은 거의 사지를 못했다.

다음 도시 코크로 가는 동안 광활한 초지가 펼쳐졌다. 아일랜드는 95% 이상이 가톨릭 신자이기 때문에 관습적으로 이혼을 금지하며 낙태를 금지하고 대가족제를 유지한다고 하며, 사람들은 기후의 변화 속에도 밝고 친절하고 이야기하기를 좋아한다고 한다. 우리는 블라니(Blarney)에서 점심으로 닭고기와 당근, 껍질콩, 아이스크림을 먹었다. 그리고 블라니성 구경을 갔다. 꼬불꼬불한 성 안의 나선형계단을 올라가며 헤아려보니 107계단. 성 위에 올라 빗속에서 젊은이들은, 입 맞추면 말이 능해진다는 Blarney Stone에 입을 맞추었다.(여기에서 Blarney: 감언이설, 아첨이라는 말이 유래됨) 낡은 성 사방으로 둘러쳐진 푸른 초원과 숲은 정말 그린 아일랜드임을 확인시켜 주었다. 비는 계속 왔다. 개었다 변덕이 죽 끓듯 했다. 그리고는 또 미끄러운 나선형계단을 휘청거리며 내려왔다. 어두컴컴한 계단을 내려오며 그 옛날 이 성 속에서 벌어졌을 갖가지 음모와 비밀스런 로맨스를 상상해 보았다. 이 성은

1440년에 지어졌으며 메카티 왕이 블라니 스톤을 만들었는데 높이가 9feet나 되었으나 크롬웰의 대포에 맞아 망가졌다고 한다.

다시 버스를 타고 우리는 산을 넘어 케리읍의 중심지인 킬라니 (Killarney)를 향해 달렸다. 오랜만에 우리는 캐롤라인의 목쉰 소리 대신 아일랜드의 민요를 들었다. 정현백 선생님이 mill에서 샀다는 Shamrock singers의 아일랜드 민요가 coach안에 울려 퍼지자 우리 모두는 아일랜드 정서에 흠뻑 빠져들었다. Irish Soldier Laddie, 오 데니보이, 메기의 추억, Bold Donaghue, Fields of Athenry. 경쾌하면서도 애잔한, 귀에 익은 멜로디는 우리 일행에게 활력을 주었다. 손뼉도 치며 변화무쌍한 날씨 속에 숲속을 달리면서 아일랜드를 깊이 느끼게 했다.

아일랜드는 길이 좁았다. 그래서 올해 대대적인 건설 사업으로 도로확장과 도로포장을 시도하고 있다고 한다. 킬라니에 도착하여 우리는 Heights 호텔에 들었다. 지은 지 오래지 않은지 나무 냄새가 솔솔 났으며, 어릴 때 소꿉놀이 하던 시절 꿈에 그리던 집같이 예쁜 호텔이었다. 예쁜 창가의 체크무늬 커튼과 같은 감으로 된 침대보, 창으로 내려다보이는 꽃과 푸른 잔디로 덮인 정원…. 호텔에 준비된 포트를 꺼내 뜨거운 물을 끓여 홍차를 한잔 타 마시고 잠시 피로를 풀며 아름답고 평온한 정서에 젖었다.

저녁은 호텔에서 비프스테이크를 먹고 디저트로 요거트 생과자를 먹었다. 이날 저녁은 호텔 안의 Pub에서 세 부부 팀이 한데 모여 아일랜드가 자랑하는 기네스 흑맥주를 한잔씩 하며 담소하였다.

- 7월 4일(일요일)

　Good morning! 아침밥은 아이리시 Breakfast를 즐겁게 든든하게 들었다. 늙은 여군 조교 같은 가이드 캐롤라인도 조금씩 정들며 다소 이뻐 보이기 시작했다. 운전기사 죠지는 언제나 든든하고 신사 같다. 킬라니 시내 관광에 나섰다. 오늘은 일요일에다 미국 독립기념일이기 때문에 가게는 아직 문을 열지 않았지만 도심 거리 곳곳에 미국 성조기가 주황색·흰색·녹색의 아일랜드 삼색기와 함께 펄럭이고 있었다. 아일랜드는 매우 미국 친화적인 나라임을 말해주고 있었다. 19C중반 아일랜드에 감자기근이 들었을 때 수많은 사람이 굶어 죽었는데, 개중에는 기근을 피해 미국으로 건너간 사람들이 많았다고 한다. 뒤에 안 일이지만 지금 현재 2억 미국인 가운데 아일랜드계 핏줄을 가진 사람이 4천만 명이나 된다니 그 이유를 알만했다. 또한 성씨 가운데 Mc', O'(예: O'neill, O'cornor, Mc'Namara, Mc'donald)자가 앞머리에 붙은 이름은 대부분이 아일랜드 선조를 가진 사람들이라고 한다. 또한 미국 대통령 가운데 아일랜드 선조를 가진 사람은 우리가 잘 아는 케네디, 닉슨, 레이건, 클린턴 등이며, 또한 아일랜드계 미국인들은 많이들 옛 조상의 고향인 아일랜드를 찾아 엄마의 품을 찾듯 관광 온다고 한다. 시내는 꽃 화분들을 곳곳에 집집마다 달아놓아 아름답게 장식되어 있었는데 늘 안개비(Drizzle)가 내리는 이곳에선 화분에 물 줄 필요도 없어서 저렇게 잘 자라는 것일까 하고 혼자 생각했다. 그런데 가만히 보니 화분마다에 작고 검은 수도관이 이어져 있어서 시간마다 물을 주고 있었다.

큰 반도의 해안을 따라가며 아름다운 경치를 감상했다. 그곳은 영화 「라이언의 딸」을 촬영한 곳이라고 한다. 신숙원 선생님의 설명을 들으며 귀국하면 그 영화 비디오테이프를 빌려다 보아야 겠다고 마음먹었다. 가는 길 좌우엔 땅에 검은 토탄이 많이 보였다. 왜 초지만 있고 밭이 조성되지 않았는지 그 이유를 알 수 있었다. 토탄 때문에 곡식이 잘 자라지 못한다는 것이다. 토탄은 또한 이 지방의 중요한 땔감이라고 한다. 몰아치는 바람 속에 안개비가 뿌렸다. 고개위의 한 휴게소(Ring of Kerry)에 차가 정차했다. 많은 다른 나라 관광객과 함께 아이리시 커피를 한잔씩 마시고 그림엽서를 샀다. 아이리시 커피는 커피+위스키+설탕으로 된 것으로 피로회복제이며 추위를 녹일 수 있는 안성맞춤의 위 티였다. 한잔 마시고 알딸딸한 기분이 되었다.

사실 CCC멤버로서 여름여행을 여러 번 했지만 여름에 내복을 입어 보기는 이번이 처음이다. 춥고 비 오고, 안개 끼고, 흐리고. 이런 날씨, 이런 기후와 자연조건 속에서 조나단 스위프트, 오스카 와일드, 조지 버나드 쇼, 윌리엄 B 예이츠, 사무엘 베케트, 제임스 조이스 같은 유명한 문인들이 탄생하였을까? 이들은 아일랜드가 낳은 기라성 같은 문학가들이다. 그 역사 때문일까? BC 4C에 들어온 켈트족은 8C 바이킹의 침입을 받았고, 12C 노르만의 침입과 영국의 침입을 받았으며 그 후 앵글로- 노르만 지주들에게 착취당하였고, 또한 크롬웰의 강압정치를 받았으며, 종교적·문화적 박해를 받다가 19C초 대브리튼왕국에 완전 병합되어 그이래 20C초 영국과의 전쟁으로 겨우 26개주(카운티)의 독립을 부여받고 1948년에야 결국 에이레공화국을 선포하고 영연방에서 분리될 수 있었던 그 투쟁의 역사가 그들을 강인하게 만든 것일까, 아니면 이 짓궂은 날씨와 척박한 토지에서 얻어진 강인함일까? 그렇기 때문에 그들의 문학작품 속에는 고통 받았던 역사와 기후가 다함께 녹아있는 것이리라. 아무튼 이 같은 악조건이 훌륭한 문인을 배출한 것이라면 이들은 환경과 역사의 어려움을 문학으로 극복한 것일 거라고 느꼈다.

잠시 해가 드는 속에 우리는 아담하고 예쁜 스칼릭스 마을을 통과했다. 독립운동가의 동상도 보였는데, 이 마을엔 펍(Pub)이 150개나 있다고 하니 으스스한 날씨 속에 그들도 펍에 모여 담소라도 나누어야 삶의 스트레스를 풀 수 있었으리라 생각했다. 작은 마을엔 일요일이라 모두 성당에 모였는지 늘어선 자동차들이 성당 주변에 가득 보였다.

우리 일행은 스텔릭 해안가에 도착하여 사진을 찍고 점심식사를 했다. 이곳은 찰리 채플린이 살았던 곳이라는데 그의 코믹한 동상이 서 있었다. 우리도 웃으며 함께 팔짱을 끼고 사진을 찍었다.

점심은 양고기스튜와 샐러드, 그리고 아이스크림이었다. 기네스(Guiness)맥주와 함께 먹으니 다소 먹을 만했다.

다시 Coach를 타고 달렸다. 어느 해변 언덕에 도착하자 마치 폭풍 속 겨울비처럼 찬비와 바람이 휘몰아쳤다. 거기에는 일가족과 어린 양을 데리고 나와 앉아 기타를 연주하는 농부가 있었다. 앞에는 동전이 모여 있었다. 일행 중 한 분이 동전을 희사했다. 추웠다. 다시 버스를 타고 이름도 모를 아일랜드의 두메산골을 달리며 오성 선생님이 산, 또 다른 Irish love song을 들려주었다. 박토, 돌산, 흐리고 안개 끼는 악천후, 푸른 들판에 풀을 뜯는 양들, 구절양장의 시골길, 애조 띤 아이리시 멜로디는 자연환경과 어우러지며 우리들을 회상에 젖게 했다. 전체 음악의 분위기는 미국 칸츄리 음악의 대가인 존 덴버의 칸츄리 송 같았다. 역시 미국의 칸츄리 송의 원류는 아일랜드일까? 지금도 나는 아일랜드에서 사온 Irish Folk Song CD를 내내 들으며 이 글을 쓰고 있다.

결국 우리는 경치가 좋아서 세계의 사진작가들이 모여든다는 Iveragh 페닌슐라를 한 바퀴 돌아 오후 4시가 되어 다시 킬라니(Killarney)로 돌아온 셈이었다. 시내는 일요일 오후라 아침과는 달리 교통체증이 가중되었고, 킬라니 시내를 겨우 벗어나 고속도로를 타고 다음 지역 리메릭(Limerick)으로 향했다. 다소 차멀미를 느꼈지만 사실 한국인으로선 이 코스를 관광한 것은 처음일 것이라는 자부심을 느꼈다. 도중에 아데아 민속마을을 경유하였는데, 옛날 우리나라 초가집과 꼭 같은 집들 앞에서 사진을 찍고 그 지역 성당도 구경하였다. 때맞추어 햇빛이 나고 푸른 하늘이 보였으며 자연은 거짓말같이 아름다운 풍경을 연출하였다.

저녁 6시 부자도시 리머릭의 Ryan Hotel에 도착하였다. 샤논(Shanon)강변의 이 도시는 인구가 7만 7천이며 아일랜드의 세 번째 도시로 베이컨 산업과 전자산업이 발달한 곳이라고 한다. 호텔도 좋았고 포도주와 곁들인 갈비스테이크도 괜찮았으며 좀 짜긴 해도 옥수수당근스프와 파이 디저트도 괜찮은 셈이었다. 그러나 사실 심각한 문제가 도사리고 있는 저녁이었다. 호텔 도착 후부터 단장님

내외분의 여행 가방이 행방불명된 사건이었다. 저쪽 호텔에서 싣지 않은 것일까? 이쪽 호텔에서 짐이 바뀐 것일까? 노심초사. 이 가방을 찾지 못한다면 나머지 우리의 여행은 먹구름이 가득 끼일 수밖에 없는데…. 잠이 오기는커녕 걱정이 태산이었다. 그렇다고 단장님 방에 전화를 걸어 볼 수도 없고…. 재키 사장님과 오성 선생님 방에만 전화를 걸어 봐도 못 찾았다는 소식 밖에는 없다. 낭패, 낭패…. 그런데 11시가 넘어 재키 사장님한테서 전화가 걸려왔다. 가방을 찾았다고. 아이고 맙소사! 너무나 다행이었다. 저번 호텔의 방 넘버를 적은 쪽지가 가방에 계속 붙어 있어서 호텔 보이가 그 넘버의 방에 갖다 놓았다는 것이다. 결국 호텔방 전체를 다 뒤진 결과였다. 우리 일행은 그 이후 모두 다음 호텔로 갈 때마다 그전 호텔에서 붙인 딱지들을 부지런히 떼었다.

한밤중 새벽에 잠시 잠이 깨었다. 검푸른 하늘에 떠 있는 하얀 반달을 보았다. 아! 음력 스무하루 하현달이구나! 오랜만에 보는 달이다. 그런데 창문 벽 쪽에 붙어 있는 라지에이터에서 따뜻한 훈기가 번져 나오고 있었다. 7월에 난방된 방에서 자는 아일랜드의 신기한 밤은 깊어가고 있었다.

- 7월 5일(월요일)

지저귀는 새소리에 잠이 깨었다. 참으로 오랜만에 맑게 갠 푸른 코발트빛 하늘을 본다. 맑은 날은 참 오랜만이다. 상쾌한 아침 산보를 했다. 큰 나무들, 잘 다듬어진 잔디, 그 위에 피어난 희고 노란 작은 들꽃들, 조용한 아침거리. 마치 천국 같다.

오늘은 아일랜드 동부에 있는 더블린까지 몇 시간을 이동해야 하기 때문에 그야말로 아이리시 아침을 든든히 먹고 출발했다. 에니스(Ennis)에서 성당을 관람한 뒤 Scenic Route인 Gort → Galway로 달렸다. W. B. 예이츠의 고향으로서 예이츠 가문의 사람들이 산다는 Gort에서는 잠시 쉰 뒤, 계속 달려 겔웨이에 도착하여 한 카페테리아에서 점심식사를 했다. 감자 삶은 것과 스튜와 크림친 파이였다.

강가에서 연어 낚는 모습도 보고 十자 모양의 특이한 내부를 가진 성당도 보았다. 햇빛이 빛나는 오늘 같은 날은 공원이나 길거리 도처에서 웃옷을 벗은 아일랜드인이 일광욕을 즐겼다. 파라솔을 쓴 우리는 그들에겐 구경거리였다.

다시 차가 출발하면서 우리 일행은 CCC특유의 이동강연을 듣는 좋은 시간을 가졌다. 신숙원 교수의 영문학사 강의는 그 낭랑한 목소리와 함께 내용도 매우 좋았다. 엘리자베스 시대의 쵸서나 셰익스피어에서부터 시작하여 빅토리아 시대를 거쳐 20세기 제임스 조이스의 의식의 흐름, 버나드 쇼의 비평에 이르기까지의 영문학사를 구슬 꿰듯 줄줄이 이어나갔다. 그 다음으로 김영한 교수의 강의가 이어졌다. 중세의 피라미드 사회와 공·후·백·자·남의 5등급 작위 및 귀족의 책임의식과 사명의식에 관한 내용이었다. 다음에 이어진 강의는 정현백 교수의 강의였다. 15~16C까지 아시아가 우위였는데 그 이후 왜 유럽이 더 발달하였는가? 유럽의 물질만이 그 관건이었는가? 전쟁과정에서 살아남기 위한 극도의 긴장과 대책 마련이 필요했고, 17C 이후 야만적 생활 방식에서 벗어나 manner의 변화를 가져와 체통의 중요성이 강조되었다는 내용이었다. 사실 이 내용들을 필자는 다 기억할 수도 없지만, 세 분 선생님이 갑자기 나오셔서 강의할 수 있다는 사실만으로도 놀랍고 고마운 일이었다. 훌륭한 강의 내용은 「비교문화」 제7호에 실릴 예정이므로 다시 복습할 수 있는 기회가 있음을 행운으로 여기고 있다. 그리고는 간단한 각자의 소개와 장기자랑이 이어졌다. 그러는 사이 어느덧 버스는 더블린(Dublin)에 도착하였고 영국의 유명한 체인 Hotel인 Forte Post House에 도착하여 여장을 풀었다.

- 7월 6일(화) 비교적 맑은 날씨.

 오늘은 에이레 공화국의 수도로서 리피(Liffey)강변에 위치한 더블린 city를 종일 관광하는 날이다. 아침 출근시간의 더블린 시내는 사람도 차도 많았으며 복잡하고 교통체증이 심했다. 우리는 캐롤라인 대신 현지 가이드 딜과 만났으며 운전기사도 죠지에서 톰으로 바뀌었다. 현지인이 가이드 한다는 것도 있었지만 노동법에 따라 캐롤라인과 죠지는 하루 쉰다는 명목이 포함되어 있었다. 도시 더블린의 전체적 인상은 다소 어둡고 삭막한 느낌이었다. 발코니나 창가에 걸려있는 꽃도 훨씬 숫자가 적었다. 도시도 오래된 듯 침침한 색깔이었다. 시내를 한 바퀴 돈 뒤 죠지안 공원에 들렀다. 공원의 한쪽 바위 위에는 오스카 와일드의 해학적이고 코믹한 모습이 조각되어 있었는데 1990년대 그의 손자가 세운 동상이라고 한다. 더블린은 오스카 와일드 뿐만 아니라 버나드 쇼, W.B.예츠, J.죠이스 등 유명한 문인을 배출한 곳이기도 하며 많은 문인들이 이 도시에 살았다고 한다. 다음에 가본 곳은 성페트릭 성당이었고, 이어서 더블린 Castle에 갔다. Drawing Room, Picture Gallery, The Appollo Room 등 1204년 John 왕의 명으로 건립되었다는 이 성은 잔잔하고 소박하고 고상한 아름다움이 깃들어 있었다.

더블린 성을 본 뒤 우리는 오랜만에 중국집에서 식사를 했다. 일행의 눈과 입은 생기가 돌았다. 새우케찹볶음, 송이볶음, 피망과 고기볶음, 죽순볶음, 옥수수계란 스프, 탕수육, 고추기름 등 우리 입맛에 꼭 맞은 음식을 만나 모두들 열심히 먹었다.

잠시 쇼핑을 한 다음 우리는 National Museum에 갔다. 청동기 시대부터의 많은 유물이 전시되어 있었다. 금으로 만든 장신구가 많아서 놀라움을 금치 못했다. 다음에 간 곳은 국립미술관이었다. 국립미술관엔 좋은 그림이 아주 많았다. 카라바조(1571~1610)의 작품, Orazio Gentlileschi(1565~1647)의 작품, 리처드 도일(1824~1883)의 작품뿐만 아니라 특히 폴 고갱(1848~1903)의 작품도 전시되어 있었다. 또한 Yeats Museum이 3월부터 함께 열리고 있었는데, Yeats 가족 중 특히 존 바틀러 예츠, 잭 바틀러 예츠의 작품이 전시되어 있어서 예츠 가문의 예술성을 엿볼 수 있었다. 이 이후 신숙원 선생님, 김영한 선생님, 길희성 선생님 팀은 더블린 극장에서 매일 수없이도 많이 공연된다는 연극을 보기 위해 별도로 먼저 떠났다. 그 문제의 애비 티어터에서의 공연을 관람하기 위해서다. 나머지 일행은 1594년 엘리자베스여왕의 칙령으로 세워졌다는 유서 깊은 트리니티대학(일명 Dublin University)을 구경하였다. 그러나 시간도 늦었고, 관람료도 너무 비싸서 Colonnades도서관에 소장 중인 세계 최고의 책 중의 하나인 『켈스의 서(Book of Kells: AD800 년으로 추정)』는 보지 못했다.

일행은 일단 호텔로 돌아와 씻은 후 옷을 갈아입고 Fish전문점으로 버스를 타고 갔다. 타르타르소스에 생선을 찍어서 감자튀김과 함께 기네스 맥주를 마시니 아주 기분이 좋았다. 식당 밖으로 나오니 8시가 되어도 훤했다. 우리는 이제 아일랜드의 마지막 도시 더블린에서는 꼭 한번 펍에 가야겠다고 마음먹고 근처의 적당한 크기의 선술집인 펍에 들어갔다. 각자 아이리시 커피도 마시고 기네스맥주도 마시면서 그곳 사람들과 담소하며 우리는 제법 흥겨워져 아일랜드 민요인 '아, 목동아'도 부르고 "옛날의 금잔디 동산에…." 하면서 메기의 추억을 합창하기 시작했다. 주변 사람들이 관심을 가지며 우리 곁으로 모여 들었다. 드디어 오성 교수의 Korean 트롯풍 독창이 이어지고 우리들은 매우 신이 났다. 단장님께서는 오늘 밤 술값을 흔쾌히 내셨다. 점점 손님이 더 많이 모여들고 생음악의 아일랜드 민요가 울려 퍼지며 분위기는 더욱 흔쾌해졌다. 영국소설에 그처럼 많이 등장하는 펍이 아, 이런 것이구나! 실감했다.

10시가 넘어 나왔는데 아직도 리피 강변의 도시 더블린은 밝은 보랏빛 황혼에 싸여 있을 뿐 해가 다 지지 않고 있었다. 일행은 오코늘 다리 근처에서 모두 모여 한 컷의 사진을 찍었다. 이제 더블린의 밤은 잊지 못할 추억으로 남았다.

신숙원 교수팀도 매우 뜻깊은 애비 티어터에서의 연극공연에 심취한 모양이지만 우리 팀 쪽도 그 유명한 애비 티어터에 못간 아쉬움을 달래고도 남을 추억을 간직할 수 있었다.

- 7월 7일(수요일) 흐림.

아침부터 부지런히 호텔을 떠나 영국 본토로 가기 위한 페리를 타기 위해 서둘렀다. 이번 배는 저번에 탔던 배보다 더 넓고 깨끗하고 손님도 많지 않고 한적하고 훨씬 좋았다. 우리는 각자 모여 앉아 서로서로 담소를 나누었다. 우리 팀은 교육과 종교의 두 기둥이 다 부실한 우리나라의 장래를 걱정하며 모두들 한마디씩 소감과 우려를 표명하였다. 아이리시 바다는 망망대해다. 바다구경하고 배안에서 연주하는 생음악도 들으며 기네스 맥주를 마시고 하는 사이 점심시간이 되어서 뷔페 식사를 했다. 골라 먹는 메뉴라서 비교적 괜찮았다. 식사를 마친 뒤 커피도 마시고 짐도 챙기고 하는 사이 어느새 엔젤쉬 섬의 홀리헤드에 도착했다. 9시 30분에 탔는데 페리에서 내려 Bus가 출발할 때 시계를 보니 1시 20분. 저번보다는 조금 빠른 셈이어서 약 3시간 50분이 걸린 셈이다. 버스는 부지런히 홀리헤드를 떠나 브리타니아 다리를 건너 본섬에 도착하여 북 웨일즈 지방으로 향했다. 다시 콘위(Conwy)를 지나 잉글랜드의 Chester에 도착했다. 최강을 자랑하던 로마 20군단의 총사령부가 있었다는 이곳은 지금도 붉은색 사암으로 된 성벽이 구시가를 둘러싸고 있었는데 오랜 옛 시가는 조금도 파괴된 흔적이 없이 옛 경관을 그대로 보존시키면서 침착하고 아름다운 중세의 무드가 짙게 감돌고 있었다. 흰색과 검정의 조화로운 도시 건물은 너무나 아름다웠다. 작은 고도(古都) 체스트! 정말이지 여기서 쉬며 꼭 하룻밤을 자고 싶었다. 멋진 도시다.

스티븐슨이 만든 기관차가 리버풀에서 맨체스터 사이를 처음으로 달렸다는 얘기, 그리고 산업혁명 이전의 장원의 구조에 대한 얘기를 듣는 가운데 볼콘(Bolcon)의 한 호텔에 도착했다. 재미있게도 호텔 입구에는 Macdonald Hotel: The Last Drop Village & Hotel이란 간판이 붙어 있어서 으스스 했으나 호텔은 매우 아름다웠다. 밝은 녹색 톤의 체크무늬 커튼, 양탄자, 소파 등이 아기자기하고 아담하였다. 음식은 시원치 않았지만 저녁마다 선택의 고민을 안은 채 점치듯 식사를 주문하였다. 오늘저녁은 우리 일행만이 모인 식당에서 긴 저녁시간을 가지면서 웃고 담소하며 즐거운 만찬을 가졌다.

- 7월 8일(목요일) 맑음.

볼튼을 떠나 고속도로로 진입하면서 윈드메어, 그리스메어 등 호수 지역으로 향하였다. 우리는 지금 윌리엄 워즈워드의 고향 Lake District로 가고 있다. 호수지역으로 들어서자 감탄이 저절로 나왔다. 아! 정말 아름다웠다.

I wonder lonely as clouds.

골짜기나 언덕 위에 떠도는 안개
나 혼자 방황하듯 걸어가면

눈의 띄는 한 무리의
황금빛으로 빛나는 수선화
물가 나무 밑에서
미풍에 나부끼듯, 깃발을 흔드는 듯….

워즈워드는 여기서 태어나 이곳 우체국에서 일하기도 하며 일생을 대부분 여기 이 지방에서 지내며 자연에 대한 사랑을 시로 표현하였다. 이 지역은 참으로 시가 저절로 나오지 않을 수 없을 만큼 아름다웠다. 사실 아름답다는 말만으로는 표현할 수 없을 정도였다. 워즈워드의 묘지에도 가보고 워즈워드가 살던 집 Dove Cottage에도 갔다. 그런데 점심도 굶고 소박한 집안 속속들이 다 보고 온 신숙원 교수의 설명은 더욱 사실감이 넘치고 감동스러웠다. 여동생 도로시의 일기 이야기며 폐렴으로 죽은 두 아이의 이야기며 워즈워드가 쓰던 가방 이야기들은 신고전주의를 끝내고 낭만주의의 기점을 연 워즈워드를 우리 가슴 속에 생생히 남아 있게 하였다.

아름다운 호숫가에 있는 그림 같은 음식점에서 Pork stake를 먹었다. 음식 맛보다는 풍경에 우리는 심취되었다.

다시 버스를 타고 우리는 잉글랜드 경계선을 넘어 스코틀랜드의 Moffat Wollens를 경유하였다. 어느새 버스 속에서는 스코틀랜드 진입을 환영하는 백파이프 음악을 Tape로 틀어주었다. 회색과 흰색의 예쁜 집들이 펼쳐지고 스코틀랜드는 고원지대라 산세도 제법 있고 초원과 녹색의 초지이외 전나무 숲이 끝없이 우거져 있었다. 이 지역이 윌리암 스코트가 쓴 아이반호의 작품 배경

지역이었을까?

　우리는 드디어 대망의 에딘버러에 도착하여 Royal Scot호텔에 짐을 풀고 이틀 묵을 생각을 하고 다소 마음이 푸근해졌다. 오늘 저녁은 중국요리다. 중국요리도 맛있는데 거기에다 그 비싼 마오타이주를 신숙원 교수가 한턱낸다는 것이었다. 에비티어터 관람과 도브 카티지 관람으로, 영미문학가로서의 최대의 현장학습을 할 수 있었다는 감동과 기쁨의 한턱이라고 했다. 우리는 얼마나 맛있게 먹었는지 모른다. 중국음식이 다소 모자란 듯하긴 했지만 오늘 하루는 퍽 좋은 날이었다.

　- 7월 9일(금요일) 맑음.
　오늘은 전일 스코틀랜드의 정치・학술・문화의 중심지인 에딘버러 city를 관광하는 날이다. 가이드도 퀼트 차림의 건장한 남자여서 분위기가 쇄신되었다. 우선 먼저 에딘버러 성에 도착하니 관광객들이 빽빽하였다. 9시 30분에서 11시 30분까지 각자 성 구석구석을 관람하기로 했다. 성 입구에는 예쁜 퀼트 치마를 입은 젊은 가이드가 똑바른 자세로 서 있었다. 가까이 가서 웃겨 보아도 웃지 않았다. 해발 140m의 작은 언덕(구릉) 위에 솟아있는 성의 경관이 특이하게 아름답기도 하였는데 그리스의 아크로폴리스와 흡사하여 「북방의 아테네」라고 일컬어진다고 한다. 성 위에서 시가지를 내려다보는 경관도 좋았다. 가이드의 설명을 들으며 곳곳을 돌아본 뒤 메리 여왕이 살던 Holywood House에 도착하여 들어가지는 못하고 입구에서 쳐다만 보며 그 성에 얽힌 이야기를 들으며 오늘날 영국왕실의 여러 가지 일들을 떠올렸다.
 성에서 내려오니 거리는 유명한 프린시스 스트리트를 경계로 북쪽의 신시가지와 남쪽의 구시가지로 구별되어져 있었다. 우선 점심을 먹고 오후는 5시까지 거리구경, Gallery구경, 쇼핑 등을 위한 자유시간이 주어졌다. 몇몇씩 무리지어 프린시스 스트리트를 헤매며 머플러를 몇 개씩 샀다. 거리는 관광객으로 미어터지고, 오늘따라 날씨는 더워서 29℃를 오르내리는데 물가는 비싸고… 정신이 하나도 없었다. Gallery로 갔다. 다소 조용하게 마음을 안정시키며 다리도 쉬고 그림 감상도 하며 시간을 보낼 수 있었다. 그런데 이곳에서 제일 많이 한국 배낭여행 학생들을 만났다. 모두 영국물가가 비싼데 놀라지 않을 수 없다고 혀를 내둘렀다. B&B(bed and breakfast)의 민박집에 자고 아무리 싼 요리를 사먹어도 하루에 우리 돈 10만원이 더 든다고 한다. 영국은 정말 모든 것이 비쌌다. 음식 값도, 관람료도, 택시 값도 모두모두 비쌌다. 성(원저성, 와워성 등)을 한번 관람하는데 근 10파운드라니 우리 돈으로 2만원에 가깝다. 참으로 조상 덕을 톡톡히 보는 사람들이다. 성(Castle) 하나만으로도 먹고 사는 도시 같다.
 국립미술관을 나와서 프린시스 스트리트를 거닐며 우리가 만날 장소로 향했다. 거리 한가운데는 윌리암 스코트의 모뉴먼트에 "The most writer of the day"라는 플래카드가 길게 늘어뜨려져 있었다. '에딘버러'라는 도시는 전체적으로 밝은 느낌은 아니었다. 그래서인지 캐롤라인은 아주 고풍창연하게 행동하였다. 저녁식사는 미리 우리를 다시 버스에 태워 전망이 아주 좋은 Calton Hill

로 데리고 가서 넬슨 기념탑도 보여주고 황혼녘의 경치를 볼 수 있게 배려했다.

- 7월 10일(토요일) 흐림.

아침 일찍 안개 속의 에딘버러 거리를 돌아 떠나면서, 항상 머릿속에 상상하던 그대로의 안개 낀 영국도시의 모습이 재연되는 것 같았다. 우리는 안개 속에서 도시를 떠났다.

아름다운 스코틀랜드의 변방 길을 따라 잉글랜드 쪽으로 이동하던 도중 폐허가 된 제드버그 수도원에 들렀다. 이 수도원은 1150~1250년에 걸쳐 세워진 것인데 그 양식은 로마네스크식과 Norman식을 함께 혼합한 매우 장대하고 아름다웠다. 16C 영국에 의해 파괴된 채 큰 골격만 남긴 그 모습 그대로도 아름답고 신비하고 장엄하였다. 입구서부터 들려오던 장엄한 미사곡과 함께 어울려 폐허가 된 수도원은 영국에서 본 것 중 최고였다. 오래오래 있고 싶었다. 헨리 8세를 거쳐 엘리자베스 1세 여왕 대에 이르러 성공회를 강력하게 통일시킨 후 결혼지연 정책을 쓰면서까지 영국을 부강하게 만든 훌륭한 여왕의 정략과 책략에 관한 얘기를 김영환 교수로부터 듣는 동안 버스는 뉴캐슬을 통과하고 있었다. 멀리로 보이는 뉴캐슬은 다른 도시와는 달리 고층아파트도 보였다. 우리 일행은 하드리안 Wall을 보기 위해 캐롤라인과 몇 번이나 실랑이를 하였으나 결국 놓쳐버리고 보지 못한 채 더램(DuRham)에 도착하였다.

Hadrian's Wall은 카알라일(Carlisle) 서쪽에 있는 보우네스 해안으로부터 브리튼 섬을 횡단, 동쪽의 벽 끝까지 전장 약 123㎞에 미치는 고성벽(古城壁)으로 영국의 만리장성이라고나 할 수 있을까. 그 규모는 높이 5m 남짓한데다 너비 2m반의 석조방벽(防壁)으로 122년에 시작하여 128년에 완성을 본 것이라 한다. 당시는 1마일마다 감시소가 설치되고 각 감시소의 중간에는 두 개의 소감시소를 두었고 모두 15개의 대 요새가 건축되었으나 현재 남아 있는 성벽은 카알라일 동방 약 30㎞지역에 있는 그리인해드 부근뿐이라 한다.

  고속도로에는 상당히 차가 많았다. 점심은 조용한 작은 마을 Newton Hall에서 닭고기 식사를 했다. 점심을 먹은 뒤 일행은 더램 카테드랄로 갔다. 13~14C의 로마네스크, 고딕 양식의 900년 된 성당은 매우 아름다웠다. 이 대성당은 1986년 유네스코 세계문화유산으로 지정되었다고 한다. Castle에서는 토요일이라 여러 가지 행사가 열리고 있었다. 결혼식도 있었고 광부들의 예배도 있었고 토요일 교회행사도 있었다. 우리는 여러 행사들을 구경한 후 York로 이동하였다. 우선 요크시내에 있는 대성당 요오크 민스터를 관람했다. 627년 목조로 세운 교회가 그 시초였는데 13세기부터 대주교에 의해 본격적으로 건축이 시작되어 15C에 완성된 교회로서 현존하는 중세 건축의 성공회 교회로서는 영국에서 가장 큰 것이라고 한다. 특히 120여 개의 스테인드글라스는 매우 유명한 것으로 남쪽 입구에서 본 '파이브 시스터즈 윈도우'의 아름다움은 실로 놀라움을 금할 수 없게 한다.

  아름다운 요크 Minster를 구경한 뒤 일행은 Forte Post

House Hotel에 짐을 풀고는 동네 Pub에서 저녁 식사를 한다는 얘기를 듣고 다수는 야회복 풍의 옷들로 갈아입고 버스를 탔다. 저녁노을에 아름다운 푸른 들판을 보면서 제법 피로하긴 했지만 Pub에서 즐길 저녁시간을 기대하며 즐거워들 했다. 그런데 이상한 일이었다. 차가 가도 가도 끝없는 시골길을 달리다가 다시 빽, 다시 턴, 그리고 달리기를 계속한 지 한 시간이 지나서야 아주 자그마한 KnosBurgh라는 마을에 도착했다. 작은 동네의 Pub은 동네 사람들로 앉을 데 없이 안팎으로 붐볐는데 우리는 겨우 얇은 비프스테이크 한쪽씩을 먹고 별로 즐기지도 못한 채 그냥 호텔로 돌아왔다.

- 7월 11일(일요일)

어디를 가나 아침식사 하나만큼은 괜찮은 셈이다. 서머셋 모음의 얘기처럼…. 아침을 든든히 먹었다. 어제 저녁일 때문인지 요크거리를 일찍부터 좀 더 잘 구경시켜준다고 캐롤라인은 우리들을 서둘러 떠나게 했다. 어제 본 요크대성당도 다시 보고, 일요일이라 성당 종소리가 아름답고 장엄하게 울려 퍼지는 가운데 옛날 그대로의 모습을 간직한 채로 남아있는 11~14C 요크 뒷거리, 푸줏간거리, 시장거리까지 다 둘러보고 성녀 이야기도 듣고 난 뒤, 정복왕 윌리엄이 세웠다는 요크성도 구경하였다. 3~12C까지 보수하였고, 18C에 완전히 재건된 것이라 한다. 그 근처엔 브론테 자매의 Parsonate Museum이 있다고 한다.

그 부근이 요크셔 지역으로 요크셔의 자연환경이 크게 그들 세

자매에게 영향을 끼쳐 『제인에어』나 『폭풍의 언덕』 같은 명작들이 나올 수 있었다고 한다. 여고 시절 즐겨 읽으며 공상에 젖던 이름 히스크리프! 롯체스터!… 히스나무 우거진 폭풍의 언덕도 가보고 싶었다. 그러나 문학기행이 아니기에 다 가볼 수도 없는 일…. 우우즈강과 호스강의 합류점을 바라보고 있는 요크셔 주의 주도인 고도 요크는 2000년간 영국 북쪽의 수도였던 만큼 역사적 냄새가 물씬 풍기는 훌륭한 도시였다. 셰필드를 지나서 11시쯤 Break time을 잠시 가졌다. 날씨는 계속 좋았다. 24.5℃의 습기 없는 맑고 시원한 날씨는 쾌적했다. 1시 30분쯤 버밍햄의 아이비 호텔에서 간단한 프랑스 요리를 먹었다. 프랑스 요리엔 샐러드와 치즈와 파이가 빠지지 않는 특색이 있었다. 그런데 사이다에 4%의 알콜이 함유되어 있어서 신부님의 얼굴이 빨개졌다. 오늘의 음료와 술은 신부님이 내셨다. 버밍햄은 신·구가 합해진 도시로서 아파트도 보이고 새 고층건물들이 많았다. 역시 옛 영국 산업혁명의 중심도시였다는 것은 중요한 모양이다. 현재 인구 300만의 제2의 도시로 하이테크 산업이 매우 발전하고 있다고 한다.

그런데 문제가 또 생겼다. 캐롤라인의 거리와 시간 측정간의 오차로 Stoke-on-Trent에 있는 웨지우드 공장은 들르지 못하게 된 것이었다. 사실 웨지우드 상품은 너무 비싸서 사기 힘들겠지만 작은 기념품이라도 하나 가져보고 싶었고 특히 우리 큰딸애가 결혼해서 영국에서 1년여 산 곳이 바로 Stoke-on-Trent로서, 키일(Keele)대학에서 사위가 연구를 했고 큰손녀가 거기서 태어났기 때문에 그 당시도 못가 보아서 꼭 한번 가보고 싶은 곳이었는데 아쉬웠다. 대신에 우리는 윈저성은 꼭 보겠다고 우겼다.

우선 워릭성으로 갔다. 에이번 강변의 작고 오래된 도시 워릭에는 10C경의 노르만 성채를 궁전으로 개축한 Castle이 볼거리였다. 중세 성의 험난함과 17C 무렵의 저택의 우아함이 함께 어우러진 모습을 하고 있었다. 3시에서 5시 50분까지 자유 관람을 하라고 하기에 처음엔 시간이 너무 많다고 생각했으나 볼거리는 여기저기 구석구석 많았고 관광객도 꽤나 많았다. 성을 쭈욱 돌아보니 파티룸, 귀신방, 감옥, 등등 볼 것들이 있었고 여러 계단을 올라간 성 꼭대기에서 연이어지는 성으로 계속 한 바퀴 돌았다. 그리고 공작이 노니는 아름다운 영국의 정원 앞에서 기념사진도 찍고 잔디 위 벤치에 앉아 쉬기도 하고 그곳의 그림카드도 사고하는 사이 어느덧 2시간 반이 후딱 지나갔다.

6시 30분 코번트리에 도착하여 Devere Hotel에 투숙하였다. 일요일이라 저녁식사 전에 오남주 신부님 방에서 잠시 미사가 있었다. 그리고 오늘은 호텔 식당에서 저녁식사도 하고 작은 축하 파티도 가졌다. 오남주 신부님, 신숙원 선생님, 구수경 선생님이 생일달이라 함께 축하 노래를 부르고, 케이크 커팅을 하고, 작은 선물을 드렸다. 게다가 오늘 저녁의 맛있는 포도주는 이선배 선생님과 노옥순 선생님 내외분이 내셔서 분위기는 더욱 고조되었다. 중부 잉글랜드의 중공업 도시 코벤트리에는 이런 전설이 남아 있다고 한다.

11세기 경, 당시의 영주 레오프릭 백작의 무거운 세금에 시달리는 농민의 모습을 보다 못한 백작부인 고다이바가 백작에게 세금을 경감하도록 탄원하자, "그렇다면 당신이 발가벗고 그 마을을 지나가 보시오. 그렇게 하면 부탁을 들어주겠소."라고 백작은 냉담하게 대답했다고 한다.

마음을 굳힌 고다이바는 아름다운 나체로 말을 타고 머리카락으로만 몸을 가린 채 마을을 돌기 시작했다. 그러나 부인의 따뜻한 마음을 헤아린 농민들은 집집마다 커튼을 내리고 그녀가 지나가기를 기다렸다고 한다. 한데 이때 유일하게 톰이라는 사람이 커튼 사이로 살짝 그녀의 몸을 훔쳐보는 순간, 강한 햇빛이 그의 눈을 강타하면서 장님이 되었다고 한다. 그는 코벤트리의 웃음거리로 되었고 이후 호색한이나 관음증을 피핑 톰(Peeping Tom: 엿보는 톰)이라고 한단다.

그리고 제2차 세계대전 중에 이 마을에 군수공장이 집중되어 있었기 때문에 독일 공군의 최우선 표적이 되었고, 철저하게 파괴되었다. 그러나 그 후의 부흥은 경이적이어서 그 정신이 불사조에 비유되고 있다. 또 한 가지, 코벤트리 카테드랄은 매우 특이한, 지금까지 익숙해온 대성당과는 매우 다른 모습을 하고 있어서 신비한 기분을 느끼게 해주었다. 정면에 커다란 목재 십자가가 걸려있고, 예배당 중앙에는 금속제의 커다란 십자가가 매달려 있어서 우주시대의 성당 같았다.

- 7월 12일(월요일) 맑음.

오늘은 아침 일찍부터 서둘러 셰익스피어와 관련된 곳을 보기 시작했다. 윌리엄 셰익스피어(William Shakespeare: 1564~1616)는 과연 실제 인물인가? 과연 그는 그 모든 작품을 그 자신이 다 쓴 것인가? 영국 최대의 희곡작가인 그의 생애에 관해서는 알려진 것도 많지 않고 의문스러운 점도 많아 의견이 분분하지만, 셰익스피어 때문에 먹고사는 동네를 찾아갔다. 먼저 그가 16세 때 22세의 앤과 결혼했다는데 Anne Hathway의 Cottage를 찾아갔다. 그리고 그의 어머니 메리아덴의 집도 보았다. 초가집도 꽃밭도 자연스런 정원도 모두 아름다웠다. 그리고는 스트래트퍼드 어폰 에이번(에이번 강변의 스트래트퍼드) 즉, Shakespeare's Birthplace에 도착하여 버스로 작은 도시를 두어 번 돌며 캐롤라인은 구석구석 설명을 해주었다.

  셰익스피어 드라마스쿨, 셰익스피어 호텔, 셰익스피어 생가, 셰익스피어 기념관, 셰익스피어가 다닌 선술집, 로얄 셰익스피어 Theatre, etc, etc. 그리고선 일행을 버스에서 풀어 놓더니 두 시간의 자유 시간을 주었다. 바로 이곳이 셰익스피어 때문에 먹고 사는 동네로구나! 우리도 은행에서 돈을 바꾸어 그림엽서, 셰익스피어 달력 등 몇 가지를 샀다. 그런데 100$를 주니 57파운드로 바꾸어 준다. 놀라운 일이다. 엘리자베스 여왕이 그려진 영국지폐는 하나도 위력이 있어 보이지 않는데 죠지 워싱턴이 그려진 빨빨한 달러가 그 앞에서 맥을 못 추는 느낌이다. 아무튼 영국은 모든 것이 비싸다. 다시 버스를 타고 옥스퍼드 지역으로 이동하여 1시쯤 되어 중국 음식점에서 식사를 했다. 오늘 음료수는 김난순 선생님이 냈다. 식사 후엔 이리 뛰고 저리 뛰며 옥스퍼드

대학 쪽으로 가서 한 30분간 구경을 하였는데, 완전히 '장님 코끼리 만지기' 식이었다.

　세계 굴지의 학문의 땅 옥스퍼드. 관광객도 학생도 교수도 수없이 많은 곳이다. 인구 12만에 학생이 1만 3천명이며 이들 학생은 시내에 흩어져 있는 40여 개의 칼리지에 다니고 있다고 하며 이러한 칼리지를 포함하여 9백 개 이상의 건물이 각각의 역사를 간직한 채 그 전통을 자랑하고 있는 곳이다. 그런데 우리는 에이번 강가에서 쓸데없이 두 시간 씩이나 보내고는 이 중요한 지역에 와서는 벼락에 콩 튀기듯 힐끗 쳐다만 보고 지나가게 되었으니, 캐롤라인을 원망하지 않을 수 없었다. 물론 Museum of Oxford도, Bodleian Library도 보지 못했다. 아무튼 옥스퍼드의 인상은 역사나 전통의 무게가 직접 몸에 닿아 오는 듯한 느낌이었지만, 최첨단 과학적인 면에서는 과연 미국만치 발전할 수 있을 것인지 하는 의문도 들었다.

　재빨리 버스에 탄 일행은 윈저성을 향해 달렸다. 성에는 4시까지만 입장시킨다고 하니 서두를 수밖에 없었다. 버스에 내려서도 이리 뛰고 저리 뛰고 역을 지나고 광장을 지나고 거리를 지나고 어떻게 도착했는지 모르지만 성 입구 표 받는 곳에 도착하니 4시 10분 전이었다. 현재 사용하고 있는 왕실의 성으로서는 세계 최대 규모를 자랑하는 윈저성. 그리고 9백년 동안 잉글랜드 여왕의 성으로 솟아있는 윈저성은 현 엘리자베스 여왕이 가장 사랑하는 성이라고 한다. 그래서 자주 주말엔 체류하는 성으로서 볼 것도 많았다. 맨 먼저 바로 앞에 보이는 성(聖) 조지 성당은 헨리 8세 때 완성된 것으로 웨스트민스터 사원과 함께 왕실의 무덤으로 되어 있는데 화려한 고딕양식이었다. 어퍼 포드 구역은 여왕이 체재중일 때는 출입금지 구역이라 한다. 특히 퀸 메리 인형관(Doll House)은 매우 아기자기하고 재미있었다.

  그러나 1992년 11월 윈저성에 불이 나서 성의 동북부분을 소실하는 안타까운 사건이 있었다. 그러나 오늘날은 거의 다 복원되어 있었다. 넓어서 볼 곳도 아주 많았다. 5시 45분에 버스는 윈저성을 떠났다. 그러나 여기에는 재미있는 일이 하나 있었다. 약속시간보다 5분 늦게 나타난 서강대팀 세 분 선생님들을 버스에 태우지 않으려는 진한 장난의 해프닝을 연출할 만큼 이제야 일행은 다소 마음의 여유를 가질 수 있었다. 이제 여행도 거의 마지막에 가까워졌다. 영국에서 맨 첫 번째 밤을 지낸 그 호텔 Copthorne Tara에 우리는 다시 도착하였다. 짐을 부려놓고 우리는 다시 버스를 타고 영국서는 처음이자 마지막으로 한국 음식집에 갔다. 된장찌개, 김치찌개, 콩나물 무침, 고추장아찌, 상추쌈, 불고기, 흰쌀밥, 참으로 맛있었다. 거기에다 이경자 선생님이 낸 음료수와 술턱으로 한맛 더 있었다. 우리나라는 정말 음식 문화가 발달한 나라구나 하는 생각이 문득문득 났다. 내일은 개인 자유프로그램대로 움직이기로 하였기에 호텔에 돌아와선 대강 세 팀으로 조를 짰다. ①미술관과 자연사박물관과 헤롯백화점 코스팀, ②대영박물관과 헤롯백화점 코스팀, ③런던탑과 공원관람팀으로 나뉘어졌다.

- 7월 13일(화요일)

우리 팀은 대영박물관을 먼저 보고 런던대학을 들렀다가 오후엔 헤롯백화점에 가보기로 결정하고 8명이 한 팀이 되어 택시로 출발하였다. 성 관람비, 미술관 관람비 등 모든 것이 비싸고 특히 택시 값이 팁까지 합쳐서 퍽도 비싼 데에 놀랐는데, 대영박물관 관람은 무료라고 하니 또한 놀라운 일이다. 하기야 남의 나라 물건들을 모두 강제로 가져다 놓았으니 그렇게 해야 당연하다는 기분이기도 하다. 이 대영박물관은 그 거대한 규모 때문에 전문가는 별도로 하고라도 일반 관광객이 관람하는 데에도 최소한 나흘은 걸린다는 곳이다. 그런데 우리는 두 서너 시간에 주마간산 격으로, 벼락에 콩 튀기듯이 돌아볼 수밖에 없었다.

1층에 그리스·로마 전시실, 서아시아실, 이집트실, 동양권(중국, 인도, 동남아시아), 이슬람실, 인류학관 전시실. 2층에는 선사시대와 로마시대의 영국 실, 중세·르네상스 근대실, 서아시아 실, 이집트 실, 그리스·로마실, 동전 및 메달 전시실, 동양권(한국, 일본)전시실, 그리고 지하의 서아시아 실 등 모두 94개의 전시실로 되어 있었다. 오늘날 존재하는 소장품은 세계문화와 연대 면에서 세계 그 어느 박물관 소장품보다 균형이 잡혀있고 그 소장품의 범위도 광대하다고 한다. 특히 아테네 파르테논 신전의 페디먼트(Pediment), 메토우프(Metope), 프리이즈(Frieze) 등의 엘긴 대리석 조각群과 고대 이집트의 람세스 2세 왕의 석상이나 미라들은 압권이었다. 또한 로제타스톤의 실물을 본다는 것도 흥분되는 일이었다. 시간 때문에 어쩔 수 없이 주마간산 격으로 휙 둘러본 다음 일행은 점심 해결을 위해 대영박물관 바로 이웃에 자리한 런던대학으로 갔다.

이 대학은 1836년에 설립된 대학으로 34개의 단과대학과 1만2천여 명의 학생 수를 자랑하는 대학이라고 한다. 대학 문 앞에서 일단 사진을 찍고 난 뒤 근엄하게 교수식당으로 들어가서 뷔페식 식사를 잘 하고 나왔다. 대학식당 역시도 값은 만만치 않았다. 그리고서는 7월 대바겐 세일에 들어갔다는 그 유명한 헤롯백화점으로 갔다. 다이애나 왕세자비가 살아 있다면 이 백화점의 주인 노릇을 하게 되었을지도 모를 일인데 하면서….

4시 30분 뿔뿔이 헤어졌던 일행은 모두 모여 짐을 챙겨 히드로공항으로 향했다. 우리는 드디어 8시 5분 런던공항을 출발하였다.

영국 내에서의 버스투어만 장장 3,800km 이상을 하였다. 일단 영국은 대강 섭렵한 셈이다. 일본 스튜어디스들은 우리나라 스튜어디스만큼은 못했지만 그래도 싹싹하고 친절하게 맛있는 것을 챙겨주었다. 하루 종일 돌아다닌 덕분에 올 때와는 달리 비행기 안에서 모두 깊이 잠들 수 있어서, 잘 자고, 밥 두어 번 먹고 나니 일본 오사카에 도착했다. 오사카 현지 시각은 오후 4시. 3시간을 더 기다려 7시 비행기로 서울에 도착하니 저녁 9시가 다 되었다. 이렇게 하여 15박 16일의 영국여행은 보람 있게 무사히 끝이 났다. 모두 아쉬운 인사를 나누고 헤어졌다.

그러나 부산팀 4사람은 아직도 여행이 끝나지 않았다. 오 신부님과 함께 일행 넷은 리버사이드 호텔에 방을 두 개 빌려 잠을 자고 아침은 구수한 전라도 해장국을 사먹고 9시 비행기로 부산에 도착하니 결국 17박 18일의 여행을 끝낸 셈이 되었다.
　영국여행을 끝내며 다른 곳과 달랐던 점 몇 가지가 생각난다. 영국호텔은 어디를 가나 다음과 같은 공통점이 있었다. 에어컨이 없고, 스팀 나오는 라지에이터는 있고, 티타임을 가지라고 반드시 커피포트와 티, 슈가, 크림을 준비해 두고 있고, 바지 다림질기, 혹은 다리미까지, 드라이어는 물론 꼭 비치되어 있으며 예쁜 액자, 커튼 등 호텔방 장식이 가정집처럼 아담하다는 점이다. 그리고 거의 대부분의 도시는 옛 모양의 집들을 그대로 유지하고 있으며 우리처럼 고층아파트는 거의 볼 수 없었다는 점이다. 곳곳에 화단을 아주 색깔 조화가 잘되게 멋있게 가꾸어 놓아서 어두침침한 영국의 분위기를 밝고 아기자기하게 만들고 있었다. 택시는 값도 비쌌지만 팁도 꼭 주어야 하고 또한 어느 곳에서나 좌회전, 우회전이 자유자재로 허용되어 있어서 차 조심을 해야 한다는 점. 대브리튼이라고는 하지만 웨일즈는 웨일즈대로 스코틀랜드는 스코틀랜드대로 노스아일랜드는 노스아일랜드대로 자신들의 글을 표기하고 자신들의 돈이 따로 있고 자신들의 의회를 가지고자 한다는 것. 물론 에이레 공화국은 독립해 버렸고…. 저 좁은 나라에서 저렇게 자기들끼리도 완전화합이 안된 나라에서 어떻게 지구상에서 해가 지지 않는 나라가 되게끔 크게 발전할 수 있었을까? 놀라운 일일 뿐이다. 그러나 오늘날의 영국은 안팎으로 해체되어 가고 있음을 실감하지 않을 수 없다.
　그리고 미국의 지명과 같거나 비슷한 지명이 영국에 많은 것은 영국에서 미국으로 이민 간 사람들이 고향이 그리워서 그렇게 지었으리라 생각된다. 마치 중국역사에서 4세기 서진(西晉)이 망하고 오랑캐에게 쫓겨 남쪽에 동진(東晉)을 세우고 난 뒤 남하한 사람들이 옛 고향이 그리워 군이나 현의 이름을 옛 고향의 이름과 꼭 같이 지었던 교군(僑郡), 교현(僑縣) 현상과 같음을 느꼈다.

 그리고 또 한 가지 왜 우리는 영국여행 이후 "아주 멋있었어!" 하며 감탄하지 않는 것일까? 왜 기대보다 못하다고 생각하는 것일까? 잔인한 식민주의자 앵글로색슨 족에 대한 반감 때문일까? 아니면 너무 기대했기 때문에 생긴 그 반작용일까? 작년에 중앙유럽, 동구권에 갔었을 땐 감탄의 연발이었지 않았는가? 아마 그 이유는 영국이라는 한 나라만 계속 버스로 투어를 하게 되면 대도시 만이 아니라 시골 촌 구석구석까지도 다 가게 되니까 가는 곳이 다 명승고적일 수가 없을 것이고, 동구권의 경우는 각 나라의 수도, 대도시의 유명한 곳을 집중적으로 찾아 갔기 때문에 아마 볼 것도 더 많고 감탄할 거리도 더 많았을 것이다.

 그러나 터키 여행 때도 이번처럼 버스투어 3600km를 했는데도 아주 멋있다고 생각했었는데…. 그것은 기대를 안했기 때문이었을까? 참 그런데 이번에 터키에 이렇게 큰 지진이 일어난 것을 보고 아찔함과 안타까움을 금할 수 없는 심정이다.

 지금도 앉으면 생각나는 영국의 아름답고 좋았던 곳은 Chester, York, DuRham Abby, 윈저성, 대영박물관이다. 수박 겉핥기식이었지만 일단 영국은 Master한 기분으로 이만 여행기를 그치려고 한다.

대만 역사기행

- 비교문화연구회 제15차 문화탐방(2001年 1月 9日~14日)

  출발시간이 이른 아침일 경우 서울에 살지 않는 사람은 그 전날 서울에 와 있어야 안심할 수 있기에 언제나처럼 우리 부산팀은 8일 오후 4시 비행기를 예약해 두었다. 그런데 서울 쪽에 눈이 많이 와서 종일 비행기가 뜨지 않는 모양이다. 2시 반부터 김해공항에 도착해서 기다리는데 서울행 비행기는 캔슬 되거나 연발된다는 얘기뿐이다. 아예 서울 쪽에서 비행기가 뜨지를 못해 부산에서 타고 갈 비행기가 없단다. 백방으로 알아봐도 고속버스와 기차 편은 이미 매진이고 택시의 경우 밤새도록 달려가면 서울에는 가겠는데 30만원을 내란다.

  저녁 6시가 되어 서울행 비행기가 한 대 뜬다기에 이리저리 노력하여 천신만고 끝에 6시 30분에 부산을 떠날 수 있었다. 서울에 도착해서 짐을 기다리는데 우리 짐만 없다. KAL쪽 직원들도 북새통 속에 질서도 없고 정신을 차리지 못해서 싸워 봐도 뾰족한 수가 없었다. 9시가 다 되어 다음에 도착한 비행기 화물에 섞여온 우리 짐을 겨우 찾을 수 있었다. 공항 가까운 여관에 도착해서 저녁을 먹고 나니 밤 11시가 다 되어갔다.

다음날 아침 우리는 새벽에 일어나 7시도 못되어 김포공항 1청사 2층의 신한은행 앞에 도착했다. 우리가 1등이다. 9시 35분 출발이니 이렇게 일찍 오지 않을 수 없다. 7시 전후해서 반가운 얼굴들을 만나 인사를 나누고 여권과 비행기 표를 받고 일행 20명은 수속을 끝낸 후 대북행 비행기에 탔다.

그런데 이미 수속할 때부터 또 다시 펄펄 함박눈이 내리고 있었다. 어제 일이 뇌리를 스치며 걱정스러웠다. 순식간에 눈이 비행기 날개에 수북이 쌓인다. 비행기는 떠날 생각도 않는다. 1시간이 지나고 2시간이 지나고…. 연발 이유는 활주로도 활주로지만 비행기 동체에 얹힌 눈을 다 녹여 떠나지 않으면 큰일 난다는 것이다. 눈 녹이는 장비가 한두 개뿐이라서 우리 차례가 늦어지고 있단다. 여름에는 물난리, 겨울에는 눈난리, 온통 기상이변으로 난리다.

기다린 지 3시간째 드디어 출발 사인이 내려졌다. 결국 12시 30분에 출발하여 2시간 30여분 비행 끝에 3시(현지시간 2시. 중국과 같이 우리와는 1시간 차이)에 대북의 중정 장개석 공항에 도착했다.

날씨는 덥지도 않고 늦가을 날씨다. 여기도 아열대지만 겨울 시즌이라 비도 잦고 으스스하니 춥다는 얘기다. 우리 CCC단의 대만 여행 일정은 버스로, 비행기로 잘생긴 고구마 같은 대만을 일주하는 것이다. 대만의 면적은 약 3만 6천㎢로 남한의 약 ⅓정도다.

우리는 버스를 타고 대중시를 향했다. 대중(臺中)은 대북에서 남서쪽으로 186㎞ 떨어져 있는 중부 대만의 최대도시로 대북으로 옮기기 전의 대만의 수도였던 곳이다. 가는 도중 도원(桃園)과 신죽(新竹)을 지나쳤다. 도원은 자동차, 전기, 기계공업이 유명하고, 신죽은 유리, 비료, 시멘트, 제약, 컴퓨터 산업이 유명한 공업도시인데, 특히 신죽의 퍼스널 컴퓨터 산업은 대만을 지탱해주는 주요 산업이다.

도원에서 남쪽으로 약 15㎞ 떨어진 곳에 자호(慈湖)가 있었다. 이곳은 장개석 총통이 자주 들러 휴식을 취했다는 곳인데 큰 대륙을 빼앗기고 작은 섬으로 쫓겨온, 더 넓은 중국대륙을 통치하며 일세를 풍미했던 영웅의 가슴은 얼마나 갑갑하고 회한에 찼을까?! 하는 생각이 들었다. 이곳에 잠들어 있는 장개석은 언젠가 권토중래(捲土重來)하여, 대륙의 남경에 이장해 주기를 바라면서 중산릉 같이 해달라고 했다는 얘기다.

대중에 도착하니 어둑어둑하기 시작하여 보각사의 미륵대불상(30개)과 만불사의 약사대사 좌상(21개)을 보지는 못했지만 彰化市에서 19㎞ 지점에 있는 팔괘산(八卦山) 공원 산상에 있는 높이 22m의 큰 콘크리트 대불을 볼 수 있었다. 마침 어제가 보름이니 오늘이 16일 기망달(旣望月)이라 보름달보다 더 큰 달이 대불 뒤에 떠오르고 공원의 아름다운 수목과 대중 도시의 야경이 어우러져 신비롭고 환상적인 느낌이 들었다. 이 창화 팔괘산 대불은 1936년 항일을 위해 만든 불상이라고 한다.

어두운 길을 재촉하여 小成都찬청에서 1반 7채의 중국요리를 먹고, 한참을 달려 대남(臺南)시에 도착하여 10시 30분 Tainan

Dynasty Hotel에 들었다. 대만의 중부에 있는 천연호수 일월담(日月潭)은 대만의 명승지라고 하는데 대만일주 여정이 바빠서 빠뜨리는 수밖에 없었다. 호텔은 아주 좋았다. 일본 TV채널이 여러 개 있었으며 일본에 대한 적대감이 거의 없는 듯해서 우리와는 다소 대조적란 느낌이 들었다. 오늘 하루가 매우 길다는 느낌 속에 대만에서의 첫날밤을 보냈다.

- 1월 10일(화)

아침 일찍 대남시 답사에 나섰다. 대남시는 북회귀선을 넘은, 이제 여기서부터는 남쪽 지역으로 열대권인지라 날씨가 달라지며 다소 강한 햇살을 느낄 수 있었다. 대남 시는 옛날 淸代에 대만 진수부(鎭守府)를 두었던 도시로 대만 제4의 도시로서 성벽으로 둘러싸여 공기도 온화한 것이 대북·대중과는 상당히 다른 느낌이었고, 특히 역사적인 유적지가 많아 흥미를 끌었다. 그것은 다름 아닌 유명한 영웅 정성공(鄭成功)의 전략지가 바로 이곳이라는 점이다. 여기에서 잠시 대만의 역사를 얘기할 필요가 있었다. 그래야 정성공이란 인물을 이해할 수 있기 때문이다.

대만(臺灣: Taiwan)의 역사는 5개의 시대로 구분된다. 즉 (1)네덜란드 지배시대 (2)정씨의 지배시대 (3)청의 지배시대 (4)일본의 식민지 통치시대 (5)중화민국 시대 등으로 나누어진다.

(1) 네덜란드 지배시대

한족(漢族)이 대만에 이주해 오기 전에 동남아시아 방면에서 이

주해 온 원주민이 수렵과 어로, 화전 농업을 경영하여 생활하고 있었다. 그들은 몇 개의 부족으로 나뉘어져 있었으며 언어·역사·풍속이 각각 달랐다.

지리상의 발견 시대부터 무역과 식민지 조성을 위해 세계 각지에 진출한 유럽 여러 나라들에 의해서 대만은 세계 정치무대에 등장하기 시작하였다. 처음에 이 섬의 유일한 유럽인 방문객은 좌초된 선원과 선교사들이었다. 1517년 포르투갈인이 먼저 이 섬을 탐험했고 다음에 스페인인과 네덜란드인이 대만에 들어왔다. 포르투갈인은 이 섬을 '아름다운 섬 Formosa(포르투갈어로 formosa는 아름답다는 뜻)'이라고 칭하였다. 포르투갈인은 동아시아 지역의 거점을 마카오로 선택하면서 철수하였다. 1624년과 1625년 네덜란드는 타이완 남부, 지금의 타이난(台南)에 요새를 만들어 젤란디아(Zeelandia)라고 불렀다. 1626년과 1629년에는 스페인이 기룽(基隆)에 기지를 구축하였다. 그러나 결국 1640년에 네덜란드가 스페인과 일본왜구를 모두 몰아내고 원주민을 회유하여 대만을 지배하게 되었다.

(2) 정씨의 지배시대

정성공(鄭成功: 1624~1662)은 1624년 일본에서 출생했다. 그의 아버지는 중국 복건성 태생인 정지룡(鄭芝龍)이고 어머니는 후꾸마쯔(福松)라는 일본 여자였다. 7세 때 조국 중국으로 건너가 22세 때 아버지를 따라 명나라 황제에게 알현한 후 국성 주(朱)를 받고 이름을 정성공이라 고쳤으므로 당시의 사람들은 그를 국성야(國姓

213

爺: 나라의 아버지라는 뜻)라고 일컬었다.

중국에서는 1644년 이자성(李自成)이 명을 멸망시켰지만 청이 대신해서 중국을 지배하였다. 1646년 청군(淸軍)이 명나라를 공격하기 위해 한꺼번에 많이 남하하자 아버지 정지룡은 아들 정성공의 반대를 무릅쓰고 청군에 항복했다. 그러나 정성공은 명나라를 위해 홀로 충성을 지키며 여러 번 적군을 격파해서 공을 세웠다. 그 후 1659년 금릉(金陵)을 공격하려다가 패해 명나라에 충성을 맹세한 사람들을 이끌고 복건성 아모이를 지켰다.

정성공은 당시 네덜란드가 지배하고 있던 대만을 공격하기 위해 1661년 3월 4일, 2만 5천 명의 병력과 1천 2백 척의 전함을 이끌고 아모이를 출발하였다. 그리고 팽호도를 거쳐 4월 29일에는 단숨에 대남시 안평에서 네덜란드 군이 웅거하고 있던 성을 공략했다. 곧 이어 젤란디아 성에 육박, 교전 7개월 만에 그것을 함락시켰다. 그리고 네덜란드 영사 코에트를 비롯하여 많은 네덜란드인을 바타비아로 추방, 약 38년간의 네덜란드인에 의한 대만 통치에 종지부를 찍었다.

정성공은 그 후 대만 통치 책을 적극적으로 추진시켜 젤란디아 성을 승천부(承天府)라 개칭하고 스스로 장병을 이끌고 온 섬을 순시하였으며, 중국 고대 제도를 본 따 법률을 정하고 둔전제도(屯田制度)를 세워 부국강병책을 강구하고 명나라의 부흥을 꾀했다. 그러나 불행히도 그는 다음해인 1662년 5월 8일 39세의 젊은 나이로 파란 많은 삶을 끝냈다.

현재 중국 정부는 민족적 영웅인 정성공의 위업을 빛내기 위해 매년, 그가 대만을 지배하고 있던 네덜란드 군을 격파한 4월 29일을 '정성공 복대기념일(復臺紀念日)'로 정하여, 이날은 대남 시에 관민 합동의 성대한 축하제전이 개최된다고 한다. 이처럼 정성공은 대만을 이야기할 때 잊어서는 안 될 인물 중 한 사람이다.

(3) 청의 지배시대

1683년 7월 청 강희제(康熙帝)는 대규모의 원정군을 파견하여 명의 유신인 정씨 일족의 근거지인 팽호(澎湖)열도를 공격하여 굴복시키고 3개월 후에는 대만의 항복을 받아내고 대대적인 학살을 하였다. 그러나 강희제는 대만을 청에 병합시키고 유화정책을 썼다. 대만을 적대 세력의 근거지가 되지 않도록 하기 위해 문관을 파견하여 통치하기 시작하였다. 그 후 청은 중국에서 대만으로 건너가는 것을 금지하거나 엄격한 조건으로 제한하였다. 원주민 중에는 한족(漢族)으로 동화된 사람들도 있었으며 한족은 미개척지를 개척하거나 원주민에게 농경지를 빌리거나 하면서 생존권을 넓혀갔다.

(4) 일본 식민지 통치시대

1858년 천진조약(天津條約)으로 대만의 두 항구가 외국에 개항되기 시작하였다. 19세기 말 청일전쟁(1894~1895)에서 승리한 일본은 요동반도·대만·팽호열도를 청으로부터 할양 받았다. 그러나 유럽 강대국 러시아, 독일, 프랑스의 압력으로 요동반도는 반환했지만 대만과 팽호열도는 일본지배 아래에 들어갔다.

이때 일본지배를 싫어한 구봉갑(邱逢甲)은 대만에 있던 청 관료인 당경숭(唐景崧)과 함께 대만 민주국의 독립을 선언하여 1895년 5월 25일 독립하였다. 그러나 이 민주국은 일본군의 침공 앞에서 무너지고 말았다.

일본은 총독부를 통해 철저한 식민지 정책을 강력하게 추진하였다. 일본은 대만인 자손을 6년간의 일본식 공립학교 교육을 시키는 한편 특별 행정구역 내에 사는 원주민 자손들을 번동교육소에서 4년간 교육시켰다. 이와 같이 일본어를 배우면서 대만인과 원주민은 점차 일본화되어 갔다.

그러나 대만인과 원주민은 일본 통치에 대해 무력 항일운동을 하였다. 이에 대해 1898년 11월 일본은 비도형벌령(匪徒形罰令)을 공포하고 일련의 항일운동을 '토비반란(土匪反亂)'이라고 단정하고 무력으로 탄압하면서 사회유지와 지식인을 포섭하는 회유정책을 병행하였다. 그 후 항일운동은 무력투쟁에서 조직적 정치운동으로 전환되었으며 1921년 10월 창립된 대만문화협회가 그 역할을 담당하였다

1936년 중일전쟁에서 1941년 태평양전쟁으로 진전함에 따라 대만은 일본의 남방 작전기지가 되었다. 1944년~1945년 미국 공군의 빈번한 폭격을 받았으나 1945년 태평양전쟁이 끝날 때까지 50년 이상 일본 식민지 통치를 받았다.

(5) 중화민국 시대

일본의 패전과 함께 대만은 중국에 반환되었다. 중국에서 온 중화민국군은 교만하여 인기를 잃었다. 이에 대한 반발이 2·28 사건으로 나타났다. 1947년 2월 27일 밤 타이베이에서 국민당 전매

국 담배 암거래 단속반이 뒤늦게 도망친 한 노파를 체포하면서 사건이 발생하였다. 정부군이 이에 항의하는 시위 군중을 향해 발포하여 한 명이 죽었다. 다음날 대만인의 데모대가 전매국에 난입하여 대항했지만 기관총으로 공격받고 많은 사상자가 생겼다. 이에 분개한 사람들은 일본패전 후 중국에서 이사해온 중국인의 점포를 불태우고 방송국을 점거하고 전 국민적인 궐기를 호소하였다. 장개석의 무력 탄압으로 이 항거는 진압되고 수천 명의 지식인층이 희생되었으며, 1만 명 이상의 민중이 사망하였다. 이로부터 本省人(대만인)과 外省人(중국인) 사이의 각축이 시작되었다.

1949년 10월 마오쩌뚱(毛澤東)에 의해 중화인민공화국이 선언된 후 중공군에게 패한 국민당 군 2백만 명이 대만으로 와서 대만은 국민당 정부의 중심이 되었다. 국민당 정부는 법통을 내세워 대만인과 원주민을 무력으로 지배하기 시작하였다. 장개석 국민당 정부는 1955년 미국과 안보조약을 체결했으나 세계여론과 중국 공산당 정부의 압력으로 1971년 유엔에서 회원국의 자격을 박탈당했다. 1979년 미국 역시 중화민국의 공인을 취소하였다.

이 이후 우리나라의 대만 유학생은 귀국하였고 대부분 중국 본토로 유학하게 되었다.

1971년 이래로 대만은 국제적 고립 속에서 경제활동에 전념하여 경이적인 경제발전을 실현하였다. 1975년 장개석 총통이 사망하고, 아들 장경국이 그 지위를 계승하여 1988년까지 유지하였다. 그러나 이미 1970년부터 장 씨 일가의 세습적 통치와 국민당 1당 정치에 비판의 목소리가 나오기 시작하였다.

1986년 비로소 야당으로 민주진보당이 조직되어 의회에 진출하였다. 1988년 장경국이 죽은 후 대만 출신 이등휘가 총통이 되고 1993년 내각 개편에서 타이완 지식인 출신인 연재(連載)가 행정원장이 됨으로써 대만인에 의한 대만 지배의 시대가 열리게 되었다. 2000년 3월, 대만은 민주진보당의 陳水扁(첸수이볜: Chen Shui-vien)을 총통으로 선출하여 반세기 이상의 국민당 집권에 종지부를 찍었다. 그는 대만의 독립을 주장해온 인물이기 때문에 중국 본토와의 갈등이 예상된다.

 다시 대만 답사의 현실로 돌아와, 오늘 둘러볼 유적지 답사의 첫 번째는 적감루(赤嵌樓)이다.
 紅毛城(홍모성)이라는 별명을 갖고 있는 이 적감루는 1624년 대만 남부를 점령한 네덜란드 사람들이 세운 것으로 1661년에 정성공이 네덜란드인을 몰아내고 承天符(승천부)라고 개명하여 이곳을 정치 중심으로 삼았다고 한다. 그러나 1862년 지진으로 인해 폐허가 된 이곳은 그 후 재건하였으나 일본통치 하에 다시 일부가 파괴되는 등 대만의 파란 많은 역사를 말해주고 있었다. 이름 그대로 빨간 기둥의 누각이지만 오랜 풍파에 색도 바래고 군데군데 벗겨져서 풍화된 것이 여실히 드러나 있지만 야자수와 조화를 이루어 이국정취가 넘쳤다.
 다음으로 가본 곳은 안평고보(安平古堡)다. 1624년 네덜란드인에 의해서 건축되었는데 그 당시에는 '젤란디아성'으로 불렸던 요새다. 후에 대만으로 건너온 정성공에 의해 중국인 손에 넘겨진

안평고보는 정성공의 반청복명(反淸復明)의 거점으로서 번영한 적도 있었으나 청조 때에 정치중심이 현재의 대남시로 옮겨지면서 황폐하게 되었다 한다. 구내에는 역사문헌이 진열되어 있었다.

다시 일행은 대만의 특이한 사찰인 도교사원으로 갔는데 이는 동남아시아 최대를 자랑하는 대천후궁(大天后宮)이다. 이 媽祖사당은 규모가 뛰어나고 五王殿(당시 태종의 공신 李, 池, 吳, 朱, 范을 모신 곳), 마조전(媽祖殿), 불조전(佛祖殿)이 각각 前殿, 中殿, 後殿을 이루고 있는데 조각과 장식과 색상의 현란함에 놀랍고 어리둥절하기 그지없었다. 우리의 사찰과는 너무나 그 분위기가 달랐기 때문이었다.

잠시 여기서 대만의 종교를 이해하고 지나갈 필요가 있겠다.

대만의 종교를 한 마디로 말하기란 대단히 어렵다. 그 까닭은 불교, 도교, 민간신앙이 혼합되어 있기 때문이다. 현재 정부에 공식적으로 등록되어 포교활동을 하는 종교는 불교, 도교, 가톨릭, 개신교, 이슬람교, 천리교 등 9개 종파다. 불교는 1624년 네덜란드가 들어오기 전에 이미 대만에 들어왔지만 승려들은 포교활동은 하지 않고 오직 자기 완결적 신앙생활을 보내고 있었다고 한다. 그 후 청조 때 복건, 광동에서 이민 온 사람들에 의해 선종이 들어오면서 승려들이 적극적으로 포교활동을 하여, 현재는 4백만 명의 신도와 3천 3백 개의 사원이 있다고 한다. 다음으로 도교는 무위자연을 표방한 노장사상의 흐름 가운데 음양오행설과 신선사상을 더한 다신교로서, 신자들은 불로장수 등 현세의 구복을 기원하는데, 도교사당은 7천 4백 개 이상이 있다고 한다. 다음은 민간신앙으로, 도교와 마찬가지로 중국에서 건너온 이주자들에 의해 전래된 것으로, 유명한 것이 마조신(媽祖神)이다. 이는 항해의 안전을 지키는 바다의 여신을 제사지내는 신인데 당시의 항해기술로는 대만해협을 무사히 건넌다는 것이 무척 어려웠기 때문에 마조신앙이 대성황을 이루게 되었다는데 마조사당은 380군데 이상 있다고 한다. 그리고 가톨릭교도는 30만 명 정도로 성당이 8백여 개, 개신교도는 42만 명으로 교회수가 2천 4백 개 이상이라고 한다. 또한 각지에 공자묘가 세워져 있어서 9월 28일인 공자탄신일에는 엄격하게 제전이 행해지기도 한단다.

그런데 대만에서는 불교와 도교가 확실하게 구분되어 있지 않으며 유교와 도교의 신들이 함께 모셔지기도 한다. 이 점은 우리나라에서 절에 칠성각을 함께 모시고 있는 것과 같다고 하겠다. 그러므로 대만에는 곳곳에 복합적인 신을 모시는 사당이 많이 있는데 어떤 사당이나 다신(多神)이어서 최저 5~6神, 많으면 20~30神을 모시는 곳이 있다고 한다. 우리에게는 다소 혼란스러웠다. "시가지를 걷다보면 꼭 사당을 만난다."라는 말을 실감할 수 있을 정도로 쉽게 호화찬란한 사원을 만날 수 있는 곳이 대만이며 이러한 사당의 수는 도합 9천여 곳이나 된다니 대만의 정신세계를 가늠해 볼 수 있을 것 같았다.

다음으로 간 곳은 면적 103ha의 인공호수 징청호(澄淸湖)다. 高雄시의 동북 약 7㎞ 지점에 있는 호수로 대만의 서호라 불리는 남부에서는 제일가는 관광지다. 사철 가지각색의 화초가 만발하고 중국식 건물이 점재하여 우아한 시적 정서가 넘쳐흐르는데 징청호 8경이란 것이 있어서 호수의 구석구석을 빠짐없이 보여주고 상징해 준다니 과연 명승지다.

어느덧 점심시간이다. "아! 오늘도 중국요리구나!" 하며 속으로 신나하면서 생각해보니 바로 여기가 중국요리의 본고장이 아닌가! 영국에 갔을 때 맛없는 영국음식을 먹다가 한 번씩 찾았던 중국음식집이 아주 좋았던 생각이 돌연 나서 속으로 웃으며, 이제 매일 중국요리를 먹는다는 새삼스러운 사실에 기분이 좋아진다. 찬청에 들어가서 1반 1탕 7채에다 맛있는 만두까지 서비스 받아서 먹었다.

대만에서 대북 다음으로 가는 제2의 도시 고웅은 제철, 기계, 석유 화학, 전자 등의 대만 제일의 공업도시란다. 고웅 시내를 흐르는 애하(愛河)도 아름답다. 날씨는 다소 덥게 느껴졌다. 중흥탑 7층에서 내려다 본 고웅시는 열대림과 골프장, 호수, 아파트 등이 어우러져 아름다웠고 시원했다.

애하변에 걸친 현수교 아래서 사진도 찍고 양어장도 본 뒤 버스를 달려 산쪽으로 갔다. 꼬불꼬불한 깊은 산길을 가는데 참으로 山字 모양처럼 아름다운 산이 펼쳐지고 그 산길 양옆에는 빨갛고 노란 포인세치아가 크게 자라 가로 양옆을 아름답게 장식하고 있었다. 그 산이 병동산이라고 한다. 한참 오른 후 산지문화촌(山地文化村)이란 곳에서 다시 돌아 내려가더니 반대쪽 산에 있는 삼지문화촌(三地文化村), 즉 중국 고산족 문화구역에 도착하여 그들의 민속공연을 보게 되었다.

대만에는 인구 2천 2백만 중 약 32만 명이 원주민으로 9개 소수민족으로 나눌 수 있는데, 타이야르(泰雄)족, 사이야트(賽夏)족,

부눈(布農)족, 추오(鄒)족, 퓨마(卑南)족, 아미(阿美)족, 루카이(魯凱)족, 파이완(排灣)족, 야미(雅美)족이 바로 그들이다. 이중 아미족이 12만 명으로 제일 숫자가 많으며 야미족이 4천 명으로 제일 숫자가 적다고 한다. 이들 9족의 각각의 민속춤과 화려한 복장을 선보이며 민속공연은 이어졌고 대만 중학생들이 많이 관람을 와서 분위기는 제법 떠들썩했다. 그런데 전혀 예상치 못한 돌발사태가 벌어졌다. 그것은 다름 아니라 공연 보러온 여중생들이 우리 일행 중에서 가장 젊은 남자 대학생 세 사람에게 반해서 공연보다는 우리 일행에게 관심을 집중시키고 있었기 때문이다.

사실 대만 사람들은 한족이든 원주민이든 별 인물이 없었는데 우리 측 대학생들은 인물도 뛰어나고, 살결도 희고, 키도 크고, 머리에 노란 블리치도 넣었으니 반할 수밖에 없다. 게다가 우리나라 젊은 음악 댄스 그룹인 HOT가 이들에게는 너무나 인기라서 한국인에 대해 특히 친밀감을 느낀다고 한다. 같이 사진도 찍고, 인사 나누고, 악수하고 하며 그들은 우리 팀과의 작별을 못내 아쉬워했다. HOT는 중국 본토에서도 선풍적인 인기를 끌었다니 우리나라 사람들이 음악적 수준이 높고 인물도 뛰어나 이러한 연예방면으로 잘 어레인지 해 나간다면 자동차 수출의 몇 배나 되는 외화 벌이가 가능하다는 생각을 했다. 미국은 영화 쥬라기공원 하나로 얼마나 많은 외화벌이를 하는가 말이다.

드디어 긴 하루의 여정을 마치고 고웅시의 Top Plaza Hotel에 숙박하여 대만에서의 편안한 두 번째 밤을 보냈다. 호텔도 좋고 침대도 더블베드 하나씩이 놓여 있어서 넓고 아주 편했다.

- 1월 11일(목)

조식이 메뉴도 좋고 아주 다양하여 진수성찬이었다.

오늘은 고웅시를 떠나 대만성의 제일 남단을 돌아 동쪽의 대동(臺東)을 지나 화련(花蓮)까지 가야 하므로 일찍 나섰다. 사실 대만 여행을 한다고 해도 보통 사람들은 대부분 화련이나 일월담을 구경하는 것이 고작이라서 우리처럼 일단 대만 일주를 하는 경우가 거의 없기 때문에 CCC단의 문화답사 여행의 묘미가 여기에 있는 것이다. 대만에 대한 전반적인 개념을 세울 수 있다는 점이 매우 중요하다고 생각된다.

고웅시를 떠나 계속 달리기 시작했다. 첩첩산중이다. 길은 좁고 험했다. 마치 대마도처럼, 울창한 산에 좁은 길, 푸른 바다를 계속 볼 수 있었다. 이층 버스라서 롤링이 심해 일행 중 몇몇은 차멀미를 하기도 했다. 중간에 잠시 쉬기도 하면서 몇 시간을 달렸다. 맨 아래쪽 대만섬을 돌아 동쪽으로 푸른 바다를 보며 한참을 더 달렸다. 1시 30분경에 드디어 **臺東市**에 도착했다. 대동은 대만 동남부 최대의 도시로 인구는 약 11만 명쯤 되며 이 가운데 원주민이 차지하는 비율이 비교적 큰 도시라고 한다.

海淸찬청에서 점심식사를 한 뒤 즐거운 마음으로 이어산(鯉魚山)으로 갔다. 여기에는 용봉불당, 용봉탑, 충렬사 등이 있었다. 용봉불당에는 고대 유적의 출토품을 전시하고 있었다. 탑에 오르니 멀리 시가지와 바다를 한눈에 볼 수 있었다. 이곳은 원반던지기, 표적 맞추기, 붕어 낚기 등 오락시설도 갖추어진 시민의 휴식처였다.

다시 버스는 동북 해안지대를 대만 남북 거리의 반 이상을 달려 드디어 화련(花蓮)에 도착했다. 동부 최대의 도시란다. 6시 30분, 주라기 뷔페에서 여러 가지 음식을 가져다 굽고 끓이며 정말 맛있게 양껏 먹었다. 아이스크림까지 먹었다. 중국인들의 식문화(食文化)는 정말 알아주어야 한다. 음식점을 나와 8시부터 다시 버스를 타고 가기 시작하는데 아슬아슬 하고 깊은 계곡 속의 좁은 길을 이 덩치 큰 이층버스가 요리조리 비틀며 잘도 달려가는데 캄캄한 밤중이라 잘 보이지는 않았지만 어쩐지 으스스한 것이 간이 좋여지기 시작했다. 일행은 드디어 모두 말을 줄이고 숨죽이며 버스좌석을 꽉 잡았다. 버스기사는 참으로 Best Driver였다.

왜 이 밤중에 화련에서 자지 않고 이렇게 무시무시한 계곡을 넘어 가는 것일까? 의문과 불안이 가득했다. 드디어 계곡이 끝나고 천상 마을에 들어섰고 숙박지 天祥호텔에 도착했다. 호텔은 최고급이었다. 피곤한 몸을 목욕물에 담그니 물이 매끄럽기가 그지없다. 기가 막힌 물이다. 종일 대만의 남동부 길을 달려온 하루라 어느새 깊이 잠들었다.

- 1월 12일(금)

아침에 눈을 떠서 보니 호텔 전망이 정말 좋다. 끝내준다. 마치 천상에 온 느낌이었다. 아! 왜 어젯밤 그렇게 힘들게 계곡을 넘어 왔는가 하는데 대한 명확한 답을 얻으면서 이 좋은 곳에서 1박 할 수 있게 배려한 단장팀에 감사함을 느꼈다.

여기야말로 천국이다. 산 좋고 물 좋고 공기 좋고 풍광 수려한 기막힌 절경 속에 쾌적하고 아름다운 호텔에서, 갖가지 맛있는 아침을 들면서 천국이 따로 있는 것이 아니라 바로 지금 여기가 천국이라는 기분이 들었다. 여기는 아주 일본 관광객들이 많이 오는 곳인지 아침식사는 일식의 갖가지 음식이 갖추어져 있었다. 식사 후 정원으로 나오니 매화가 만발이다. 여기도 절기로는 겨울인지라 이제 매화가 저 먼저 꽃 순을 터뜨린 것이리라.

또한 여기가 천상(天祥)이란 이름으로 불리는 이유인 즉, 이곳은 송나라 공제(恭帝) 때 원나라 군사가 침입하자 문천상이 근왕군을 일으켜 싸웠으나 사로잡히어 대도로 호송되어 갔다. 문천상은 원세조 구빌라이의 항복 요구를 과감히 거절하고 옥중에서 정기가(正氣歌)를 짓고 죽었다 한다. 이 유명한 무장시인(武將詩人) 文天祥(1236~1282)을 기리기 위한 곳이 바로 이곳이며 이곳엔 그를 기리는 기념비가 있기 때문이라는 것이다.

일행은 상쾌한 기분으로 오늘의 일정을 시작했다. 대리석으로 된 적교를 지나 다시 출렁다리 철교를 지나 상덕사에 올랐다. 산봉오리는 동양산수화의 아름다운 자태의 상징인 듯 수려하고, 계곡은 깊은데 흐르는 물은 푸른 물(녹수)이다. 물색이 아주 묘하다.

일반적으로 이 아름다운 화련지역 명승지 관광코스는 동서횡관(橫貫)路 입구인 태로각(太魯閣)협곡에서 시작하여 장춘사, 장춘폭포→연안교→溪畔→燕子口→九曲洞→慈母亭→慈母橋→天祥에 이른다. 그리하여 천상을 거쳐 계속 서진하여 대중시 쪽의 서부간선도로와 이어지는 동서횡단로의 끝까지 가게 되는 것이다. 이 공사는 난공사로 매우 힘들었기에 이 공사 때 순직한 450명에 달하는 사람들의 영정을 장춘사에 모시고 있다고 한다.

우리는 어젯밤 그 위험한 협곡을 지나 협곡의 종점인 천상에서 머물렀기 때문에, 다시 그 단애절벽의 협곡을 거슬러 나와 화련으로 가서 비행기를 타고 대북으로 가는 여정이 잡혀있었다.

양쪽에 대리석으로 난간을 둘러친 자모교는 버스에서 내려 걸어서 건넜다. 장개석 총통이 어머니를 기념하여 만든 다리라고 하며 근처에 대리석으로 만든 자모당이 있었다. 갈수록 볼수록 눈앞에 펼쳐지는 장대한 경관은 놀라움을 금치 못하게 한다. 9개의 구불구불한 터널이 이어져 있고 밑을 보면 파랗고 맑은 물이 기막히게 흘러가는 구곡동은 장관이다. 이 계곡의 돌멩이와 바위 모두가 가지각색의 대리석들인데 그 형상은 말로는 다 표현할 수가 없다. 강을 낀 절벽의 간격이 아주 좁아진 곳의 마주 보이는 벽에는 무수한 구멍이 있는데 바로 이것이 제비집이란다. 여름철이 되면 제비들이 와서 여기에 둥지를 틀고 산다고 했다. 새빨간 철교가 立霧溪에 걸려있는 영안교를 지나 멀리 장춘사를 쳐다보며 장춘폭포 앞에서 기념촬영을 했다. 절벽에 있는 새빨간 중국식 궁전 장춘사는 아주 인상적이었다. 태로각 협곡을 마지막 지나면서 재작년 대만 대지진 때의 흔적을 이 협곡에서 몇 군데 볼 수 있었다.

드디어 화련으로 다시 나와 쇼핑센터를 거쳐 거대한 대리석 공장 내에 있는 식당에서 점심식사를 했다. 여기는 한국인 관광객이 많은 모양인지 한국인의 입맛에 맞는 중국요리에, 속도도 빠르게 음식이 나왔다. 대리석 공장과 대리석으로 만든 공예품들을 구경한 후 우리는 화련비행장으로 갔다. 수속을 마치고 비행기에 타니 오후 3시. 40분 만에 비행기는 대북시 국내선 공항인 **松山** 비행장에 내렸다. 대북시는 고층빌딩도 많고 아주 발달한 모습이다. 그동안 우리가 타고 다닌 버스는 담당기사가 운전해서 다시 되돌아가 태로각→천상의 황단로를 지나 서부간선도로를 타고 대북시로 온다는 것이다. 운전기사는 퍽 성실하고 베테랑이었다. 그리고 우리 아주관광의 양 상무님의 구수한 얘기와 최선을 다하는 겸손하고 침착한 자세는 우리 모두를 아주 편안하게 해주었으며 현지가이드 앨버트 뉴는 능란한 영어 솜씨에 비교적 세련되고 객관적 자세의 가이드여서 그 모습에서 좋은 인상을 받았으며 전반적인 여행에 전혀 무리가 가지 않게 편하고 즐겁게 해주었다.

 비행기에서 내려 우리를 마중 나온 다른 버스를 타고 우리는 오늘의 숙박호텔 아시아월드프라자호텔에 도착했다. 객실 수가 1천 5백여 개나 된다는 대형호텔인데 시끌벅적한 것이 아주 북적댔다. 특히 대만은, 중국 본토도 그러하지만 음력 연말을 진정한 망년회 기간으로 삼아서 그 망년회 행사를 **尾牙**(미아: 기업에서 직원의 노고에 감사하기 위해 여는 연말(12월 16일) 종무 연회)라고 한다는데 오늘이 음력으로 12월 18일인데도 미아행사로 호텔 전체가 시끄러웠다. 특히 이 호텔은 가운데 큰 공간을 두고 바깥쪽으로 객실이 있어서 일층 한가운데 식당 위의 큰 공간으로 울려 퍼지는 소리는 거의 소음에 속했다.

 일단 짐을 풀고 예약한 식당으로 가서 저녁을 먹기로 하고 버스를 타고 갔다. 이 식당도 시끄럽긴 마찬가지다. 한 회사의 연말 미아행사로, 이벤트 회사에 부탁하여 노래자랑도 끝내주게 하고 있었는데 시끄럽기가 그지없었다. 3층에서 내려와 1층에서 겨우 식사를 할 수 있었다. 그리고는 대북시 사림의 야시장 거리로 구경을 나섰다.

우리는 버스에서 내려 한 시간 후 거리의 한 지점에서 모이기로 정해 놓고 연말 대목으로 북적대는 야시장 거리로 쓸려 들어갔다. 대만 와서 아직 달러를 대만 돈으로 바꾸지도 않았지만 아무 것도 산 것도 없고 사고 싶은 것도 없었다. 야시장 구경에 재미가 없어서 만나기로 한 시간보다 훨씬 일찍 와서 거리의 한복판에 한쪽 가드레일로 만들어 놓은 시멘트 턱 위에 죽 늘어앉아 일행은 얘기의 꽃을 피웠다. 별로 특별해 보이지 않는 이 나라, 이 작은 섬은 어째서 우리보다 더 잘 살고 우리보다 더 외환보유고가 많은가? 하는 얘기였다.

대만의 경제발전은 최근 눈부실 정도이며 1993년에는 국민 1인당 GNP가 1만 불을 넘어서면서 선진국 대열에 들어섰다. 외환 보유고도 8백억 불에 달해 일본과 세계 1·2위를 다툰다. 일찍이 냉전 하에서 중국과의 군사적 대치를 계속해오며 국방비가 국가 예산의 대부분을 차지하는 시대가 오랫동안 계속되었음에도 불구하고 대만이 경제적 발전을 이루게 된 까닭은 무엇일까?

첫째, 도로 항만시설 등의 사회간접자본이 충실하다는 점이다. 이러한 기반 시설들이 2차 대전 후 대만 경제발전의 기초가 되었다 한다.

둘째, 교육을 통한 인재 확보를 들 수 있는데 이것은 의무교육의 폭넓은 보급과 교육을 중시하는 유교적 정신에 기인하는 것이라고 한다.

셋째, 전후 대만은 미·소 냉전 고조의 최전선이 되어 미국과 일본의 군사·경제 원조가 컸다는 점.

넷째, 개발 독재적인 권위주의 체제를 채택하여 정부에 권력을 집중시키고 경제 발전에 주력했다는 점. 노동운동은 탄압되고 정치적 민주화는 뒤로 미루어졌다. 경제발전이야말로 가장 중요한 과제였던 것이다. 그러나 또한 사회주의 경제체제를 채용하지 않았던 것도 중요한 요인일 것이다.

다섯째, 대만 정부는 고웅에 수출가공 지구를 만들어 일찍부터 외국의 자본과 기술 도입을 꾀하고 무역 입국을 목표로 삼았다. 중국도 이런 사업을 흉내내어 최근 경제 특구를 만들고 있다.

여섯째, 대만은 압도적으로 중소기업이 많다. 老板(사장)을 목표로 한 기업가 정신이 왕성한데 중국으로부터 대만으로 건너온 중국인 선조들의 왕성한 개척정신에 기인한 것이라고 생각된다.

이러한 점들을 살펴볼 때 결국 적절한 경제정책을 행한 정부, 근면하고 의식 있는 민중, 비교적 잘 정비된 하부구조, 경제발전에 유리한 국제환경 등이 대만 경제발전의 주된 요인이라 하겠다.

이상에서 살펴본 이유 중에서도 가장 큰 것은 근면한 민중의 절약하는 의식이 제일 큰 몫을 차지한 것 같다. 아무리 작은 가게라도 수입의 30% 이상을 저축하여 절약하는 생활을 몸에 익히고 있다는 사실이다. 거기에 비해 우리는 사치하고 낭비하고 젠 척하고 멋 부리고 허영에 뜬 마음의 자세가 큰 문제일 것이라는 핵심적인 결론에 도달하면서 마음이 편치 않았다. 우리는 언제 모든 것을 잘 해낼 수 있을까? 정치가는 정치가대로 재벌은 재벌대로 국민 각자는 국민 각자대로 모두 제각각으로 자신의 몫을 잘못하고 있다는 느낌이 가슴속에 울화를 치밀게 한다. 옛말에 나라가 잘못되는 것에는 필부필부(匹夫匹婦)도 모두 책임이 있다고 하지 않았던가. 내가 해야 할 올바른 몫은 무엇인가? 깊이 생각해 보았다.

밤에 호텔로 돌아왔지만 호텔 전체를 흐르는 소음에 결국 방을 바꾸는 소동이 몇 차례 있었다. 덕분에 거의 스위트룸에 가까운, 응접실 딸린 큰 호텔방에서 아주 넓고 멋지게 이틀 밤을 보낼 수 있었다. VIP가 된 기분이었다.

- 1월 13일(토)
흐리고 비가 오다.
호텔에서 아침을 먹고 오늘은 대북시 관람에 나섰다. 오전에 간 곳은 푸른 옥 같은 색조의 벽담(璧潭)을 거쳐 대북에서 남동쪽으로 약 28km 떨어진 곳에 있는 작은 온천마을 鳥來민속촌이었다. 이곳은 백사폭포와 케이블카, 타이야르족의 문화촌 등이 있는 대만 북부의 대표적인 관광지 중의 하나이다. 여행객들이 꼭 들르는 곳인 모양이다. 타이야르족이 자기네들끼리 한참 춤을 추더니 관광객들도 함께 나와서 추자고 권한다. 목걸이를 걸어주고 터번 같은 모자를 씌우고 자꾸만 권하니 우리 팀도 반 이상이 함께 참여할 수밖에 없었다. 한 10분 그들의 동작을 같이 따라하며 음악에 맞추어 춤추는데 곳곳에서 원주민무녀들과 사진촬영을 해댄다. 다 끝나고 나니 관광객과 원주민 무용수가 함께 찍힌 사진들이 걸이

접시의 한 가운데 붙여져서 각자에게 전해지면서 사진 값으로 16$를 내라고 한다. 사진 한 장에 2만원 돈이다. 기가 막힌다. 속은 기분이다. 구태의연한 상술에 기분이 언짢았다. 비는 주룩주룩 오는데 백사폭포 앞에서 사진 한 컷 찍었다.

오늘 점심은 특이한 음식이다. 샤브샤브 혹은 징기스칸 야끼라는 요리인데 중국 상해에서 한번 먹어본 요리형태다. 갖가지 채소와 고기류에다 양념을 끼얹어 가져가면 큰 쇠판에 서너 명의 요리사가 그것을 얹어서 맛있게 익혀주는 요리다. 그리고 각각의 식탁에는 신선로 같은 것이 있어서 또 여기에도 육수 넣고 갖가지 고기와 채소를 넣고 익혀서 각자 입에 맞게 가져온 양념장에 찍어먹는 것이다. 요즘 이곳에 이 요리가 유행인 모양이다. 맛있었다. 아주 많이 맛있게 잘 먹었다.

그런 뒤 목책(木柵)지역의 유명한 종교 명소 지남궁(指南宮)으로 갔다. 이곳은 도교의 중심지이며 대북이 내려다보이는 고지대의 호화로운 건축물이다. 팔선(八仙)의 한 사람인 여동빈(呂洞賓)을 주신으로 모시고 있으므로 일명 선공묘(仙公廟)라고도 한다. 1천여 개의 돌계단을 올라간 곳에 호화로운(우리가 보기에는 혼란스러울 정도로 호화찬란한 색채와 꾸밈새) 묘가 있다. 선공은 그 영험이 특히 용해서 소원만 빌면 반드시 성취된다고 하며 길흉을 꿈으로 사전에 암시해 주어서 주민의 두터운 신앙을 모으고 있다고 한다. 제물(祭物) 파는 곳도 있고, 복잡하고 야단스러웠다. 또 여동빈은 명나라 초기 이발사의 재난을 구했다고 해서 이발업자들로부터 시조로 존경받는다고 하며, 도교묘인데도 석가와 공자도 모셔져 있었다.

이제 마지막으로, 내일 떠나기 때문에 오늘 마지막 쇼핑타임으로 백화점에 1시간 정도 들르기로 했다. 대아백화점에서 1시간여 시간을 보내며 돌아보았으나 우리의 눈은 이미 고급화되어있고 또 외국 백화점에서 돈을 쓸 우리들도 아니어서 단지 오룡차 몇 봉지만 선물로 샀다.

저녁 6시 식당으로 갔다. 오늘 저녁은 제대로 된 음식에다 제대로 된 서빙을 받았다. 여기도 또한 연말의 미아행사로 시끄러웠지만 그 분위기 자체가 우리의 분위기를 돋구어주는 듯한 느낌이었다. 내일이면 대만을 떠난다는 생각에 마지막 밤을 즐겁게 여흥을 가지면서 보냈다. 분에 넘치는 공로상까지 우리 부부는 받았는데, 단장님이나 총무님이 받아야 할 공로상을 우리가 받았다는 사실이 못내 미안하고 걱정스러웠다. 앞으로 부산팀 활성화에 보다 더 노력하라는 책임과 의무의 뜻으로 받아들였다.

김미내 선생님은 학위를 받았으니 당연히 축하 받을 일이었다. 80대의 노인에서 20대의 청년까지 60년의 세월의 격차와 나이를 초월하여 화기애애하고 즐겁게 지낼 수 있었던 6일간의 대만여행은 집행부의 노력과 일행 20명의 단합과 노력으로 가능할 수 있었다. 마지막 밤의 즐거운 분위기는 대만에서의 피날레를 멋있게 장식했다.

- 1월 14일(일)

오전 중에 고궁박물관을 구경하러 나섰다. 대만관광에서 빼놓을 수 없는 것은 문화의 보고인 국립고궁박물관이다. 이곳에서 5

천 년간의 찬란한 중국문명을 한눈으로 대할 수가 있었다. 대북 근교 외쌍계에 위치한 이 박물관은 중화민국의 창립자인 국부 손문의 탄신 백주년(1966)을 기념하여 세워졌는데 박물관의 건물은 고유의 왕궁스타일을 본 따서 거대하게 지었다.

이 박물관은 세계 4대 박물관 중의 하나로서 645,784점의 소장품을 갖고 있다. 초기의 목록에 비추어 단 1점의 소장품도 일실(逸失)되지 않았다. 소장품에는 신석기시대(BC1만~5천)의 유물을 비롯하여 현대(20세기 초)에 이르는 서화, 자수, 희귀서와 문서, 청동기, 도자기, 옥, 칠기, 의상, 골동품 등 다양하다. 3개월마다 2만점을 교대 전시하며 전부 보려면 8년 이상 걸린다는 계산이 나온다.

특히 주목할 만한 소장품은 신석기시대의 옥, 은(商)과 주시대의 청동기, 송대의 도자기, 당·송·연의 서화, 송대의 희귀서 등이다. 하루 약 3백만 명의 관광객이 방문한다고 한다.

박물관은 교육적 기능을 다하기 위해 도서관(圖書文獻館)이 있으며 어린이를 위한 중국의 역사와 문화를 교습하는 코스가 있다. 도서관은 1996년에 개관하여 일반에게 공개하고 있다. 희귀 문서, 청조사료 및 일반도서와 정기간행물을 소장하고 있다. 청조사료(淸代싱案 文書)는 약 40만 점 이상의 청조문서로 되어 있다는데, 여기에는 청대의 실록 편찬, 각종 자료, 조정문서 등이 포함되어 있다.

청의 멸망과 함께 중화민국이 문화재를 계승하고 1925년 10월 10일 북경의 자금성(故宮)에서 문화재를 일반에게 공개함을 시작으로 고궁박물관이 시작되었다. 1931년 만주사변을 계기로 일본군의 침공과 함께 중요 문화재는 상해와 남경으로 옮겨졌으며 1937년 남경 분관이 생겼다. 전쟁이 확대되자 각 지역으로 분산·보관되었다. 그 후 국공 내전으로 국민당 정부가 대만으로 철수함에 따라 약 5분의 1의 문화재는 군에 의해 대만으로 이송되었다. 1966년 타이베이 교외에 고궁박물관이 다시 개관되어 일반에게 공개되었던 것이다.

35개 전시실을 갖춘 3층 박물관의 1층에는 중국과 세계의 고대문화 전시품, 2층에는 서화, 도자기, 3층에는 조각, 공예품 등이 전시되어 있다.

아쉽게도 고궁박물관을 보는데 2시간도 미처 다 소요 못하고 일행은 가이드의 요청으로 급하게 위병교체식이 열리는 시간에 맞추어 충렬사로 갔다. 충렬사는 아름다운 색채의 중국 궁전식 건물로 국민당 정부를 위해 전사한 약 33만 명의 군인 장병의 영혼을 기리는 묘지인데, 위병의 행동은 마치 인형 같아서 그 일사불란한 움직임의 위병교체식은 볼만한지라 관광객들이 제법 모여들었다. 이제 모든 여정이 끝났다.

점심식사 후 공항으로 가서 4시 30분 대북 공항을 떠나 서울에 도착하니 서울시간 저녁 8시 15분이었다. 일행은 모두 인사를 나누고 헤어졌다. 부산팀은 하룻밤을 또 서울에서 자고 다음날 아침 부산으로 내려왔다.

엿새 동안 대만을 일주하였을 뿐, 그야말로 주마간산 격이고 맹인 코끼리 만지는 듯한 형태의 여행이었지만 여러 가지를 보고 느낄 수 있었다. 그러나 화련의 태로각 협곡을 제외하고는 환상적인 관광지라고는 느껴지지 않았다. 대륙을 호령하던 장개석과 송미령이 얼마나 갑갑하고 회한에 찬 세월을 보냈을까 하는 생각이 자꾸만 났다.

대만에서 보고 느낀 몇 가지 특이한 점을 보면 우선 묘지모양이 매우 특이하고 귀엽다는 점이다. 묘지 하나하나마다 모두 병풍처럼 작은 담장을 둘러놓고 있으며, 형형색색으로 예쁘게 꾸며져 있어서 묘지를 볼 때마다 저절로 웃음이 나왔다.

다음은 빈랑(檳榔) 문제다. 빈랑은 야자수보다 조금 작은 나무에서 나는 열매인데 이 열매는 잎에 싸서 씹어먹는 일종의 마취제(각성제?) 비슷한 것으로 이 빈랑을 파는 가게가 200m마다 하나씩 있는데 모두 휘황한 형광간판을 달고 있고 아가씨들이 앉아 있다. 약한 마약성분이 든 열매인 모양인데 담배처럼 많이 먹는 것도 문제고 또 빈랑나무를 심기 위해 열매 목을 마구 베어버리는 것도 문제라고 한다. 대만은 전체 섬 면적의 56% 가량이 산악지대로 3천m 이상의 산만해도 아리산을 비롯해서 133개나 된다는데 놀라움을 금치 못했다.

또한 망년회 행사인 미아행사가 음력설 보름 전부터 마치 우리 12월 망년회 때처럼 극성스럽게 행해지고 있는 점이 특이했다.

그리고 거리의 이름들은 옛 대륙 고향의 이름들을 많이 따고 있으며 도시마다 중산로와 중정로, 충효로라는 이름의 거리가 모두 다 있다는 점은 아주 특이한 점이다.

차(茶) 중에서도 대만의 烏龍茶(오룡차)는 유명한데 이 차는 녹차(미발효차)와 홍차(발효차)의 중간인 반발효의 차로서 감칠맛이 나는 것이 특징이다. 옛날에 홍차를 제조하던 중 돌연 검은 뱀이 나타나서 모두 도망갔다가 돌아와 보니 이 반 발효차가 되어 있었다고 한다. 그 이름만으로도 이 차에 대해 전해지는 이야기를 감지할 수 있다. 오룡차는 원래 살빼기 위해 마시는 차라고 하는데 향기도 좋고 맛도 좋고 치통에도 좋고 두통에도 좋고 콜레스테롤 제거에도 좋아 만병통치약이라고 한다.

　대만의 종교와 사당은 다소 혼란스러웠고, 민족구성에서 원주민이 2%, 대만인이 84%, 중국인이 14%인데 관광요소의 중점을 고산족이라 일괄해서 불리는 2%의 원주민에 두고 있는 점은 다소 수정해야 할 부분이라는 생각이 들었다.

　이상으로 개략적이지만 대만에 대한, 나름대로의 개념을 정립할 수 있었다.

*이 대만여행은 2001년도임에 오늘과는 많이 다를 수 있음을 감안해야 할 것이다.

김교수 부부 미국 방문기

　큰아들 내외가 1997년 7월 미국으로 공부하러간 이후 언젠가는 한번 갈 것이라고 벼르고 있었다. 그러나 1997년 말 IMF의 한국 강타 이후 힘든 미국 송금을 계속했고, 게다가 첫애 유산 후 5년간 큰자부는 애가 들어서지 않아서 애태우는 상태였다. 또한 해마다 CCC단(비교문화연구회)의 세계 답사여행으로 미국 방문은 언젠가는 갈 것이라는 생각을 간직한 채 차일피일 미루어지고 있었다. 그러던 참에 큰자부가 작년에 떡두꺼비 같은 아들을 낳았고, 여름방학 때 한국에 잠시 나와서 손자를 상면하긴 했지만, 백날 때의 일이었다. 그 후 올봄에 돌을 지났으니 걸어 다니는 그 모습이 눈에 삼삼한데, 컴퓨터 인터넷으로 보내오는 손자 사진을 보며, 손자에 대한 그리움은 점차 커져갔다. 특히 70세가 다 된 할아버지의 장손 준(俊: Brian)에 대한 애틋한 사랑은 표현할 말이 없을 정도였다.
　드디어 올해(2002) 여름에는 만사 제쳐놓고 미국행을 단행하기로 한 것이었다. 애들이 미국에 간지 5년만이니 참 늦은 방문인

셈이다. 우리 부부의 미국 방문은 이번이 처음이라고 하니 모두들 놀라는 표정이다. 다른 곳은 못가도 웬만하면 미국은 모두 갔다 온 모양이니 말이다.

이리하여 69세의 김교수와 38년을 그와 함께 산 그의 아내 62세의 이교수는 첫 미국 방문을 단행하게 되었다. 처음 계획은 2백 수십만 원씩 내고 9박 10일간의 미국 동부 및 캐나다 동부 지역을 포함한 패키지여행을 한 뒤 미국 뉴욕에 떨어져서 애들을 만나보기로 했었다. 그러나 6월 초순에 있었던 4일간의 국제학술대회(명칭: 여성을 통해 본 중국사) 개최·운영에 대회조직위원장으로서 온 신경을 다 쓴 결과 넉다운이 된 아내 이교수의 건강상태 때문에 여행 가방을 매일같이 싸며 또 돌아다니는 여행을 한다는 것은 무리일 것 같아서 그만두기로 했다.

10여 년 간의 여행이 늘 그러했고 또 많이 여행한 유럽이나 처음 볼 북미의 풍경은 비슷하여 그것이 그것일 것이라는 생각 때문이었다. 앞으로 여행을 한다면 2년 전 노르웨이에 갔을 때처럼 하고 싶기 때문이다. 노르웨이의 수도 오슬로에서 일주일간에 걸쳐 제20차 세계역사학대회가 있었는데, 일주일 내내 아파트식 호텔에 머물며 밥해 먹으면서 한 도시를 외우다시피 매일 오가며 지낸 그런 여행을 하고 싶다고 생각했다. 지금도 Slottsparken Apartment에 묵으면서 칼요한 거리를 아침저녁 활보하고 벤치에 앉아 석양의 정취를 만끽한 노르웨이 오슬로에서의 그날들을 잊을 수가 없다.

그래서 그냥 애들과 만나 애들 사는 동네에서 한 열흘간 푹 쉬고 오기로 작정하고 여행을 떠났다. 재빨리 1학기 성적표를 다

만들어 제출하고 6月 27日 미국행 비행기를 타기로 예약해 두었다. 11시 출발 KAL기를 타기로 돼있지만 그날의 일기 상태에 따라 아침에 부산서 서울로 가는 비행기가 뜨지 못할 경우 비행기를 놓칠 수도 있기 때문에 미리 김포공항에 도착해서 그 근처에서 묵었다. 근처 설렁탕집에서 소주 곁들여 저녁을 먹고 내일 만날 손자 생각을 하며 잠이 들었다.

손자만이 아니라 큰아들, 큰며느리를 5년 만에 미국서 처음 상봉한다는 것도 정말 마음 설레는 일이었다. 얼마나 자주 우리들에게 편지를 써 보내주는 착실하고 열심인 아들 며느리 부부인가. 다음날 아침 7시에 출발하여 김포공항으로 가서 어제 맡겨둔 여행 가방을 찾아서 인천공항에 도착하니 8시 30분이었다. 수속을 마친 뒤 9천원짜리 비싼 우동을 한 그릇씩 먹고 공항매점에서 어린이용 Be the Reds T-셔츠와 머리띠, 수건 등 한 세트를 샀다. 11시에 19 Gate로 KAL 비행기를 탔다. 11시 20분에 비행기는 이륙했다. 기내에서 밥은 두 번 주는데 한번은 비빔밥이고, 한번은 닭고기 요리였다.

이제 비빔밥은 세계화된 식품이다. 미국인도, 일본인도 모두들 비빔밥을 먹으니 비행기 안에 고소한 참기름 냄새가 진동을 한다. 콜레스테롤 수치를 낮추는데 한국 사찰 음식이 가장 훌륭하였다고 하는 얘기며, 전 세계 기내식에 비빔밥을 내게 하기 위해 한국 요리사를 각 곳에 파견했다는 얘기며, 오~ 필승코리아! 대~한민국의 붉은 물결 속에서 축구 4강 진출의 쾌거 등, 조국에 대한 자랑스러움으로 가득 찬 우리는 마음이 한껏 부풀었다.

뉴욕의 케네디공항에 도착했다. 미국 날짜로 6월 27일 낮 12시 40분이 좀 넘어서였다. 그러니까 12시간쯤 걸린 셈이다.
　공항에는 큰아들과 큰며느리 그리고 장손 俊(미국이름 Brian)이 나와 있었다. 보니 셋 다 살이 통통하게 쪄서 달덩이 셋이 서 있는 모습이다. 기쁜 해후 속에 모두 입을 한껏 벌린 채 좋아 어쩔 줄을 모르면서 공항을 빠져나갔다.
　10년 된 중고차를 처음 사주었는데 5년간 타니 연기가 풀풀 나고 고속도로에서 갑자기 서기도 하고 하는 등 속을 썩였다. 우리도 애들도 모두 고민하다가 결국은 한 달 전에 국산 New EF 소나타를 사주었으니 아이보리펄 색깔의 새 차다. 준이는 할아버지, 할머니를 핏줄 때문인지 다소 알아보는 눈치다. 웃고 좋아한다.
　차를 달려 먼저 도착한 곳은 미국에 이민 온 지 30년째 되는 나의 여동생 집이다. 뉴저지 주 주택가에 아름다운 집을 짓고 평화롭게 살고 있으며, 세 아들은 모두 하버드, 브라운, 미시간 등의 명문 대학을 나온 인재들이다.
　가는 도중 그 유명한 뉴욕을 본다. 웬일일까? 도대체가 뉴욕이 컴컴하고 지저분하고 누추해 보인다. 9·11사태의 기억 때문만은 아닐 것이다. 수리 안 되고 지저분하고 허름하고 오래된 느낌이다. 한참을 얘기한 끝에 그 이유를 알아냈다. 1776년 7월 독립하여 나라를 세운 뒤 미국 그들 나라엔 남북 전쟁 이외는 단 한 번의 전쟁도 없었으며 일본의 진주만 기습 이외 본토에 대한 타국의 침입을 받아본 적이 없었다는 것이 그 이유였다. 많이 가본 유럽은 1, 2차 세계대전을 겪었으니 그 이후 당연히 다시 건물들이 지어졌으며 또한 우리가 늘 보고 있는 대한민국도 6·25 동란 이후 새로이 짓고 만들어졌으니 모든 건물들이 새것일 수밖에 없다. 여기에 비해 200년 이상이나 된 미국의 건물, 건축물, 다리들이 낡아 보일 수밖에 없는 것이었다. 그러니 9·11의 대형 참사는 미국에게 얼마나 큰 충격이었을까를 가늠해 볼 수 있었다.

아름다운 달력 속의 그림 같은 집들이 나타났다. 과연 Garden State의 별명이 붙을 만한 뉴저지 주의 아담한 주택가의 집들이다. 조지 워싱턴 브릿지를 넘어 뉴저지 주로 들어서서 동생 집에 도착하니 동생 영옥이는 장어구이에 모리소바에 맛있는 음식으로 식탁을 가득 차려놓고 기다리고 있었다. 5월에 집 앞 큰 나무를 전지하다 사다리가 넘어지는 바람에 발목이 부러져 움직임이 자유롭지 못해 휠체어를 탄 제부도 반갑게 맞아 주었다.

온갖 친척, 온갖 친구, 친지들이 다 다녀갔는데 큰언니인 우리가 가장 늦게야 왔단다. 우선 점심을 먹고 회포를 푸느라 갖가지 이야기를 다하며 얘기 보따리를 풀었다. 무엇보다도 다리 다친 후 그 치료 과정과 치료비 얘기를 들으면서 놀라 벌어진 입을 다물 수가 없었다. 6시간에 걸친 수술비용에 세 번의 마취비에 일주일여 입원비가 도합 6만 달러가 넘는다고 한다. 물론 의료보험이 되지 않아서이긴 하지만 미국의 의료 제도는 힐러리도 손댈 수 없었다고 하였는데, 그 의료 숫가가 엄청난 데는 놀라지 않을 수가 없다. 한국은 거기에 비하면 의료보험 관계가 천국같이 느껴졌다. 미국은 치료 한번 받기 위해 일주일 전에 예약해야 하고 기다리다 보면 감기 같은 웬만한 작은 병은 다 나아버리고 암일 경우는 이미 다 퍼져버리는 형편이라니 말이다.

저녁에는 소갈비와 맛있는 파전에 동생이 손수 키워놓은 상추를 싸서 먹으면서 뒤란 정원의 테라스에 앉아 얘기에 얘기의 꼬리를 물었다. 이민 30년의 역사는 참 많은 의미를 내포하고 있었다.

다음날 아침밥을 챙겨먹고 우리 집 식구 다섯 명은 일단 뉴욕 맨해튼을 한 바퀴 돌아 구경하고 시내 한복판의 유명 한식집에서 냉면을 먹고 애들이 살고 있는 뉴욕주의 올바니로 떠나기로 했다. 9·11 사태로 무너져 내린 움푹 파인 쌍둥이 빌딩자리는 ground zero에 펜스를 쳐놓고 있었는데 관광객들이 버스에서 내려 모두 빙 둘러서서 구덩이를 내려다보고 있었다. 3천여 명을 장사지낸 곳이다. 참 기가 막힌 일이다. 주차할 곳도 마땅치 않아 주마간산 격으로 한 바퀴를 돌았다. 다시 이리저리 차를 타고 뉴욕 구경을 한 후 아들네 집이 있는 올바니 근처 Troy를 향해 떠났다. 가는 동안 준이는 할아버지, 할머니와 함께 있는 것이 좋은지 신나는 모양이다. 2시간 반쯤 걸려서 애들 집에 도착했다. 방 2개에 거실, 부엌, 화장실 등을 갖춘 아파트 2층이었다. 아주 좋은 아파트를 얻었다고 자랑하던 둘째네 중국 남경의 아파트보다는 나아보였다. 미국과 중국의 삶의 수준 차이는 클 수밖에 없다.

며느리는 부지런히 저녁을 지었다. 된장찌개에다 생선, 김치, 밑반찬 등으로 밥을 맛있게 먹었다. 재미있는 것은 이제 태어난 지 1년 4개월 된 준이도 자기 식탁에 앉아 된장국에 밥 말아 생선을 얹어서 뚝딱 한 공기를 다 먹어 치우는 것이다. 우리 애들 셋은 키울 때 늘 밥을 잘 먹지 않아 애태웠으니, 준이 애비도 늘 밥 안 먹어서 골치였는데 손자 녀석은 날 때부터 4.5kg으로 제왕절개로 세상 태어나더니 무엇이든 잘 먹는다.

 키와 몸무게 등을 고려할 때 비만은 아니라니 다행이다. 마른 논에 물들어가는 것과 자식 입에 밥 들어가는 것이 제일 보기 좋다고 하는데 손자 입에 밥 들어가는 모습은 더더욱 보기 좋을 수밖에 없다. 밥 때만 되면 자기 식탁에 매어 앉혀 놓으면 밥 준다고 좋아서 야단이다. 신통하다. 그것도 된장국에 밥과 생선을 좋아한다니 미국 애 같지 않다. 며느리는 현명하게 모든 것을 다 잘하고 있었다. 집안 구석구석에 놓인 가구들도 다른 사람이 쓰다 버린 것들을 주워 다 요긴하게 쓰고 있었고, 특히 준이가 못 들어가게 하기 위해 부엌으로 들어가는 곳과 방으로 들어가는 곳에 펜스를 주워 수리해서 쳐두었는데 아주 아이디어 만점이었다.

 29일 아침에는 눈뜨자 터키와의 3·4위전 결정 축구를 보기 위해 TV를 켜는데 미국 방송들은 거의 중계를 하지 않고, 멕시칸 채널을 찾아서 겨우 볼 수 있었다. 어느새 터키가 한골 넣고 있었다. 가져간 Be the Reds의 붉은 T-셔츠를 아들, 손자 부자지간에 입히고 머리띠에 수건까지 목에 걸고 응원을 하는데 아쉽게도 지고 말았다. 그래도 4위가 어디냐 대~한민국 따단따딴따를 외치고 오~필승코리아를 외쳤다. 점심때는 한국식품점에서 사온 생생 우동을 끓여먹었다. 정말 국물 맛이 끝내준다. 미국이라도 한국의 온갖 음식이 다 와있다. 오직 돈만 문제일 뿐이다. 저녁에는 콩나물국에 빈대떡에 낙지볶음까지 해주어서 얼마나 잘 먹었는지 모른다. 큰며느리 지연이가 솜씨자랑을 한껏 하고 있다.

신통하게도 갖가지 음식을 잘 만든다. 그런데 잠자리가 문제였다. 애들은 자기들 안방 침대를 내주고 자라고 하는데 미국 침대는 어찌나 높은지 영 불안하고 편치가 않았다.

다음날인 6월 30日은 일요일이라 야유회(피크닉)를 가기로 했다. 지연이는 어젯밤 내내 음식 장만을 하고 있었다. 불고기 재워 놓고, 김밥 속을 만들어 놓더니 아침에 김밥을 말고 고기 구워 먹는 화덕과 숯도 넣고 피크닉 준비를 다했다. 한 시간 정도 가는 곳인데 먼저 큰애 학교 RPI(렌스레어 폴리테크닉 인스티튜트)를 구경했다. 미국에서는 제일 오래된 공대라고 했다. 주변의 작은 폭포도 보고 골프장을 보고 난 뒤 조금 윗 쪽에 있는 Long Pond 주변 숲으로 차를 몰고 갔다. 이미 피서인파가 모여들기 시작해서 차가 줄을 잇고 있었다.

공원의 그늘진 곳에 놓인 나무 탁자와 의자(피크닉 테이블)를 찾아 자리를 잡고 큰애가 숯불을 피우고 양념갈비를 굽기 시작하니 길 가던 미국인도 개도 모두 그 냄새에 반해서 쳐다본다. 오랜만에 모여 이렇게 즐겁게 회포를 푸니 세상에 부러울 것이 없다. 소주에, 김밥에, 갈비에 음료수에 커피에 맛있게 먹고 담소했다.

미국인 비만의 경우 그 뚱뚱한 모습이란 우리 동양인으로선 상상을 불허할 정도다. 저렇게 해가지고 어떻게 살아갈까? 그들에 비하면 나는 아주 날씬한 것 같아서 먹는 것도 자제하지 않게 될 정도의 기분이 되었다.

게다가 그들의 수영복 스타일이나 평상복의 스타일은 과다한 노출이 일상화되어 있고 대부분의 경우 사람들은 반바지에 T-셔츠 차림이다. 그런데 1년 4개 월 된 우리 준이를 수영복 갈아입히는데 고추를 남한테 보여서는 절대 안 된단다. 또한 기저귀 차고 수영복을 입혀야 된다고 한다. 우리와는 다른 풍습과 정서에 희한하다는 생각이 들었다.

미국을 움직이는 사람은 누구인가? 밤낮없이 도서관에서 공부해대는 엘리트일 것이고 그 하층에서 궂은일을 해내는 흑인들이 있기에 사회는 굴러가겠지…. 세계 경찰국가로 자처하는 단독 강국 Super power 미국의 요즈음 모습은 어쩐지 좋아 보이질 않는다. 너무 오만하다고 할까?…. 테러를 없애겠다는 미국이 지금 선택한 방법은 옳은가?….

이날 호숫가에서 애들은 수영하고 물놀이하고 우리는 사람구경하고 신나는 하루를 보내고 돌아와 남은 불고기로 소주 한잔씩을 하고 모두 신나했다. 술을 전혀 못하는 며느리 지연이도 한잔했다. 즐거운 하루였다.

7월 1일 월요일 아침이다. 브라질 대 독일전을(인터넷으로) 관전했다. 미국은 별 축구 열기를 느낄 수가 없다. 브라질이 승리했다. -인터넷으로 계속해서 한국 뉴스를 보는데 서해 교전이 벌어졌다니 놀라운 일이다 신문기사를 모두 뽑아보니 조선일보, 한국일보, 세계일보, 한겨레신문 등 모두 논조가 제각각이다. 웃긴다. 못 먹는 밥에 재나 뿌리자는 심정의 이북 행위가 아닌가.

낮에는 생생우동을 먹고, 손자와 종일 놀았다. 그런데 우리 준이는 애미가 단손에 키워서인지 땡삐처럼 엄마한테 붙어서 애미를 힘들게 하기에 그러지 말라고 할매가 알아듣게 야단을 좀 쳤

더니 그 이후 할머니는 싫은 모양이고 할아버지한테만 아빠, 아빠하며 안겨드니 할아버지는 더 좋은 모양이었다.

큰애는 학교에 매일 나간다. 실험해야지, 9月에 있을 종합시험 공부해야지…. 며느리 지연이는 우리들이 심심할까봐서 계속 한국 영화 tape을 가져와서 비디오로 영화를 본다. 블록버스터라는 비디오 대여점은 미국 내 한국인을 위한 것인데 성업 중인 모양이다. 며칠 사이 본 것이 여러 편이다. 한국에선 보지 못한 것들이다. ①달마야 놀자 ②신라의 달밤 ③ 주유소 습격사건 ④간첩 리철진 ⑤공동경비구역 JSA ⑥쉬리 ⑦蘭… 등. 쉬리는 옛날에 나는 보았지만 그는 보지 않아서, 다시 DVD로 다섯 개의 스피커를 통해 나오는 실감나는 음향을 느끼며 보니 새롭다. 란은 일본 사무라이 영화였다. 그 밖의 영화들은 한국에서는 히트를 했다는데 우리 노부부가 보기에는 웃기는 영화다.

미국이 한낮이면 한국 한밤중이라 인터넷 접속이 잘 되는 시간에 주말연속극, 일일연속극도 모두 다 보았다. 미국 살아도 한국이나 꼭 마찬가지다. 인터넷의 위력을 새삼 느꼈다. 연 3일을 TV 화면만 쳐다보고 맛있는 것만 먹여주니 돼지 가두어 놓고 먹이만 먹이는 꼴이 되어 살이 오독오독 붙고 있었다. 그리고 잠자리는 결국 더 낮은 침대가 있는 다른 방으로 바꾸고 나는 마루에다 돗자리 깔고 잤다. 연일 뉴욕 쪽 동부는 32°C, 33°C의 더위가 오르내리고 있어서 종일 에어컨 속에서 손자와 장난하며 뒹굴었다.

낮에는 지연이가 맛있는 수제비를 끓여주었다. 참 솜씨도 좋다. 나는 손끝도 움직이지 않고 앉아서 얻어먹으니 참으로 편하다.

며칠을 그러다가 두 내외는 아침 산보를 나가기로 했다. 잠자리도 그렇고 사실 시차 관계인지 새벽만 되면 둘 다 눈이 뜨인다. 6시만 되면 둘이서 애들 깨울까봐 조용조용 발뒤꿈치로 걸어 문을 열고 빠져나가 주택가를 1시간여 한 바퀴 돌아온다.

미국 집들은 모두 나무집이다. 그리고 앞뒤에 정원이 있고, 모두 잔디를 잘 기르고 다듬고 예쁜 꽃을 집 입구에 아름답게 가꾸고 있으며 입구에 Welcome이라 쓴 기나 성조기를 달고 있다. 소위 우리나라에서 말하는 전원주택이다.

평화로운 주택가. 한쪽은 죽 홀수 번지이고, 반대쪽은 짝수 번지가 죽 입구에 쓰여져 있다. 뒤뜰에는 풀장이 있는 집도 있고 앞뜰에 어린이 놀이기구가 놓여져 있는 집도 있다. 우리 애들은 세인트 마리 병원 근처의 5층짜리 오래된 아파트의 2층이다. 그래도 오우크 나무가 우거져 있어서 Oakwood란 주소다. 미국의 나무 종류를 보니 소나무, 도토리나무, 참나무, 전나무 등의 수종이 많다. 가는 길마다 이름 모를 예쁜 꽃들이 즐비하다. 노란꽃, 흰꽃, Blue의 푸른꽃, 보라꽃…. 예쁜꽃 몇 송이를 끊어와 애들 부엌 창가에 꽂아두었다. 들꽃의 수수함이 태양 빛에 빛나니 창가가 화사하다.

7시가 넘어 산보를 마치고 돌아와도 애들은 한밤중이다. 둘이서 냉장고를 열고 이것저것 챙겨먹으려고 하면 며느리가 어느새 일어나 아침을 챙겨준다.

7월 4일 목요일이다. 오늘은 지연이가 우리를 근처 쇼핑몰로 데리고 갔다. 독립기념일이므로 애비도 노는 날이라 준이를 유모차에 태우고 함께 갔다.

　9·11이후 기념일이 위험한 날이라고들 하지만 이런 시골이야 어떻겠느냐 하며 크로스 게이트 쇼핑몰로 갔다. 여기는 쇼핑이나 시장을 가도 고속도로로 3, 40분씩은 달려야 갈 수 있는 곳이다. 독립기념일이라 마침 세일기간이다. 손자 장남감도 사고, 큰애 목걸이도 하나 사주고, 내 Bag도 4만여원 짜리 하나 사고 그는 지갑을 사고 또 지남침도 샀다. 그리고는 점심을 먹으러 식당엘 들어갔다. 간단히 먹자고 하며 나는 피자를, 그는 샌드위치를, 애들은 닭튀김 요리를 주문했다. 그런데 1인분인데 피자가 엄청 크고 샌드위치는 30㎝정도 될 정도로 소시지 등이 가득 든 대형이다. 거기에다 홍차를 큰 유리컵에 한 가득을 주니 먹다 먹다 다 못먹고 싸달라고 해서 가져왔다. 세금 포함해서 70여 달러가 들었다. 미국에서의 외식은 굉장히 돈이 드는 셈이다. 그리고 이렇게 많이 먹으니 비만이 될 수밖에 없었다. 우리도 미국 온 지 일주일 만에 벌써 몸무게가 늘었다. 저녁에 뉴스를 보니 결국 LA공항에서 총격 사건이 있었다.

　우리는 내일 주말여행 준비를 했다. 10일 날 한국으로 가기로 했으니 미국 날짜로는 9일 날 1시에 케네디 공항에서 비행기를 타야 한다. 그래서 1박 2일의 주말여행을 계획했다. 올바니에서 보스턴으로 갔다가 플리무스를 거쳐 캔코트를 지나 뉴욕으로 가는 코스다. 여행사에 알아보니 주말 1박 2일에 식사 제공 없이 1인당 200$고, 출발지가 뉴저지란다. 결국 그쪽까지 또 가야하고 돈도 더 들 것 같고 해서 우리 차로 떠나기로 해놓고, 애들이 인터넷으로 호텔을 예약했다. 그리고 갈 곳의 지도를 뽑고, 길 안내하는 기계인 GPS도 준비했다. 여러 가지 준비를 하고 우선 출발했다.

 준이가 좋아하는 Banny CD도 준비하고, 보스턴으로 출발했다. 준이는 Banny 노래를 들으며 신이 나서 끄덕 끄덕거리며 춤을 춘다.

 아들 부부는 어려운 유학생 생활에 여행이라고는 처음이라서인지 아주 신나는 표정이다. 몇 시간을 달려 보스턴에 도착했다. 도심에 있는 큰 공원 지하가 주차장이라고 하여 겨우 그곳을 찾아 주차를 했다. 이곳이 보스턴 Common 공원이란다. 주청사의 남서쪽에 있는 미국 최고의 공원으로서 유명한데 17C에는 공동 목장이었기 때문에 이 이름이 붙었단다. 공원 서쪽에는 퍼블릭 가든이 있는데 화단과 꽃의 풍경이 아름다웠다. 애기는 유모차에 태우고 지상으로 올라와서 우선 점심을 먹기로 했다. 아들애의 중국 친구가 보스턴 씨푸드 전문점을 가르쳐 주어서 점보 씨푸드라는 중국인이 경영하는 씨푸드 점을 찾았다. 별로 가격이 비싼 것은 아닌데 맛이 아주 일품이다. 큰 가재 두 마리를 요리해 왔는데 아주 맛있었다. 기타 중국 요리도 좋았다.

 신나게 푸짐한 식사를 끝내고 보스턴 구경에 나섰다. 보스턴은 역사의 도시이기도 하다. 1630년 존 윈드로프가 종교의 자유를 찾아서 8백 명의 신교도와 함께 이곳에 이주함으로써 시작된다. 그때부터 무역항으로서 발전해 왔으나 1773년 차(茶) 수입에 중세를 과하는 영국정책에 격분한 시민이 영국 선박을 습격, 차를 바다에 던짐으로써 독립전쟁의 계기가 된 '보스턴 다회사건(Boston Tea Party)'이 일어났다. 독립전쟁 때는 교외의 렉싱턴과 콩코드가 주요 전장으로 되어 영국군을 격파, 독립의 터전을 굳혔다고 한다. 우리가 보고자 하는 곳은 두어 곳이다. 하나는 미국독립전쟁의 단초를 제공했던 Boston Tea Party의 역사적 장소를 찾는 것이고 또 하나는 하버드대학을 구경하는 일이었다. 지하철을 타고 그 역사적 광장에 가니 영국병 복장을 한 군인들이 몇몇 서서 옛 광경을 재현하고 있는 듯했다. 다시 지하철을 타고 하버드대학역에 내렸다. 미국인의 '마음의 고향'이라 불리는 문화도시인 이 보스턴의 교외 차알스강 건너편 케임브릿지시에 미국 최고의 명문 종합대학 하버드가 자리 잡고 있었다. 1636년 10월에 창립한 사립대학으로 학생 수 수만을 헤아리는 세계 유수의 명문대학이다. 특히 이곳에서 배출한 에머슨, 호오돈, 롱펠로우 등 사상가와 문학자들은 미국의 문화와 예술에 크게 공헌한 사람들이다. 대학 정문을 들어서니 Veritas(진리)라는 글이 쓰여 있다.

　서울대 다닐 때 베리타스 룩스메아(Veritas Luxmea: 진리는 나의 빛)는 학교 배지에도 쓰여 있어서 늘 말하고 달고 다니며 듣던 얘기다. 아마 하버드에서 따온 모양이었다. 안쪽으로 들어가서 창립자의 동상 앞에서 사진도 찍고 크고 오랜 나무들 앞에서 기념 촬영을 했다. 마침 준이는 유모차에 앉아 잠이 들어 있어서 지연이는 안타까워했다. "우리 준이가 커서 이 대학에 다닐 터이니 한번 봐두어야 할 터인데 잠이 들어서 어쩌나?" 하면서 말이다. 우리 모두는 웃으며 대학문을 나섰다. 다시 지하철을 타고 주차장이 있는 큰 공원으로 갔다. 정말 많은 사람이 여름 피서를 즐기고 있었다. 보스턴의 경치는 뉴욕보다 깨끗하고 고풍스럽고 산뜻한 것이 마음에 들었다. 과연 미국인의 '마음의 고향'이라 부를 만한 도시다.

다시 차를 타고 오늘밤에 잠잘 Comport inn이란 호텔이 있는 Plymouth로 출발했다. 이곳은 해변 휴양지인지라 벌써 분위기부터가 다르고 떠들썩했다. 호텔은 비교적 괜찮았다. 큰방에 큰 침대가 2개 놓여 있어서 우리 식구는 모두 한방에서 자기로 했다. 애들이 절약한다고 방 하나를 잡은 모양인데, 어색하기보다는 오히려 다정하고 오순도순 더 좋았다. 언제 우리가 모두 같이 한방에서 잘 날이 있겠는가! 짐을 풀고 나서 다시 해변으로 가서 저녁식사를 하기로 했다. 해변을 한 바퀴 돌아보니 멋진 휴양지는 휴양지다. 오가는 젊은이로 시끌벅적하다. 우리는 비교적 간편한 요리로 저녁 식사를 하고, 호텔로 가는 중 슈퍼마켓에 들러 술을 사서 부자가 한 잔씩하고 지연이와 나는 준이와 먼저 잠들었다. 준이는 기계에는 명수라서 에어컨 켜고 끄고 하는 것을 할머니보다 더 잘한다. 서랍 여닫는 거랑, 기계 조작하는 거랑 날쌘돌이 같이 행동하며 손을 대는 통에 일초를 방심할 수가 없다. 그래도 차를 많이 타서 피곤한지 잠이 들었다.

7月 8日 호텔 아침은 간편했다. 다시 해변 가로 가서 Plymouth에 있는 Pilgim fathers의 박물관 Pilgrim Hall Museum을 찾았다. 플리머드(Plymouth)는 1620년 아메리카 대륙 최초의 이민단이 메이플라우어호를 타고 도착한 지점이었다. 1620년 네덜란드에서 미국으로 건너온 청교도들에 관한 것들을 전시하고 있는 박물관이었

다. 처음 그들은 농사에 실패하고 굶어 죽을 형편인데 인디언들이 도와주어서 다음해는 농사에 성공할 수 있었고, 또 감사하는 마음에서 추수감사절이 생겼다는 실감나는 얘기들을 보고 느낄 수 있었다. 17C의 개척촌이 그대로 재현되어 당시의 복장과 생활양식을 볼 수 있었다. 메이 플라우어호의 복제도 있다.

다시 해변 가를 한 바퀴 돌며 사진도 찍고 하다가 점심은 그럴듯하게 먹기로 하고 아주 크고 좋은 Sea Food점으로 가서 점심은 거하게 먹었다. 조금만 더 들어가면 케네디 집안의 휴양지가 있는 유명한 리조트지대인 케이프코드가 있다고 하여, 들어갔다 한 바퀴 돌고나올 생각을 했는데 이미 뉴욕까지 가기에는 시간이 촉박하여 그만두고 바로 뉴욕쪽으로 차를 돌려 달리기 시작했다. 얼마쯤 가니 차가 막히기 시작한다. 오늘이 일요일인데다 독립기념일 휴일이 겹쳐 미국 사람들도 휴가를 마치고 도시로 돌아오고 있는 모양이다. 교통체증은 우리나라와 꼭 같은 형편이다. 그런데 휴게소가 거의 나타나지 않아서 오줌을 쌀 정도가 되었는데, 겨우 뉴욕 가까이 가니 휴게소가 나타났다. 유료도로에는 휴게소가 많아도 오래된 무료도로에는 휴게소가 없다고 지연이가 말했다. 이것저것 다 보아도 미국이 우리나라보다 부러운 게 별로 없는 것 같다.

뉴욕에 도착하니 밤 8시가 되었다. 뉴저지의 한국식품점 한아름에 들어가서 과일이랑 장어랑 갈비를 샀다. 동생 집에 도착하니 식구들이 저녁도 먹지 않고 우리를 기다리고 있었다. 돼지 삼겹살을 삶아서 아주 맛있게 반찬을 해놓고 우리를 기다린 것이다. 어찌나 맛있게 먹었는지…. 참 형제자매가 좋다. 미국의 의사였던 우리 남동생 규현이도 살아 있었다면 얼마나 서로 기뻐하며 즐거웠을까 하는 생각이 마음속에 가득했다.

저녁에는 뒷 테라스에 앉아 이야기의 꽃을 피웠다.

제부인 홍제 아빠의 젊은 시절과 1967년 미국 이민 이후의 지난 삶의 이야기는 구수하면서도 짜릿하고 교훈적인 내용으로 가득 차 있었다. 그리고 또한 제부는 좋은 필체로 내 수첩에 반야심경을 한자로 순식간에 적어주신다. 그리고 동서지간에는 서울대학교 문리대 다닐 때 강의 듣던 유명 교수들에 대한 얘기로 꽃을 피우며 20대 시절로 회상의 나래를 편다. 박종홍 교수, 이상백 교수, 최문환 교수, 권중휘 교수, 황산덕 교수, 황태영 교수, 이병도 교수, 이해영 교수, 송욱 교수, 이만갑 교수, 김상기 교수, 민기식 교수 등등. 그 시절 5·60년대 명교수이며, 또한 기인(奇人)같은 기질을 가지셨던 교수들의 얘기로 시간가는 줄 모르는데, 뉴저지의 밤하늘엔 별이 총총히 빛나고 있었다.

집안의 식당에선 사촌들끼리 맥주잔을 맞대며 영어로 이야기가 한참이다. 이제 이 젊은이들의 세상이 되고 우리는 모두 60대, 속절없이 늙어가고 있는 것이다. 늦은 밤, 동생 영옥이가 참선방으로 만든 방에 그냥 요를 깔고 누우니 침대보다 몇 배나 더 좋다. 참선 탁자 위에 높인 책들을 눈여겨본다. 내 동생은 거의 참선하는 보살의 경지다. 한국에 나오면 나에게 사주는 책도 거의 그러한 책이다.

이남덕 교수가 쓴 『두메산골 앉은뱅이의 기원』, 『여든 살의 연꽃 한송이』, 『붓다의 호흡과 명상』 등이다. 동생이 지금 보고 있는 책들은 주로 불교와 참선, 자연과 귀농에 관한 책들이다. 베트남 승여 탁 니 칸의 책, 헬렌 리어링의 『조화로운 사람』, 크리스토퍼 버드와 피터 톰킨스의 『Secrets of The Soil』 그리고 『철학자와 승려』, 『깨달음을 버려라』, 『아들아 머뭇거리기에는 人生이 너무 짧다』, 『가야산으로의 7일간의 초대』, 『펄떡이는 물고기처럼』, 『선의 황금시대』, 『파란 이파리를 먹어라』, 『하늘건강법』등이다. 동생네 집은 동네 한국 아주머니의 독서실 내지는 책대여점이라고 한다. 미국에서의 한국 책은 두 배나 비쌌다. 내 동생 영옥이는 지금 57세로 나와는 다섯 살 차이다. 그녀는 아침 4시에 일어나서 참선하고, 기도하고 빛나는 아침의 첫 햇살을 보며 자연을 만끽하며 청소를 하고 사랑하는 가족들의 아침식사를 준비한다. 아침 식탁엔 퇴비를 주어 유기농법으로 재배한 채소들로 만든 녹즙이 빠지지 않고 놓인다.

싱싱한 상추 잎은 그 멋진 자람을 위해, 민달팽이들의 침입을 막기 위한 방법으로 땅바닥에 맥주 캔을 박아 넣고 싱싱한 맥주를 넣어두었단다. 그랬더니 달팽이 3대인 할머니, 엄마, 애기달팽이까지 몽땅 그 맥주 냄새에 취해 빠져 죽었더라고 하니 얼마나 재미있고 아이디어 풍부한 이야기인가?! 미국의 뉴욕 근처 뉴저지의 태나 플라이, 클린턴 지역에 사는 내 동생은 세계의 가장 번화한 심장부에 살면서도 가장 자연적인, 환경 친화적인, 고요하고 멋지고 아름다운 삶을 영위하고 있었다.

마지막으로 오늘(7월 8일) 하루를 미국에서 지내면 내일은 오후 1시 비행기로 미국을 떠나니까 일찍 공항으로 가야한다. 오늘 하룻밤을 어떻게 보낼 것인가를 동생 내외는 궁리하고 있었다. 낮에는 뉴욕을 다시 보고 박물관에도 가고 밤에는 브로드웨이로 가서 음악이나 쇼를 보자는 등등 etc…. 그러나 우리는 거절했다. 30℃를 훨씬 웃도는 더위에, 우리 준이까지 모두 모여 있는데 애 데리고 어디 가느니 그냥 집에서 맛있는 것 해먹고 회포나 풀고 애와 놀자고 했다.

일단 아침밥부터 먹었다. 아침식탁은 참으로 풍성하고 마음에 든다. 내 동생 영옥이를 보면 때론 존경스럽다. 늘 순수성과 열정으로 가득 찬 그녀는 식구들을 위해 식사 준비에 혼신의 정열을 다 쏟는다. 요리는 Art라고 하는 것이 그녀의 지론이다. 음식 만드는 것도 바로 예술이라는 것이다. 요리하는 것이 늘 즐겁다고 한다. 엄마의 손끝에서 만들어진 정성스런 음식들…. 그래서 이집 아들 셋은 모두 참으로 잘 자란 것 같다.

하루 종일 두 남자 동서는 지나간 얘기들로 추억의 꽃을 피우고 나는 준이와 지하실로 내려가 둘만의 정겨운 시간을 가졌다. 활동적이고 호기심 풍부하고 건강한 우리 준이는 아무리 보아도 똑똑하고 호남자다.

점심엔 장어구이를 먹고 저녁엔 LA갈비 파티를 열었다. 준이도 얼마나 잘 먹는지 모른다. 어금니까지 났으니 오물오물 맛있게 잘도 먹는다.

이렇게 2주간의 미국여행은 끝나고 마지막 밤을 지냈다.

7월 9일(한국 날짜는 10일이다) 아침 10시가 다 되어, 아쉬운 동생 부부와의 작별을 고하고 케네디 공항으로 떠났다. 화요일인데다 10

시가 지난 시간이라 1시간이 채 못 되어 차는 비행장에 도착했다. 이제 이별할 시간이다. 사랑하는 준이와 욱이와 지연이와…. 우리 모두는 아쉬움은 가슴에 가득했지만 아무도 울지 않았다. 준이도 빠이 빠이를 아주 잘해주었고, 준이 엄마, 아빠는 준이가 있음으로 하여 한 가족의 튼튼한 구조가 형성되었기 때문에 흔쾌한 작별을 고했다. 이제 가족의 구성원이 다 포함된 또 하나의 그들 가족 단위가 형성되었기 때문에 우리 둘은, 안심하며 만족하며 헤어질 수 있었다. 서로 먼발치로 보면서 손을 흔들고 헤어졌다.

한국으로 돌아오는 비행기는 그동안 모아둔 마일리지로 2등석을 예약했다. 좀 편하게 올 것이라는 기대감 속에 기다리는데 아나운서멘트가 들린다. 1시 출발 서울행 KAL기는 기계 고장으로 출발이 지연되겠다는 것이다. 가서 물어보니 5시나 되어야 고쳐지니까 점심 티켓으로 점심부터 먹으란다. 아침도 잔뜩 잘 먹었는데 별 맛도 없는 중국 누들과 콜라 등을 티켓(20$)으로 사서 반도 다 못 먹고 버리고, 할 일 없이 다시 2등 칸 대기실에 가서 앉았다. 우리가 한국 떠날 때 1천$ 바꾸는데 대한 보너스로 여행보험 7일씩을 들어주었는데, 14일이 지났으니 이제 갈 때는 보험도 들지 않은 상태인데, 비행기 기계고장 수리라니 기가 막힌다. 내가 어떻게 하느냐고 물으니 그의 대답인즉 "죽으면 우리 둘이 다 한 몫 죽는데 뭐가 걱정이고?…" 하긴 그렇다.

하릴없이 뉴욕 케네디 공항의 방랑자가 되어 4시간이 넘게 죽을 맛으로 기다리고 있는데 4시에 출발한다는 멘트가 들린다. 겨우 비행기를 탔다. 2등이라 좀 넓긴 넓다. 그런데 문제는 우리가 인천공항에 내려 마지막 편인 8시 비행기로 부산을 내려가게 되어 있는데 이 비행기가 도착하는 시간이 한국 시간으로 저녁 8시라고 하니 언제 내려서 짐 찾고 수속해서 그 비행기를 타겠느냐는 것이다. 스튜어드를 불러서 여러 가지 얘기 끝에 서울의 호텔에서 재워주든지 빨리 제일 먼저 내려서 부산행 비행기를 탈 수 있게 해주든지 한다고 한다.

비교적 편하게, 지루하지 않게 한국에 도착할 시간이 되었다. 스튜어드가 오더니 그 비행기를 탈 수 있도록 30분 연발토록 만들어 놓았으니 1등 실로 가서 대기하다가 1등으로 내려서 타도록 하자는 것이다. 도착시간이 8시였다. 비행기 문이 열리자 안내를 맡은 KAL직원이 기다리고 있었다. 일등칸에서 그야말로 일등으로 내려 짐 찾는 데로 갔는데, 문제는 짐이 일찍 나와야 할 것이 아닌가?! 다행하게 비교적 일찍 우리 가방이 나왔다. 짐을 찾자마자 KAL직원과 우리 부부는 짐을 나누어 든 채 그 넓은 인천공항 속 국내선 티켓팅 하는 곳으로 뛰었다. 티켓팅을 한 후 다시 국내선 비행기를 타기 위해 뛰었다. 트랩을 오르는데 가방은 무겁고 헐떡이는 숨은 턱에 닿는다. KAL쪽이 우리를 서울에 재우면 돈이 드니까 억지로 우리를 태워 보내려는 작전인데, 다 늙은 이 두 사람이 이러다가 다치기라고 하면 어쩌자는 것인가. 게다가 겨우 막비행기에 오르니 30분이나 연발하는 비행기에 화가 난 모든 승객이 우리 부부를 사납고 기막힌 눈초리로 쳐다들 본다. 어디 우리 잘못인가? 게다가 영문 모르는 스튜어디스는 "가방은 못 들고 들어오는데요? 둘 곳이 없는데요?!" 하고 말하니 우리도

기가 막힐 밖에…. 우여곡절 끝에 부산에 도착하니 9시 30분. 그 무거운 짐을 들고 비행기에서 내려 힘이 다 빠진 상태로 집에 도착하니 밤 11시가 다 되어 가고 있었다.

이리하여 14일간의 김교수(부부)내외 미국 여행은 끝을 맺었다. 우리는 아직 공부하고 있는 아들들 때문에 미국에도 돈을 보내주어야 하고 중국에도 돈을 보내주어야 하니 다 큰 새끼를 배에 차고 다니는 캥거루 같은 형태라 캥거루족이라 불리긴 하지만 아직도 우리가 애들을 공부시키고 있다는 마음 자세 때문에 우리 부부는 늘 젊은 마음으로 산다. 다 이루어지지 않은 상태의 긴장된 노력과 미래에 대한 기대와 희망을 가득히 안은 채 말이다. 열심히 공부하며 매우 절약하며 야무지게 살아가는 애들 모습을 보고 오니 더욱 마음이 흐뭇하다. 그리고 안심이 된다.

그래도 어서 세월이 지나서 큰애, 작은애 모두 가까이 모여 살면서 "애들아, 오늘 저녁은 모두 모여 음식점 '도원'에서 돼지 보쌈으로 술 한잔하게 6시 30분까지 다 모이자." 하며 지낼 날을 학수고대하고 있다. 애들은 커서 나이 들어가고 우리 부부는 이미 이렇게 늙어가고 있다. 이 글을 마무리하는 이 밤 벌써 또 한 해를 재촉하듯 가을 귀뚜라미 소리가 귓전을 스친다.

*큰애는 RPI에서 박사학위를 받은 후 2006년에 한국의 반도체회사에 취직되어 귀국하였고 둘째 아들은 중국 남경대학교에서 박사학위를 받고 귀국하여 교수로 임용되었다. 그러나 애들 아버지는 이미 이 세상 사람이 아니다.

4.
해국 그대는

한국 현대사와 나의 삶의 매듭들

졸업식, 수료식, 수여식, 결혼식, 장례식…
이름이야 어찌 부르든지 간에
일생의 긴 기간을 중간 중간 결산하는 행사다

일생의 긴 여정의 중간을 점검하여
삶의 질을 작은 한 단계라도 높이며
새 출발하는 것은 큰 의미가 있다

그 사건으로 생긴 삶의 변화는
어느 시점에서 한 번씩 매듭을 짓고
새로운 각오를 다지게 하고
나태에서 벗어나게 하는 방법이기도 하다

나의 작은 삶의 결산들을 우리 현대사 속에서
혼자 살펴보면서 지나온 80여 년의 세월을

되돌아보며 긴 여정에 대한 회상에 젖는다

1941. 제2차 세계대전 시작
1941. 3월 20일 부산 영도 외갓집에서 이양자 맏딸로 태어나다
1945. 8. 15 광복. 건국준비위원회 조직(여운형, 안재홍)
모스크바 3상 회의(1945.12→ 신탁통치)
1946. 제1차 미·소 공동위원회 개최
좌우합작운동(1946.7~1947.12), 이승만, 정읍발언(1946. 6. 4)
1947. 유엔 한국 위원단 구성
트루먼 독트린→냉전체제, 여운형 암살(1947. 7)
1947. 3월, 7살에 이양자 부산 영도국민학교 입학하다
1948. 김구, 김규식 남북협상 제의(1948. 2)
5·10총선거 실시→ 대한민국 정부 수립(8.15)
제주 4·3사건, 여수, 순천 10·10사건
조선민주주의 인민공화국 수립(북한, 1948. 9. 9), 반민특위 설치
1949. 농지개혁법 실시, 반민특위(반민족 행위 특별조사위원회) 해체
1950. 한국전쟁 발발(~1953)
1952. 이승만 평화선 선언
1953. 휴전협정 조인(7. 27), 제 1차 통화개혁 실시, 한미상호방위조약 체결
이양자 1953년 2월 영도국민학교 졸업하다
3월 경남여자중학교 입학하다
1956. 경남여자중학교 졸업.

1956. 경남여자고등학교 입학.
1959. 경남여자고등학교 졸업하고
1959. 3월, 서울대학교 사범대학 역사교육과에 입학하다
1960. 3·15부정선거→ 4·19혁명, 장면내각 성립
이양자 서울에서 4·19혁명에 참가하다
1961. 5·16 군사정변
1962. 제1차 경재개발 5개년 계획(~1966)
1963. 박정희 정부 성립
이양자 1963년 3월 서울대학교 사범대학 졸업하다
이양자 1963년 3월 서울대학교 일반대학원 사학과(동양사 전공) 입학하다
1964. 6·3시위, 대학교 문이 닫히다
1965. 한·일협정 조인. 베트남 파병
1965. 대학원생 김종원 씨와 결혼식.
1967. 이양자 서울대학교 대학원 졸업하다
1967. 5·3 대통령선거(박정희vs윤보선) 6·8국회의원 선거 제2차 경제개발 5개년 계획
1968. 1·21사태, 국민교육헌장 반포
1970. 새마을운동 시작됨, 경부고속국도 개통, 전태일 분신
1977. 제4차 경제개발 5개년 계획(~1981), 수출 100억 달러 달성
1979. 부마항쟁(부산, 마산) Y.H무역 노조 사건
10·26사태(박정희 사망) 12·12 군사쿠데타

1980. 광주 5·18민주화 운동

1980년 초, 가족 모두 부산으로 이주하다

남편 김종원씨 부산대학 교수로 임용되다

이양자 부산의 여러 대학에 시간강사로 뛰다

1981. 전두환 정부 성립, 수출 200억 달러 달성

이양자 1981년 동의대학교 사학과 조교수로 취직, 교수가 되다

1982. 정부, 일본에 역사교과서 왜곡 시정 요구

1983. KAL기 피격참사, 아웅산 사건

1985. 남북 고향 방문단 상호교류

1986. 서울 아시안게임 개최

박종철 고문치사사건, 전두환 정부 8·3호헌 조치

1987. 6월 민주항쟁

1988. 노태우 정부 성립

제24회 서울올림픽 대회

1989. 동구권 국가와 수교(북방외교)

5월 3일 동의대 사건. 경찰과 학생들이 충돌하는 과정에서 화재가 발생하여 경찰관 7명이 숨졌으며 77명이 구속되어 31명이 무기징역을 선고받고 46명이 집행유예를 선고받았다.(사학과 철학과 학생 다수)

2002. 관련자 46명이 민주화운동자로 인정받았다

1990. 소련과 국교 수립, 독일 통일

1991. 남북한 UN 동시 가입

1992. 중국과 국교 수립

1992. 이양자, 영남대학교에서 박사학위 취득하다
1993. 김영삼 정부 성립, 금융실명제 실시
1994. 북한, 김일성 사망
1995. 한국, UN안보리 비상임 이사국 피견, 지방자치제 재개
1997. IMF 외환위기
1998. 김대중 정부 출범
2000. 남북 정상회담 6·15남북공동선언
2002. 한·일 월드컵 개최
2003. 노무현 정부 출범
2005. 아시아 태평양 경제협력체(APEC) 정상회의 개최
2006. 수출 3000억 달러 돌파
2006년 동의 대학교에서 정년퇴직하다
2008. 이명박 정부 출범
2009. 남편 김종원씨 떠나다. 장례식
2010. 이양자 부산대 평생교육원 시창작반 2회 수료
2011. 수출 1조 달러 달성
2013. 박근혜 정부 출범
2015. 시부문 신인상 등단(부산시단, 문학시대)
2017. 박근혜정부 탄핵
2017. 5 문재인 정부 출범
2017. 부산대 평생교육원 수필 창작반 19기 수료
2018. 부산대 평생교육원 수필창작반 20기 수료
2019. 수필부문 신인상 등단(문학시대)

이리하여 20여 권이 넘는 학술서적도 출간하고
또 시집도 수필집도 출간하였지만…
나의 마지막 장례식이 언제일지는 아직 알지 못한다.
다만 죽을 때까지 살아갈 뿐이다.

내가 살아오면서 기뻤던 날들

*1953년 3월 국가고시를 거쳐 경남여중에 3등으로 합격하였을 때.
*1958년 3월 고3때 전체학생의 직접 투표로 대대장(학생회 부위원장 겸임)에 당당히 당선되었을 때.
*1959년 3월 서울대학교 사범대학 역사교육과에 합격했을 때.
*1963년 3월 서울대학교 대학원 사학과(동양사 전공)에 합격했을 때. 더욱 기뻤던 것은 나 한사람만 합격했다는 사실이다.
*1963년 4월 영등포여중고에 발령 받아 선생님이 되었을 때.
*1964년 10월 그이(김종원 교수)와 약혼하고 이듬해 봄 그와 결혼했을 때.
*1965년 12월 큰딸 문희를 낳았을 때.
*1967년 10월 큰아들 형욱이를 낳았을 때.
*1969년 12월 그이가 한양대학교에 전임교수가 되었을 때.
*1971년 5월 작은아들 형열이를 낳았을 때.
*1975년 3월 출산과 육아로 수년간의 휴직 후, 서울여자상업고등학교에 다시 재발령을 받았을 때.

*1978년 3월 한양대학교 시간 강사가 되었을 때.
*1980년 부산으로 이사와 부산대학교 시간강사가 되었을 때.
*1981년 3월 동의대학교 조교수 발령을 받았을 때. 드디어 꿈에 그리던 정식 교수가 되었다.
*1983년 8월 그이가 서강대학교에서 박사학위를 받았을 때.
*1986년 10월 지금 사는 연산9동의 42평짜리 한양아파트로 이사 왔을 때. 처음으로 넓은 집에 살게 된 기쁨.
*1991년 1월 큰딸 문희 시집보냈을 때. 시원섭섭함과 기쁨의 혼합. 아빠는 딸을 보내며 울었다.(사위는 국립창원대학교 공대 교수였음)
*1992년 그이가 교수들의 투표로 인문대 학장에 선임되었을 때.
*1992년 5월 첫 손녀 성연이가 영국에서 태어났을 때.
*1993년 8월 나 자신이 52살의 늦깎이로 박사학위를 받았을 때. 1986년에 박사과정에 들어가서 8년 만에 학위를 받았다.(52세)
*1994년 첫 외손자 성훈이가 태어났을 때. 4.5kg의 미남자였다. 사위가 외동이니까 아들을 낳아야 한다는 사명을 완수한 셈이다.
*1995년 1월 큰아들 형욱이를 지연이와 결혼시켰을 때.
*1997년 나의 첫 책 『송경령연구』가 일조각 출판사에서 처음으로 출판 되었을 때. 그리고 문화관광부 추천도서로 선정되어 기쁨을 배가 시켰다.
*1999년 1월 둘째 아들 형열이를 광자와 결혼시켰을 때. 이제 세 아이의 짝을 다 맞추었으니 부모 할 일은 다 한 셈이다.
*1999년 그이의 책 『근세 동아시아관계사 연구』가 혜안출판사에서 출판되어 높이 평가되었을 때. 그이는 이해 8월에 정년퇴임을

했다.

*2000년 『20세기 중국을 빛낸 위대한 여성 송경령(상·하)』이 장기간 번역의 노력 끝에 한울출판사에서 출판되었을 때.

*2001년 3월 결혼 후 각고의 노력 끝에 결혼 6년 만에 친손자 준이가 미국에서 태어났을 때. 제왕절개로 태어난 준이도 4.5kg나 되는 미남자였다. 그 해 우리 부부의 미국 방문은 기쁨이 넘쳐흘렀다.

*2002년 6월 친손녀 채은이가 태어났을 때. 그날은 피파대회에서 우리나라가 핀란드에게 이긴 환희의 날이었다.

*2004년 6월 친손녀 민이가 미국에서 태어났을 때. 준이 한 명으로 체념하고 만족하고 있었는데 감사하게도 민이 태어났다. 손자 손녀가 5명이 되었다. 그리고『송미령 평전』이 번역 출판 된 기쁨도 함께했다.

*2005년 5월 큰아들 형욱이가 7년간의 노력 끝에 미국의 유명 대학에서 석사학위를 받은 뒤 드디어 유명 공과대학(R.P.I.)에서 박사학위를 받고 또한 유명회사에 스카우트되어 귀국한 뒤 메모리 사업부에 근무하게 되었을 때.

*그 해 5월 23일 금의환향한 큰아들네 식구를 공항에서 맞이하던 날의 기쁨. 네 식구의 멋지고 아름다운 모습은 표현할 수가 없었다.

*2006년 3월 둘째 아들 형열이가 중국의 남경대학에서 문학 박사학위를 받던 날.

*2006년 3월 둘째 아들 형열이와 함께 번역한 책『주은래와 등영초』가 출판된 후 곧 문화관광부 추천 도서가 된 일.

*2006년 9월 둘째 아들이 한국의 대학에서 전임 발령을 받던 날.
*2006년 12월 말 나의 교직생활 36년을 마감하는, 가족들의 축하 모임을 다 함께 가진 날. 참으로 만감이 교차했다.
*2006년 8월 그이가 퇴직한 지 7년 후에 나는 정년퇴임을 했다.
*2006년 12월 그간 4년간이나 맡아서 일해 왔던 중국사학회 회장직을 퇴임하던 날.

충북대 전순동 교수에게 넘겨주면서 정말 보람되고 시원한 마음을 간직한 채 주관했던 5회에 걸친 국제학술대회를 회상했다. 중국사학회 발전에 일조할 수 있었음을 기뻐하면서….
엄마, 아빠는 외국 유학하고 싶었으나 못했고 외국어를 내 나라 말처럼 하고 싶었으나 하지 못하는데, 두 아들 그리고 사위, 딸, 며느리들은 모두 영어와 중국어를 내 나라말처럼 구사하니 기쁘고 대견하다.
그 이후 드디어 외동딸 문희가 박사학위를 받았다. 나의 기쁨은 그 정점에 이른다. 그러나 불행히도 그이는 세상을 떠났다. 박사학위 소지자가 최소한 6명은 나오니까. 그이, 나, 큰아들, 둘째 아들, 사위, 딸 이렇게 6명이다. 그이가 살아있어서 함께 이 기쁨을 누릴 수 있었다면 얼마나 좋았을까.

*대부분의 기쁨이 만남, 출산, 학위취득, 취직, 업적의 출판 등과 관련이 있음을 알 수 있다. 공부하는 것을 업으로 삼는 집안이니까.

해국 그대는…

1. 그이의 편지

그는 처음 사귈 때부터 나한테 사랑한다는 말을 잘 하지 않았다. 경상도 사나이의 특성이라고 할까.

그래서 나는 결혼 후에도 종종 '나 김종원은 이양자를 사랑합니다'라고 종이에 써서 주면서 지장을 찍고 크게 읊어보라고 재촉하곤 했었다. ㅎㅎㅎ

그 이후 그는 나이 들어가면서 한 번씩 나에게 편지를 써 보내왔다. 그 편지들을 찾아내어 읽어보면서 오늘 여기에 실어본다.

1) 축 생신
당신의 58회 생일을 맞이하여 감회가 남다른 바 있고
오늘의 모든 성과가 그대의 피나는 인내와 노력의
소산이라 믿으며 깊이깊이 감사합니다.
아무쪼록 건강에 유의하고 학문적 결실을 거두는데
정진이 있기를 기원합니다

우리는 2남 1녀를 두고 다들 열심히 그리고 훌륭하게 살아가고 있는 모습을 보며 흐뭇하고 행복하게 느끼는 부부이지요.
부디 천천히 그리고 알차게 인생을 만끽하기를 부탁하고 거듭 건강에 유의하기 바랍니다.

- 1999년 3월 20일 여민 김종원

2) 사랑하는 당신에게

우리가 만난 지 어언 40년이 되었구려. 당신의 생신을 진심으로 축하하오.

슬하에 1녀 2남을 두고 별로 남에게 부러운 것 없이 행복하게 지나는 게 모두 당신의 덕이오.

마음으로만 고마움을 느낄 뿐 글로 표현하기는 그리 흔치 않았던 것 같소.

정말 사랑하오!

부디 마음과 몸을 사랑하여 인생이 끝날 때까지 건강하기를 간절히 축원하며 거듭 당신의 생신을 감축합니다.

- 2003년 3월 20일 사랑하는 원으로부터.

*그이가 내 생일에 보낸 카드인데 새삼 눈물 나게 한다. 그이가 세상 떠나기 6년 전의 일이다.

3) 아내 이양자 교수의 정년퇴임에 보내는 축사

이양자 교수가 어느덧 정년을 맞이하게 되었다니 참으로 꿈만 같습니다.

그러니 세월이 가는 것을 막을 수는 없군요. 새삼 정년을 축하하며 앞으로도 무궁한 발전이 있기를 바라마지 않습니다.

돌이켜 보면 우리들의 결혼 생활이 어느덧 41주년을 훌쩍 넘겨 버렸군요. 그동안의 파란과 우여곡절을 여기서 필설로 다 할 수 없을 것 같습니다.

수유동에 보금자리를 잡고 거기서 애들을 키우느라 온갖 고생을 다하였으며 춘하추동 4시절을 한결 같이 보냈고 그대는 고등학교 선생님으로서 본분을 다했습니다.

우리가 살던 수유리는 봄날에 꽃이 만발하여 산을 물들이고 우리의 마음도 적셔주었지요. 여름에는 나하고 둘째 셋째가 골짜기에 있는 계곡에 몸을 담그고 물놀이 하던 게 엊그제 같군요. 겨울에는 아침 일찍이 산에 올라가 물을 마시기도 하고 또 식구가 함께 스케이트를 타다 엎어지고 자빠지던 일이 떠오릅니다.

그리고 서로가 달리 자랐던 환경 탓도 있겠지만 당신은 정말 고생이 너무나 많았습니다. 지금 생각하면 왜 그랬는지 모를 정도로 내가 지나쳤던 게 한두 가지가 아니었습니다. 이렇듯 우리의 결혼 생활은 재미있기도 하고 파란만장함의 연속이었지요, 그리고 내가 한양대학교에 전임이 되던 날 최문형 선생이 대문을 두드리고 와서 알려주어 한없이 기뻐하던 일이 엊그제 같은데 눈 깜박 할 사이에 지나가 버렸군요.

그동안 당신은 정말로 정말로 고마웠소. 그 고마움을 이제 글로 적는다는 게 쑥스럽고 새삼스러운 것 같으나 마음속으로 늘 고맙다고 느끼고 있습니다.

맨 처음에 내가 주선하여 한양대학교에 시간을 맡게 된 것이 오늘의 시작이라 할 수 있군요. 나는 한양대학교에 전임에서 부교수까지 했지만 본부의 부조리한 행정에 항의하다가 조교수에서 부교수 되는데 7년이란 세월이 걸렸어요.

화가 머리끝까지 나서 결국 부산대학교의 민성기 교수의 권유로 부산으로 내려온 것이 벌써 20여년이 후딱 지나가 버렸군요. 당신은 여기저기로 시간 강사를 하다가 최종에는 동의대학교에 전임이 되고 그 후 26년이 지나 이제 정년을 맞이하게 되었으니 참으로 감개무량합니다.

그동안 파노라마처럼 스쳐지나간 60평생을 마감하고 정년을 맞이한 당신에게 무한한 감사와 영광을 돌리는 바이요.

나는 부산대학으로 내려온 것이 갈수록 잘못되었다는 생각이 들었지요. 당신과 아이들은 몰라도 나는 후지고 태만해지고 지방에서 뽐내고 싶은 욕망이랄까 뭐 그런 것 때문에 보직(교무과장, 박물관장, 문리대 학장)을 고루 해봤고 그러는 동안에 글을 많이 못쓰고 말았어요. 서울에 그냥 눌러 있었으면 하는 생각을 여러 번 해봤어요. 지나간 넋두리지만 나에게도 후회막급이었어요.

큰아이의 약혼식을 멋지게 했고 결혼까지 마쳤으니 다행한 일이라 하겠고 지금은 우리보다 더 오순도순 잘 살고 있으니 기쁜 일이라 생각합니다. 말이 났으니 말인데 둘째와 셋째는 자기들이 짝 맞추어 왔으니 얼마나 잘 된 일인지 모릅니다. 처음에는 둘 다 미국에 보내려고 맘먹었지만 급작스럽게 환율이 천정부지로 뛰어서 1,800대 1이었으니 둘 다 보낼 수 없게 되었을 뿐 아니라 먼저 간 큰 애도 불러들일까 생각하던 중이었어요. 셋째는 부득이 중국에 가서 연수도 하고 박사 과정을 밟게 된 게 어쩌면 잘 된 일인지 모르겠어요.

이제 제일 큰애는 지금 부산대학교에서 박사과정을 마치고 곧 학위를 받을 준비를 하고 있으며 둘째는 귀국하여 한국 일류회사에 취직이 되었고 막내도 대학에 전임이 되었으니 얼마나 기쁘고 다행한 일인지 모릅니다. 요즘같이 취직이 어려운 때에 말입니다.

그렇게 애를 태우고 마음 조리고 늘상 걱정하던 일이 순조롭게 잘 풀렸으니 천우신조가 아니고 무엇이겠습니까. 이제 순풍에 돛 단 배처럼 잘 되어가고 있으니 아무런 것도 생각하지 말고 노후를 즐겨봐야 하지 않겠어요?

이 모두가 당신이 있기 때문에 가능한 것입니다. 그동안에 참으로 애 태우고 수고 많이 하셨어요. 아무쪼록 늘 몸 건강에 유의하기를 바랍니다.

- 2006년 12월 23일. 남편 김종원 보냄

*그이가 세상 떠나기 3년 전이다.

2. 그이에 대한 나의 편지

1) 여민 김종원 교수의 출판기념회를 개최하면서

여보, 사랑하는 김종원 교수님!

충심으로 생신을 축하드리고 또한 삶의 기록들을 책으로 펴냄을 축하드립니다.

그 순수하던 32세의 청년이 이젠 벌써 76세의 노인이 되었습니다. 꼭 남의 나이 같군요.

앞만 보고 그 참된 무엇을 찾아 달려온 당신의 삶. 수많은 사연들이 가슴을 적셔옵니다.

가난과 고독으로 참담했던 당신의 청춘일지를 읽으며 눈물을 금치 못했습니다.

저물어 가는 황혼길 언덕까지 우리는 그렇게 달려왔구나 하는 아쉬움의 회억들이 따뜻한 조춘의 향기에 젖어 슬픔과 기쁨으로 한데 얽혀 엄습해옵니다.

우리 둘의 삶의 열매인 자식들이 모두 각자의 자리를 잘 지키고 있음은 기쁨입니다. 그러나 이 지구상에서 어떠한 사람도 살아남은 자가 없음은 슬픔입니다. 이제 우리 둘이 함께 이 지구라는 별에서 살아갈 날도 10년이 채 안됩니다.

살아온 세월 45년에 비하면 그 5분의 1도 안될 것입니다. 이제 앞으로 살아갈 날들이 살아온 세월 40여 년 보다도 더 즐겁고 알차고 사랑으로 가득한 시간들이 되었으면 좋겠습니다.

서로 위하고, 서로 배려하고, 서로 감사하고, 미안하다고 하면서 서로 얼굴 붉히지 않고, 좀 더 건강하게, 우리의 인생을 아름답게 수놓으며 만년을 장식해 나가십시다.

여보 사랑합니다! 감사합니다!

- 2009년 3월 7일 아내 이양자

*그의 생일은 3월 6일이고, 『여민의 청춘일지』라는 그이의 일기책 출판기념회는 3월 7일 날 여러 친지분과 교수님들을 모시고 해운대 호텔에서 개최하였다. 그 두 달 후 5월 말에 그이는 이 세상을 떠났다.

2) 그이 떠나고 난 뒤 친지 분들께 드린 감사의 말씀

삼가 아룁니다.

하늘이 사람을 낼 때에는 장차 거두어가기 위함이라고는 합니다만, 우리의 인생은 참 긴 것 같으면서도 짧고 허망한 것임을 절감하게 합니다.

"숙명을 산다는 것은 전생의 약속을 사는 것이며, 세월은 우주로 가는 희로애락을 가득 실은 급행열차이며, 그 틈바귀에 끼어 우리는 이끌려 가고 있다."고 어느 시인은 말하였습니다.

이제 우리에게도 죽음은 그리 먼 이야기가 아님을 느끼게 합니다.

우리는 어디에서 왔다가 어디로 가는 것인지요. 이 세상에 오기 전 머물렀던 그 아득한 무극(無極)의 세계로 돌아가는 것일까요?

무한한 우주 속의 한 티끌 같은 존재의 사라짐일 뿐인, 우리 인간의 죽음은 단지 하나의 자연 현상일 뿐일지라도 우리는 늘 큰 슬픔과 함께 하게 됩니다.

인생 70년도 참으로 잠시였습니다.

그토록 많은 시간의 일생이 그토록 덧없이 빨리 지나가는 것을 보면서 인생 일장춘몽이요, 남가지몽이라 절감하지 않을 수 없습니다.

더더구나 무한 무극의 우주의 연륜에 비할 때 지구상의 인간사는 참으로 찰나에 지나지 않는다고 느끼며 허망한 마음 감출 수가 없습니다.

삼가 아룁니다.

이번 남편의 상사 때 그 바쁘신 와중에도 불구하시고 물심양면으로 위로와 격려를 전해주신데 대해 깊은 감사를 드립니다.

베풀어 주신 각별한 조위와 후의 덕분에 무사히 장례를 잘 치룰 수 있었습니다.

당연히 먼저 찾아뵙고 감사의 인사를 드리는 것이 도리인 줄 알지만 황망중이라 우선 지면으로 먼저 감사의 마음을 전하는 바이오니 이 점 부디 널리 해량하시기 바랍니다.

가내 두루 평안하심을 빌며 귀댁의 길상사에 꼭 연락주심을 간곡히 바라면서 이만 감사의 마음을 접고자합니다.

거듭 거듭 감사드립니다.

- 2009년 6월 초.
이양자, 아들, 딸, 사위, 며느리, 배상

3. 그이 떠난 후 보내는 나의 시

해국 그대는

내가 사랑하는 가을꽃
해국 그대는
어이 바닷가에만 피는가

그 청초하고 애절한 모습
파도에게 보여주려고
그대는 푸른 파도를 사랑했나봐
파도가 가버린 뒤
그걸 알아냈겠지

그래서 못 잊어 늘
바닷가에만 주저앉았나 보다
나처럼

우리

우리의 얘기가 파도로 넘실대며
아련한 그 시간
나는 붉은 저녁노을을 섞어
쪽빛 바다에
우리라는 아름다운 정겨운 한 폭 그리며
서로 오순도순
서로의 짙은 물감이 번져나도록 하고 싶은데
너는…

그러나 너만 먼저 떠나버리고
나만 혼자 텅 빈 공간에 남아서…

사랑은 바람이어라

기억 너머 저 멀리
돌아올 수 없는
망각의 길
스산한 가슴

사랑은 바람이어라

갈바람 타고
이별한 그대
세월이라는 강을 넘어
다시 바람으로
우리는 만날 것임을…

돌아올 수 없는
망각의 길 넘어 가버린
사랑은 가슴에 흐르는
바람이어라

바람 따라 밀려가는
세월 속에서
생을 배회하고
다시 만날 그대는
바람인 것을.

해국 그대가 보고 싶습니다

바다를 사랑해서
해국은
바닷가에 피었나 봅니다

싱그러운 파도를 사랑해서
해국은
바다가 보이는 바위에 서서
꽃잎을 날리고
염기보다 진한 향기를 품었나 봅니다

먼 길을 돌아온 지친 여심을 안아주려
해국은
해일이 부서지는 바닷가에서
그렇게 긴 날들을 기다렸나 봅니다

파도는 부서지고
해일은 밀려오고
그리움이 다시 그리움을 부르던
망각의 세월

해국은
모래알같이 많은 그리움을
바닷가에 풀어 놓았나 봅니다

숱한 날들 모래 위에 써본 그대 이름을
파도가 다시
지우고 지우고 다시 지워도
잊을까 차라리 바위에 새긴 이름

사랑해요~!
해국은 그렇게
다시 보랏빛 멍든 가슴에 적었나 봅니다.
해국 그대가 보고 싶습니다~!

그이 내음

젊었을 땐
그이 담배 냄새도 좋았다

그 외 그에게선
아무 냄새도 나지 않았다

근데
한 번씩 고소한 냄새가 났다

지금
그 내음이 그립다

다시 한 번
입맞춤 하고 싶다

저세상 가서 만나면
가능할까.

당신의 순수함

아직도 내 안에는
당신의 모습으로 가득합니다

지나간 시간 겹겹이 쌓여도
기억 그것은 당신 생각으로 가득합니다

부조리한 사회 곳곳을 보며
또 다시 당신 생각으로 가득해집니다

그렇게 정의와 결백과 순수를
지키고자 당신은 최선을 다했습니다

오늘 우리나라의 사태를 보며
잊으려했던 당신 생각이 가득해집니다

맑게 정직하게 살고자 했던
그 모습 새삼 떠올리며
못다 한 사랑을 눈물로 가득 채웁니다

우리들의 사랑

처음 느낀 박력과 의기에
내가 선택한 사랑의 끈에
나의 청춘을 묶었었다

결혼하고 힘들게 살며
내 가슴에 못질을 하는
현실의 무게 속에도

울며불며 우리가 잡은
사랑의 묘한 깊이 속에
눈물도 이젠 끝이 났다

힘들 때 우리 서로
잘 해주지도 못하고
고맙다는 말도 서로 못했다

50년도 우린 함께
살지 못하고 헤어졌지만
다시 만나면
당신을 위해 살고 싶다

웃으며 고맙다고
눈물 지우며 사랑한다고
다시 만나면 후회 없이
두 손 꼭 잡고
힘껏 사랑하고 싶다

그리움

그대
아득한 기억을
떠올리는 그 시간들
나의 진한 그리움이다

독립된 생의 시작에서
생의 마지막까지
그대에 대한 기억은
바로 나의 인생이었다

그대 한 사람을 위한
끝없는 그리움은
내 생의 운명이었다

어쩔 수 없는
적막한 고독 속에
그대는 언제나
간절한 그리움이다

지난 시간들이
꿈길인 듯 아득하다
이제 남은 시간들은
얼마나 될까

작가 연보

이양자 교수의 약력
- 서울대학교 사범대학 역사교육과 졸업 문학사
- 서울대학교 대학원 사학과(동양사 전공) 문학석사
- 영남대학교 대학원 사학과(동양사 전공) 문학박사
- 현재 동의대학교 사학과 명예교수
- 중국사학회 회장 역임. 현재 고문
- 여성문제연구회 부산지회 명예회장

저서
- 『송경령 연구』(일조각, 1998) (우수학술도서로 선정됨)
- 『조선에서의 원세개』(신지서원, 2002)
- 『역사를 움직인 중국 여성들』(살림출판사, 2014)
- 『감국대신 위안스카이-좌절한 조선의 근대와 중국의 간섭』(한울, 2019)
- 『20세기 중국을 빛낸 자매, 송경령과 송미령』(새문화출판사, 2019)

- 『자성의 길목에서』(마을, 2017)
- 『저문 강가에서』(새문화출판사, 2021)
- 『감사와 긍정의 마음으로 일기쓰기 300일 - 꿈꾸는 여인의 비망록』(새문화출판사, 2022)
- 『모차르트를 사과하다』(소소리, 2023)
- 『석양의 창가에서』(마을, 2024)
- 『해국 그대는』(소소리, 2025)

편저
- 『현대중국의 탐색』(신지서원, 2004)
- 『주제와 영상으로 보는 중국사 산책』(뉴워드사, 2010)
- 『그리움은 강물처럼』(신지서원, 2010)
- 『개나리 노란 꽃그늘 아래』(새문화출판사. 2020. 3)

역서
- 『송경령 평전』(지식산업사, 1992)(1998년도 문광부 우수학술도서)
- 『중국근대사』(삼영사, 1994)
- 『송경령과 하향응』(신지서원, 2000)
- 『20세기 중국을 빛낸 위대한 여성, 송경령 (上,下)』(한울, 2001)
- 『중국혁명의 기원』(신지서원, 2004)
- 『송미령 평전』(한울, 2004)
- 『주은래와 등영초』(지식산업사, 2006)
- 『사료로 보는 중국여성사 100년』(한울 아카데미. 2010)

공저
- 『한국사』 39권 (국사편찬위원회, 1999)
- 『중국 여성, 신화에서 혁명까지』(서해문집, 2005)
- 『중국근대화를 이끈 걸출한 인물들』(지식산업사, 2006)
- 『중국 근대화를 이끈 걸출한 여성들』(지식산업사, 2006)
- 『중국 근현대 주요 인물연구』 1.(부산대학교출판부. 2009)
- 『중국 근현대 주요 인물연구』 2.(부산대학교출판부. 2009)
- 『조선 후기 대외 관계 연구』(한울 아카데미. 2009. 10)
- 『정치가의 연애』(바이북스 2015)

문단
- 『부산시단』 2015년 봄호 시부문 신인상 등단
- 『문학시대』 2015년 여름호 시부문 신인상 등단
- 『문학시대』 2017년 봄호 수필부문 신인상 등단
- 부산시인협회 회원, 문학시대인회 회원, 효원수필문학회 동인,
- 빛살 동인, 길 동인

해국 그대는
이양자 산문집

1판 1쇄 인쇄/ 2025년 8월 25일
1판 1쇄 발행/ 2025년 8월 29일

지은이 / 이양자
펴낸이 / 우희정
펴낸곳 / 도서출판 소리21

등록 / 제300-2007-21호
주소 03073 서울 종로구 성균관로5길 39-16
전화 / 02)765-5663, 010- 4265-5663
e-mail: sosori39@hanmail.net

값 16,000 원

*잘못된 책은 바꿔드립니다.

ISBN 979-11-5891-221- 5   03810